2338

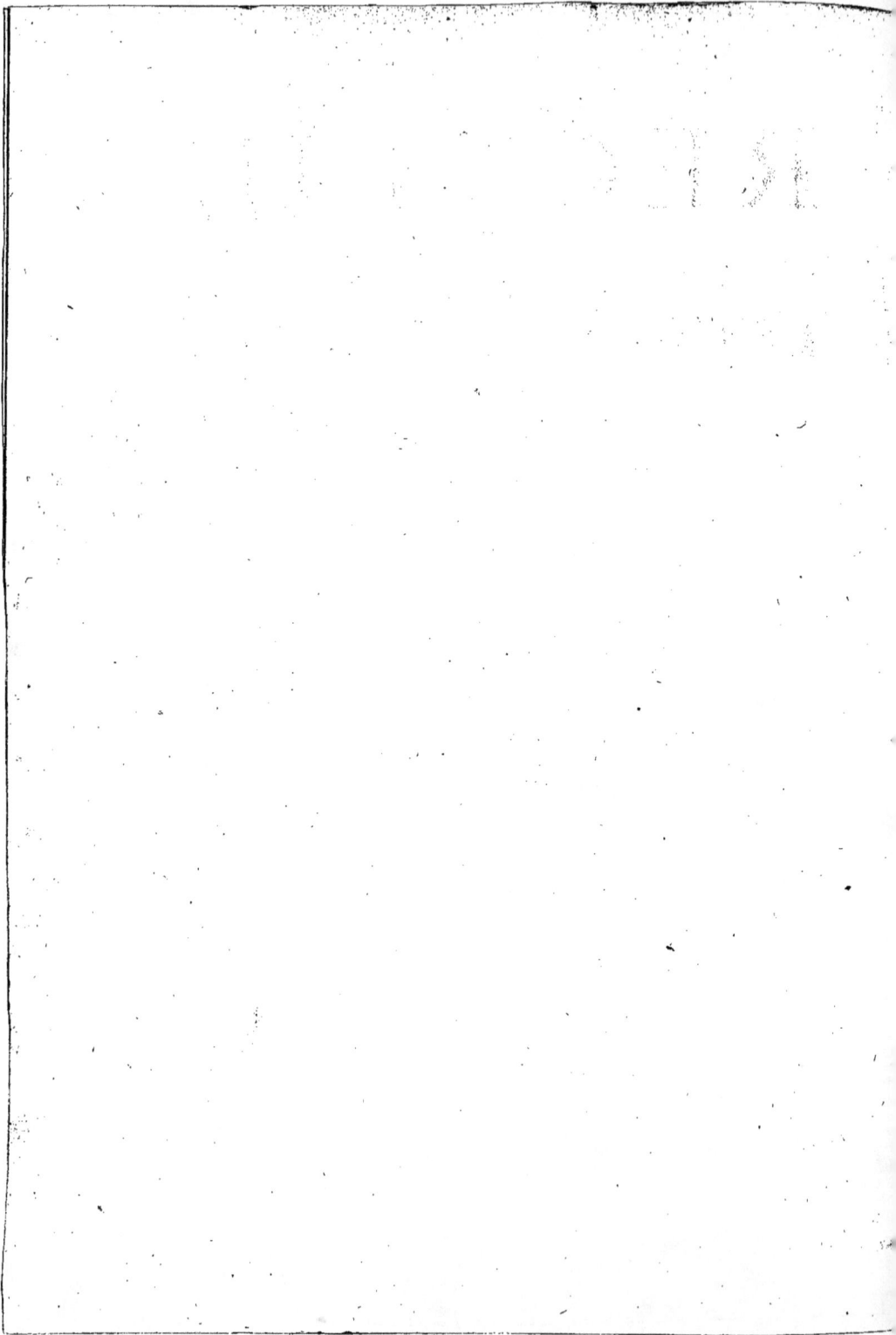

RECUEIL

DES
LETTRES, MEMOIRES
ET AUTRES PIÉCES.

POUR SERVIR A L'HISTOIRE DE L'ACADÉMIE

des Sciences & Belles Lettres de la Ville de Béfiers.

(par Bouillet)

A BÉSIERS,

Chez la Veuve d'ESTIENNE BARBUT, Imprimeur du
Roy & de l'Académie de cette Ville.

M. DCC. XXXVI.

Neminem lædere, nemini invidere, omnibus pro-
desse velle, Naturæ Scrutatoris est, & Antiquitatis
Amatoris.

Quod verum, simplex, sincerumque sit; id esse
naturæ Hominis aptissimum. *Cicer. de Off.*

AUx deux Lettres qui font à la tefte de ce Recueil, & qui contiennent en abbregé ce que noftre Académie a produit de plus confiderable depuis fa naiſſance juſques à la fin de 1730, j'avois refolu de joindre une troi-ſieſme Lettre, qui renfermaſt tout ce qui s'eſt paſſé dans nos Aſſemblées depuis le commencement de l'année 1731 juſqu'à la fin de 1735; mais d'autres occupations beaucoup plus preſſantes, & une faſcheuſe & longue in-diſpoſition ne m'ont pas permis d'executer mon projet. Je crains meſme qu'avec tout le zele que je me ſens pour la gloire de noftre Compagnie & avec une ſanté mieux affer-mie, la Pratique de la Medecine, à laquelle je dois aujour-d'huy plus particulierement que jamais, conſacrer le peu de lumieres, que je puis avoir acquiſes par mes lectures & par ma propre experience: Je crains, dis-je, que la Prac-tique de la Medécine, & mes Leçons publiques de Ma-thematique, ne me laiſſent pas deformais aſſés de loiſir pour travailler à cette partie de noftre Hiſtoire d'une maniere propre à rendre ſenſibles les progrés de mes Confreres dans les Sciences & dans les Belles Lettres. Toutesfois, com-me les Aſſemblées publiques de l'année 1731 furent im-primées en leur temps, & que ce qui manquoit pour ren-dre complette l'Hiſtoire de cette année-là, eſtoit quaſi preſt pour l'Impreſſion, on a creu devoir le joindre à ce Re-cueil: On y a adjouſté auſſy le précis d'un Memoire que je leus en 1733 Sur la maniere de traiter la petite Ve-role, & deux Obſervations Anatomiques leües en 1735. Deplus, afin qu'on s'apperçoive moins du vuide des an-nées ſuivantes, & en attendant qu'une plume plus deli-cate que la mienne, daigne faire connoiſtre les Memoires qui ont eſté leüs dans les autres Séances qu'on a tenuës en public juſqu'à preſent, je vais en indiquer icy du moins

les Titres, me contentant pour le present d'effleurer la matiere, Et fumma fequi faftigia rerum.

Dans l'Affemblée publique du 29 de May 1732, M. d'Andoque Directeur fit un petit difcours preliminaire pour annoncer les Ouvrages de fes Confreres, aprés quoy M. Carratié leut l'Eloge de M. Chauchard Licentié en Theologie de la faculté de Paris, Chanoine de la Cathedrale & Official, decedé le 26 de Novembre 1731 âgé de 74 ans 5 mois & quelques jours. M. Caillé parla fur les moyens de deffendre le Bled contre les Vers qui le rongent dans le grenier : Je demonftray en peu de mots l'Exiftence, l'Eftenduë & la Nobleffe de la Medécine ; & M. Mainy leut un Memoire qui nous avoit efté communiqué autrefois par le P. Dufefc, fur un bruit foufterain qu'on entend à Marfanne, appellé le *Piqueur.*

Le 11 de Decembre de la mefme année , M. l'Abbé de Gayet Directeur ouvrit la Séance publique par un Difcours, où il s'eftoit propofé de faire voir qu'il n'eft rien icy bas au deffus de l'Homme, lorfqu'il fuit les lumieres de la raifon , & qu'il n'eft rien qui ne foit au deffus de luy , lorfqu'il n'efcoute que fes paffions ; mais il n'en leut alors que la premiere partie, aprés quoy M. de Guibal leut l'Analyfe & la Critique du premier livre *De Cælo* d'Ariftote : puis M. Maffip rechercha l'origine des Eftrennes, & M. Caillé tira de la confideration du Lict & des Coftes de la Mer, & de l'Hypothefe de Defcartes une explication très-plaufible des principaux Phenomenes du Flux & du Reflux.

Dans l'Affemblée publique du 15 de Juin 1733, M. l'Abbé de Gayet leut la feconde partie de fon Difcours : puis M. de Guibal leut l'Extrait du fecond Livre *De Cælo* d'Ariftote, avec des Remarques critiques : M. Maffip donna la defcription & l'explication d'une Urne antique trouvée il y a quelque temps à S. Tyberi, & dont il avoit desja parlé dans nos Conferences particulieres dés l'Inftitution de l'Académie : M. Cros leut un Memoire fur la Coqueluche, & M. Racolis donna la feconde partie de fon Difcours des avantages de la Poëfie fur la Profe, où il fit voir que la Poëfie touche plus le cœur que la Profe ; dans la premiere partie il avoit fait voir que la Poëfie frappe plus l'imagination.

J'ouvris en qualité de Directeur, la derniére Conference publique *de cette mefme année , & je tafchay de juftifier la pluralité des Académies, de celles furtout qui joignent l'eftude des fciences à celle de l'Antiquité & des Belles Lettres, en faifant voir que cette pluralité ne peut qu'eftre très-avantageufe au Public & aux Particuliers qui compofent ces Compagnies. En mefme temps je fis remarquer que je ne connoiffois encore dans les Provinces que trois de ces Académies, fçavoir celle de Bordeaux, celle de Lyon & la Noftre : Car, pour la Société Royale de Montpellier, on eft affés inftruit qu'Elle n'a pour objet que les Sciences, de mefme que l'Académie Royale des Sciences de Paris, avec laquelle celle de Montpellier eft intimement unie & ne fait qu'un mefme Corps : on fçait auffi que la nouvelle Société, qui vient de fe former à Touloufe, n'a en veuë

* Le 10. de Dec.

que les Sciences, & que l'Académie des Jeux Floraux se borne uniquement à la Poësie & à l'Eloquence : Enfin, soit verité, soit prevention pour ma Patrie, j'osay avancer que Bésiers, tant par son ancienneté, sa situation & la serenité de son climat, que par le nombre & le genie de ses Habitants, estoit de toutes les Villes du Languedoc, celle qui me paroissoit la plus digne d'un establissement si utile & si honorable. Ensuite M. Basset leut l'Eloge de M. de Lenoir Conseiller du Roy, Lieutenant General, Juge Mage & premier Président en la Sénefchauffée & fiége Préfidial de cette Ville, mort le 11 de Novembre 1733, agé de 40 ans & quelques mois, M. Aftier le cadet recharcha l'origine & la cause des Vents qui regnent dans ce Pays. Enfin M. Troüillet parla sur la Fortune considerée comme Déesse : Il en assigna l'origine, & il expliqua le culte qu'on luy rendoit, & les figures sous lesquelles principalement elle estoit representée.

Dans la Séance suivante, dont je fis l'ouverture en qualité de Directeur, je prouvay la necessité des Mathematiques dans la Théorie, & dans la Pratique de la Medécine. M. Carratié leut un discours où il recharcha,

Quel chemin le plus droit à la Gloire nous guide ,
Ou la vafte Science, ou la Vertu folide *.

M. Mainy à l'occasion de ce passage d'Horace * Injecto ter pulvere curras, fit voir que c'estoit un usage pratiqué par les Grecs & par les Romains, de jetter trois pelées de terre sur les Cadavres qu'on vouloit inhumer. M. Basset fit l'Apologie de la Fortune, & il prouva fort bien que dans nos malheurs c'estoit plustost à nous-mesmes, qu'à cette Divinité imaginaire qu'il falloit s'en prendre.

La derniere Conference Publique de cette mesme année fut ouverte par M. Racolis Directeur, qui en expliquant ce vers d'Horace, Omne tulit punctum qui miscuit utile dulci, fit voir que les matiéres les plus abstraites, les plus serieuses & les plus séches en elles-mesmes, ne refusoient pas toute sorte d'ornements, se reservant de prouver dans l'Assemblée suivante ; que dans les sujets les plus enjoüés & les plus frivoles en apparence on pouvoit fort bien entre-mesler des traits propres à instruire : M. Mainy leut l'Eloge de M. Berti : M. Caillé rendit raison de cette espece d'Eclair & de Tonnerre, que represente quelquefois une Bluette de feu avant que de s'esteindre. M. Troüillet parla sur les Dieux Genies.

En 1735 il n'y eut que l'Assemblée publique d'après la Touffaints, celle d'après Pasques n'ayant pas esté tenuë, à cause d'un voyage que M. Racolis alors Directeur fut obligé de faire à Toulouse pour des affaires importantes. En ouvrant cette Assemblée * M. Massip Directeur fit valoir les motifs qui ont porté les Académies de la Capitale du Royaume à tenir deux fois l'année leurs Conferences en Public ; & il n'oublia pas de faire remarquer que c'est à ces mesmes motifs, qu'on doit les Séances publiques de nostre Académie, qui en cela comme en tout le reste, a toujours ces grands modelles devant les yeux. Après M. Massip, M. Foulquier parla sur la Langue Grecque ; & il releva parfaitement bien l'abondance,

a iij

Le 22.
Juin 1734.
* Epift.
vi. de M.
Defpr.
* Carm.
l. 1. Od. 18.

* L. de
art Poët.

Le 1.de
Dec.

la beauté, l'énergie, la délicatesse & l'utilité de cette Langue. Ensuite je fis voir en peu de mots 1°. Que chaque Pays a ses Maladies particuliéres: 2°. Que les Maladies qui sont communes à tous les Hommes, ont un caractere particulier dans chaque Contrée : 3°. Que ce caractere varie mesme quelquefois d'une année à l'autre, & dans les differentes saisons de la mesme année : Et je finis en donnant une idée aussy exacte, qu'il me fut possible, des Maladies, qu'on appelle icy vulgairement *Coups de vent*. M. Basset desveloppa ces paroles de Ciceron, *Caput artis decere*, & il en fit l'application à toutes sortes d'Ouvrages d'esprit. Enfin M. Ferrier leut une Ode sur les caracteres de l'Ame.

Dans toutes ces Conferences, comme dans les précedentes, les Directeurs ne manquerent pas de resumer tout ce qui venoit d'estre leû : ils y adjousterent mesme quelquefois de nouveaux traits, soit pour en faire mieux sentir l'utilité, soit pour en imprimer davantage le souvenir dans l'esprit des Auditeurs.

Voilà, si je ne me trompe, les principaux Memoires que nostre Compagnie a produits jusqu'au commencement de cette *** 1736.** *année* * : *je dis les principaux Memoires, car on s'imagine bien sans doute que je passe sous silence quantité de petites Piéces, qui nous ont esté comuniquées dans cet intervalle de temps, & bien d'autres choses qui se sont passées dans nos Assemblées particulieres : On s'imagine bien encore que je tais toutes nos Lectures, toutes nos Reflexions, toutes nos Observations ; mais je ne sçaurois taire de mesme deux choses, ausquelles il ne seroit pas naturel qu'on pensast, & qui me paroissent neantmoins assés importantes pour meriter qu'on en soit instruit.*

Je dois donc en premier lieu, apprendre au Public, qu'en *** 11. de 1733** * *nostre Société prit la genereuse resolution de ren-* **Nov.** *dre publique sa Bibliotheque, dés qu'elle seroit pourveuë d'une suffisante quantité de Livres : Et que depuis ce temps là Elle n'espargne rien pour rassembler non seulement tout ce qu'on a imprimé dans le dernier Siécle & dans celluy-cy, de plus curieux en fait de Sciences & de Belles Lettres ; mais encore tout ce que la sçavante Antiquité nous a laissé de plus interessant en ces deux genres : Ensorte qu'on espere pouvoir bien-tost executer cette resolution, en joignant aux Livres qu'on a desja*

acheptés en commun, ceux qui appartiennent en propre à
la pluspart de nos Confreres, & principalement ceux que
M. nostre Evesque nous a très gracieusement offerts.

On comprend aisément qu'en cela nostre principal dessein est de favoriser desormais les particuliers qui auront
quelque genie, sans avoir la commodité des Livres, &
de leur procurer les moyens de cultiver & de faire valoir
leurs talents. Mais ne pourrois-je pas porter plus haut les
veuës de nostre Compagnie? Du moins me sera-t-il permis
de présumer que les Fondateurs & les Bienfaiteurs des
principales Bibliotheques publiques du Royaume se sont
proposés des motifs encore plus relevés? Pour juger de l'importance de ces motifs, on n'a qu'à se representer d'un
costé, que les grands Hommes ne sortent pas tout formés
des mains de la Nature, & qu'il en est d'eux, à peu prés
comme des Diamants, à qui le secours de l'Art est necessaire, soit pour les tailler, soit pour les mettre en œuvre ;
& de l'autre, que les Bibliotheques bien assorties renferment comme en depost, tous les Instruments propres à regler
le cœur & à polir l'esprit : on n'a, dis-je, qu'à se representer qu'elles renferment dans leur sein les premiers principes de toutes les belles connoissances, les Elements de
toutes les Sciences, en un mot tout ce qui est necessaire à
former ou à perfectionner de grandes Ames & de grands
Genies. A ces considerations si l'on joint encore celle-cy: que
pour la naissance des grands Hommes la Nature n'est, as-
treinte ny aux temps ny aux lieux, & que dans des endroits
où l'on manque de Livres, tel a croupi peut-estre toute sa
vie dans l'ignorance, qui avec les secours necessaires auroit égalé ou mesme surpassé les plus Sçavants d'entre les
Anciens & les Modernes, on pourra, ce me semble, sans
vouloir trop flater nostre Compagnie, luy attribuer, aussy
bien qu'aux premiers Fondateurs des Bibliotheques publiques, le grand & noble dessein de contribuer un jour

à l'éducation de quelque rare Genie, & à son avancement dans les Sciences ou dans la Litterature.

Le 2. de   On sera encore bien aise de sçavoir, qu'en 1734* M.
Sept.   de Clapiés nous donna un ample & magnifique Memoire, où il enseigne La maniere de se servir de l'Eschelle
de 10000 parties & de la Trigonometrie rectiligne, tant
pour descrire la figure de la projection des Eclipses de
Soleil, que pour determiner dans la derniere précision
les Phases de ces Eclipses, & pour trouver tous les lieux
de la Terre qui verront ces Eclipses centrales, ceux
qui termineront les bords de la Penombre, & ceux qui
verront le Soleil Eclipsé, tant au Midy, qu'au Septen-
trion d'un certain nombre de dégrés, avec tous les exemples pour l'Eclipse de Soleil du 15 d'Aoust 1738. M. de
Clapiés avoit desja appliqué cette mesme methode à l'Eclipse de Soleil du 3. May de l'année 1734 ; & l'Observation
que nous fimes icy de cette Eclipse, s'accorda dans la minute
avec le calcul, que M. de Clapiés en avoit fait pour Besiers,
& qu'il nous avoit communiqué quelques jours auparavant.
S'il estoit possible de donner en peu de mots & sans figures une idée de ce Memoire, je cederois volontiers à l'envie que j'ay de le faire connoistre ; mais il vaut encore mieux
attendre une occasion favorable pour donner tout au long
un Ouvrage si curieux & si utile.

A l'égard des Piéces contenuës dans ce Recueil, nous n'en
dirons autre chose, sinon que ce sont les Premices de nos
travaux, les premiers fruits d'une Académie naissante, &
qu'on leur fera beaucoup de grace, si on veut bien les regarder comme des germes de Science & de Litterature qui
pourront esclorre un jour. Pour ce qui est de nos Observations Météorologiques, on se contentera d'annoncer que
l'Académie Royale des Sciences, à qui M. de Mairan les a
communiquées de nostre part, nous a fait l'honneur de les
inserer dans ses Memoires de l'année 1733, & que c'est

la raison pour laquelle on ne les trouve pas icy, non plus
que quelques-unes de nos Observations Astronomiques, qui
n'avoient pas encore paru & qui ont esté inserées dans le
mesme volume.

Au reste, si on a laissé dans ce Recueil un Memoire sur
la Carte du Diocése de Bésiers, c'est qu'il s'est trouvé lié
avec d'autres Memoires qu'on n'a pas creû devoir supprimer, & qu'il n'a peû en estre detaché sans laisser un vuide trop remarquable. D'ailleurs il suffira sans doute d'advertir qu'on n'a nullement dessein de suivre le projet, dont il
est fait mention dans ce Memoire, & qu'on n'y auroit
pas mesme pensé, si on avoit esté instruit, que la Societé
Royale des Sciences avoit formé le projet de lever Geometriquement non seulement la Carte generale de cette Province, mais encore les Cartes particulieres de chaque Diocése. A quoy nous adjousterons avec plaisir que depuis la pu-
blication de nostre Memoire, la Carte du Diocése de Bésiers a
esté levée avec toute l'exactitude & la précision Geometrique par un * des Membres de la Societé Royale des Sciences,   M. de
que nous nous glorifions d'avoir pour Confrere, & que nous   Clapiés.
regardons comme nostre Maistre en Astronomie & en Geographie: & que dans le besoin, nous nous servirions de
cette Carte, avec autant & plus de confiance, que si nous
l'avions levée nous-mesmes. Enfin nous protesterons icy
avec sincerité & du fond du cœur, qu'estant obligés par
nos Reglements d'entretenir une liaison particuliere avec
toutes les Académies du Royaume, rien ne sçauroit alterer
la disposition, où nous sommes, d'entretenir tousjours une
liaison encore plus estroite avec les Académies de cette
Province: Et certainement il ne tiendra pas à nous
que le Public ne retire de cette union tous les avantages qu'il a droit d'en attendre.

On trouvera à la fin des deux Lettres fuivantes un *Errata*, auquel on aura recours, après avoir corrigé les fautes fuivantes.

Pag. 27. l. 10. d'avantage, *lifés*, davantage
Pag. 14. l. 9. & 11. parcoura, *lifés*, parcourra
Pag. 73. l. 16. crioffent, *lifés*, croiffent.
Pag. 76. l. 42. à peu, prés, *lifés*, à peu prés,
Pag. 77. l. 9. *lifés* fes talents, & l. 13. *lifés*, Compagnons.
Pag. 78. l. 30. cheri, *lifés*, cherie.

LETTRE

Efcritte le 1. Janvier 1726,

A MONSIEUR *****

SUR L'ORIGINE ET LES OCCUPATIONS
de l'Académie de Béfiers.

C OMME j'ay eû, MONSIEUR, un peu de part à l'Inftitution de noftre Académie, je ne m'eftendray pas beaucoup fur les circonftances qui la précéderent ; je me contenteray de vous dire qu'ayant eu l'honneur d'eftre en liaifon avec M. de Mairan pendant fon féjour à Béfiers, & en commerce de Lettres avec luy depuis fon entrée à l'Académie Royale des Sciences de Paris, je creus devoir profiter d'un voyage qu'il fit peu de temps aprés en cette Ville, pour affocier à l'eftude & unir plus eftroitement par ce lien quelques-uns de mes Concitoyens, dont les talents & les difpofitions m'eftoient desja connuës. Je communiquay d'abord ce deffein à M. de Mairan ; je luy nommay mefme les perfonnes que j'avois en veûë, qui eftoient la plufpart de fes anciens amis : Et j'eus la fatisfaction de voir que non-feulement M. de Mairan n'eftoit pas effoigné de cette penfée : mais qu'il ne fouhaitoit mefme rien tant que de voir naiftre en cette Ville une focieté fçavante & d'en jetter luy-mefme les

A

premiers fondemens. C'eftoit luy prefenter une occafion de fignaler fon zele pour les fciences & fon amour pour fa Patrie: Auffy embraffa-t-il ce projet avec joye, & ne fongea - t-il plus qu'aux moyens de le faire réüffir. Ses premiers foins furent d'en parler à Mgr. noftre Evefque, & d'en donner advis à Mgr. l'Ancien Evefque * de Frejus, & à M. l'Abbé Bignon, & fes demarches eurent tout le fuccés que l'on pouvoit attendre. Une reputation brillante, un merite bien reconnu, un caractere tout-à-fait aimable, aident beaucoup dans de pareilles entreprifes.

*Aujourd'huy Monfeigneur le Cardinal de Fleury.

En attendant l'agréement de la Cour pour les Affemblées de la future Académie, Mgr. noftre Evefque nous menagea celuy de M. l'Intendant de cette Province, il ne fe contenta pas mefme de nous procurer cet avantage, il voulut eftre du nombre des Académiciens, & nous nous glorifions de voir fon nom à la tefte de noftre Lifte. Quelques jours après Mgr. l'Ancien Evefque de Frejus eut la bonté d'efcrire à M. de Mairan que rien ne pouvoit luy faire plus d'honneur que l'Eftabliffement d'une Académie à Béfiers, & que Mgr. le Duc d'Orleans approuvoit fort ce deffein. M. l'Abbé Bignon luy fit auffy à ce fujet une refponfe fort gracieufe

Regiftre 19. Aouft. 1723.

R. 30. Sept. 1723.

R. 7. Octobr. 1723.

Reg. 19. Aouft 1723.

Noftre premiere Séance s'eftoit tenuë le 19. Aouft 1723. Plus de vingt perfonnes de cette Ville diftinguées par leur naiffance, leur rang, leur efprit, s'y eftoient renduës à la fuite de Mgr. noftre Evefque; & il y avoit efté arrefté qu'on continueroit fous le bon plaifir du Roy, de s'affembler regulierement une fois chaque femaine, fçavoir le Jeudy, pour conferer pendant deux heures fur tout ce qui peut appartenir à la Phyfique, à la Médecine, aux Mathematiques, aux Belles Lettres & aux Arts. On avoit nommé d'abord un Directeur, un fous-Directeur, un Secretaire & un Sindic, & l'on avoit refolu qu'il n'y auroit que le Secretaire qui feroit perpetuel, & que les autres Officiers feroient changés chaque année;

M. de Mairan en qualité de Directeur avoit exhorté tous
ses Confreres à estre fermes dans la resolution qu'ils ve-
noient de prendre, & M. Massip avoit leû un Discours fort
éloquent sur l'utilité des Assemblées Académiques. Dés
la seconde Séance, M. de Clapiés avoit determiné la
hauteur du Pole de Bésiers, & la difference du Meridien
de cette Ville avec celuy de l'Observatoire de Paris, &
il avoit laissé là dessus, aussy bien que sur les Latitudes &
les Longitudes d'Agde & de Sette, un memoire fort utile
pour les Astronomes de la nouvelle Société. Mgr. nostre
Evesque nous avoit honoré plusieurs fois de sa présence,
& encouragé par son exemple.

Je vous laisse à penser, Mr. si les Lettres dont je vous
ay desja parlé, & dont M. Mairan voulut bien nous faire
part, acheverent de ranimer nostre zele & nostre ferveur
pour l'estude. Pouvions-nous ne pas reconnoistre nostre
bonheur de commencer nostre carriere sous de si favorables auspices? Chacun s'empressa de se rendre assidu aux
Assemblées. MM. Barbier, Caillé, Cros, Jalabert &
plusieurs autres membres parlerent chacun à leur tour,
(car on s'estoit rangé par ordre Alphabetique,) les uns
sur les Sciences, les autres sur les Belles Lettres. On son-
gea aussy à se munir d'instruments necessaires pour mesurer la quantité d'eau de pluye qui tombe chaque année
sur cette Ville, pour observer le chaud, le froid, les variations qui arrivent à la pesanteur de l'Athmosphere, &c.

Cependant après qu'on eut dressé quelques Reglements, après qu'on eut resolu de se conformer autant
qu'on pourroit aux Statuts des autres Académies du Royaume, & sur tout de l'Académie Royale des Sciences
de Paris, & qu'on eut fixé le nombre des Academiciens
ordinaires à trente, & celuy des Adjoints à six, M. de
Mairan conseilla fort à tous ses Confreres de ne pas se
haster de composer des ouvrages, de songer plustost à
faire une ample provision d'idées, de principes, de faits,

Reg. 26.
Août 1723.

Reg. 2.
9. &c. Sep.
7. 14. &c.
Oct. 1723.
&c.

Reg. 9.
Sept. 1723.

d'experiences, & de se fortifier principalement dans les Mathematiques. Par cette raison il fut arresté qu'à chaque Assemblée, on liroit un Article de l'Histoire ou des Memoires de l'Académie Royale des Sciences. J'avois alors commencé des Leçons publiques de Mathematique: je les continuay; & elles furent bien-tost après authorisées & recompensées par Sa Majesté, sur la representation de Mgr. l'Ancien Evesque de Frejus.

I. May. 1714.

On n'a pas manqué de se conformer en partie au sentiment de M. de Mairan: On continuë encore de lire à chaque Séance quelque morceau de cet excellent Livre, tantost sur la Physique generale, tantost sur l'Anatomie, tantost sur la Chymie, &c. (car vous sçavés fort bien, Mr. que ce Livre embrasse, pour ainsi dire, la Nature toute entiere) & celuy qui lit, ne manque pas d'esclaircir les doutes qu'on luy propose. On à mesme trouvé à propos depuis quelque temps de joindre à cette lecture quelque Article de l'Hist. ou des Mem. de l'Acad. Royale des Insctiptions & Belles Lettres, afin de ne pas rebuter ceux qui ne s'accommodent pas volontiers des Sciences abstraites, & de leur fournir dequoy s'instruire & se perfectionner dans la belle Litterature. On divisa pour lors la Compagnie en deux Classes, sçavoir en Académiciens pour les Sciences, & en Académiciens pour les Belles Lettres, & l'on nomma un Secretaire pour cette derniere Classe, afin de descharger d'autant le Secretaire pour les Sciences, qui avoit fait jusqu'alors l'une & l'autre fonction.

R. I. Mars. 1715.

Car ne croyés pas Mr. que l'on se contente d'une simple lecture, qui paroistroit sans doute séche & infructueuse à bien des personnes. On tasche de faire comprendre aux autres ce qu'on lit, on prend les choses d'aussy loin qu'on le peut, & l'on supplée bien des connoissances que MM. de Fontenelle & de Boze supposent, & que l'on a soin de chercher ou dans le Memoire qui a rapport à ce qu'on lit, ou dans d'autres livres. Par là chacun eſt obligé d'eſtudier & l'on profite ainſy du travail les uns des autres. Voicy à peu prés de quelle maniere les choſes ſe paſſent.

On leut un jour dans l'Hiſt. de l'Acad. R. des Sc. 1707*. *Il a desja eſté dit dans l'Hiſt. de 1702* que le Reſſort de l'Air eſt le principe des plus ſurprenants effets de la Poudre à Canon.* D'abord on rapella ce qui avoit eſté leû long temps auparavant ſur ce ſujet, & parcequ'il n'y avoit que deux jours qu'un vent impetueux accompagné de Pluye, de Greſle, d'Eclairs & de Tonnerres avoit emporté le toiĉt de la Tour de l'Eveſché, où nous avions placé quelques Inſtruments Aſtronomiques, pour obſerver la derniere Eclipſe de Lune, on s'arreſta ſurtout à ces paroles de M. de Fontenelle. *Le Tonnere * n'eſt luy-meſme qu'une eſpece de Poudre à Canon enflammée, & les Hommes peuvent ſans préſomption ſe vanter de l'avoir imité. C'eſt un meſlange de Soulphre, de Salpeſtre ou de quelques autres matieres qui leur reſſemblent fort, & l'air mis en reſſort par leur inflammation fait les principaux Phenomenes du Tonnerre.* J'avois esbauché autrefois une eſpece de Commentaire ſur cet endroit, & je ne fis alors que confirmer par de nouvelles obſervations ce que j'avois dit à la Compagnie dans quelqu'une des Séances précedentes.

Mais pour vous donner une idée plus exaĉte de ces deux conferénces, je vais vous en faire icy le précis. Je priay d'abord mes Confreres de ſe repreſenter les principaux effets de la Poudre à Canon, & de remarquer leur Analogie avec ceux du Tonnerre & de la Foudre. Puis pour leur faire mieux comprendre la nature de ce terrible Meteore, je leur expliquay celle de la Poudre à Canon. Je leur fis l'Analyſe des *Ingrediens* qui compoſent ce *Tonnerre artificiel*, je leur expliquay la maniere dont ils y ſont arrangés, & je leur rapportay tout ce que j'avois leû ſur cétte matiere dans *Deſcartes ᵃ*, *Rohault ᵇ*,

Reg. 31:
Oĉt. 1725.
* p. 152,
* p. 9.

21. Oĉt.
1725.

*Hiſt.1702
p. 13.

Reg. 12:
Avr. 1725.

Boyle e, *Regis* d, *Bayle* e, *Barchusen* f, *Lemery* g, *VVolfius* h, *Poliniere* i, &c. & dans les Hift. & Mem. de l'Acad. de 1700. 1702. 1707. 1708. & fuiv.

Enfuite je leur fis voir que toutes les préparations de la Poudre à Canon n'aboutiffent qu'à mefler de telle forte tous les principes qui la compofent, les Sels, les Soulphres, les Particules terreftres, avec l'Air, & la matiére Etherée, qu'il en refulte des grains qui font autant de petits *Ballons* comprimés & capables par conféquent de fe dilater avec un effort prodigieux : Que le feu agit fur ces Ballons de la maniere que l'explique le P. Malebranche dans les Mem. de l'Académie de 1699 * & dans fes Efclairciffements * fur la Recherche de la Verité ; & qu'ainfy c'eft un Ferment felon l'idée que j'ay donnée de ce terme dans une * de mes Differtations. Je leur expliquay auffy la nature de plufieurs autres compofitions qui ont quelque raport avec la Poudre à Canon, & dont il eft parlé dans prefque tous les livres de Phyfique, ou de Chymie.

De là j'inferay que la Foudre eftoit une matiére nitreufe & fulphureufe, & je creus eftre d'autaut plus en droit de le conclure que j'avois desja fait remarquer qu'il n'y avoit que les Soulphres qui fuffent inflammables, & que leur inflammabilité s'augmentoit confiderablement par le meflange des Sels nitreux ; mais je creus auffy devoir advertir, que le Tonnerre n'eftoit pas toujours produit par l'inflammation, l'explofion, ou la détonation d'une

[marginal notes]
* P. 33. & f.
* XVI. Efclairciff. N. 21. & f.

a Princip. Philof. part. 4. No. 109. & f. b Traité de Phyfique part. 3. Ch. 9. N°. 13. c Nov. Exprim. Phyfico. Mechan. Tentam. circa part. Nitr. &c. d La Phyfique liv. 4. Part. 4. Ch. 4. e Phyfic. Part. l. 3. fect. 1. difp. 4. fect. 3. difp. 4. & fect. 4. f Pyrofoph. l. 3. fect. 2. cap. 5. & fect. 5. cap. 2. g Cours de Chymie part. 1. Ch. 16. & 20. h Elem. Pyrotechn. cap. 1. Probl. 1. & feq. exper. 1. & feq. i Experiences de Phyfique, exper. 39. 71. & fuiv.

k Differt. fur la caufe de la multiplication des Ferments imprimée à Bordeaux en 1719, & à Béfiers en 1720 avec des Eclairciffements.

fenblable matiére : qu'un Air efchauffé, refferré entre les
vapeurs d'une Nuë & fortement comprimé, pouvoit fe
dilater avec affés de force, & choquer avec affés de violence les vapeurs qui le contraignent, & l'Air qui environne ces vapeurs, pour caufer ce bruit efclatant qu'on
entend dans les Nuës.

J'adjouftay que les Arquebufes à vent, les petites Boules de verre qui petent dans le feu, &c. aidoient affés à
comprendre cette Theorie ; & que l'obfervation que j'a-
vois faite avec beaucoup d'attention de plufieurs coups   28. Juill.
de Tonnerre affés bruyants, & dont l'un fendit la Nuë   1715.
que j'avois fur la tefte, un jour que je revenois de la Campagne, fans qu'il euft paru aucun Efclair : Que cette obfervation, dis-je, ne permettoit pas de douter du Fait,
que je tafchois d'expliquer.

Enfin je leur dis auffy que j'avois remarqué pendant le
dernier Orage dont j'ay parlé cy - deffus *, que tous les   * p. 5.
Efclairs n'eftoient pas fuivis du Tonnérre, & qu'ainfy il
y avoit des Tonnerres fans Efclair, & des Efclairs fans
Tonnerre ; vous en comprenés affés la raifon fans qu'il
foit befoin que je m'eftende icy davantage.

Je ne finirois point Mr. fi je voulois vous donner icy
un Extrait de toutes nos Conférences fur les fujets traités
dans l'Hift. de l'Academ. R. des Sc. & dans celle de
l'Acad. R. des Infcript. Je viens aux travaux particuliers
de la Compagnie, car elle ne s'abftenoit pas tout-à-fait
de produire quelque chofe de fon fonds. Il ne fe prefentoit rien de nouveau, dont elle ne vouluft eftre informée,
& fur quoy elle ne creuft eftre obligé de s'exercer.

M. Maffip donna la defcription d'un Echo fort parti-   Reg. 9.
culier, il leut auffy un Memoire fur une Urne antique   Septembr.
trouvée depuis peu à S. Thyberi, petite Ville du Dio-   28. Octob.
céfe d'Agde, il parla encore au fujet du Cryftal qu'on tire   1723.
d'une Montagne près de Cabreiroles, petit Village du
Diocéfe de Béfiers. Le P. Dufefc donna un Memoire fur   Reg. 4.
                                                          Nov. 1723.

8

la cause du Bruit (*le Picqueur*) qu'on entend à Marfane, près de Montelimart en Dauphiné , & un autre fur la Grefle, où il expliquoit ce Meteore d'une maniere fort

13. Juil. 1714.

ingenieufe & affés nouvelle. M. Portalon l'Ainé fit part à

9. Dec. 1723.

la Compagnie de fes reflexions fur la maladie (*le Guam*) qui avoit enlevé tant de Moutons & de Brebis en 1722 & 1723 dans les Diocéfes de Béfiers & d'Agde. M.

Reg. 16. Dec. 1723.

l'Abbé Chauchard leut un difcours très propre à encou- rager tous fes Confréres dans leurs travaux Académi-

26. Oct. 1714.

ques, en leur faifant voir que la Gloire dédommage bien avantageufement de la peine qu'elle coufte à acquerir. Quelque temps après il confirma fes preuves par l'exem- ple d'Homere, dont il donna la vie d'après un Autheur très ancien , que quelques uns ont creû eftre Herodote.

19. Avr. 1715. 6. Av. 1714.

M. Caillé expliqua quelques Phenomenes concernant le Feu, la Lumiére, &c. M. Betti avoit leû une Ode intitulée l'Académie. M. l'Abbé de Cailus, M. de Gui- bal , M. l'Abbé Bouffanelle , le P. Dufefc , avoient fou- vent entretenu la Compagnie, fur ce qui leur avoit paru de plus interêffant dans les journaux de Leipfick de 1720, 1721 & fuiv. & en avoient mefme traduit quelques Arti-

14. 21. Oct. 1723.

cles. J'avois donné auffy quelque chofe fur la maniere dont fe fait la digeftion des Aliments, &c.

9. Nov. 1723.

On avoit obfervé le paffage de Mercure fur le Soleil , & il avoit efté dit que l'on regarderoit deformais cet Eve- nement comme l'Époque de la fondation de noftre Aca- démie. On a fait depuis toutes les autres obfervations Af-

22. May. 1714. 21. Oct. 1715.

tronomiques, que le temps & le peu d'Inftruments dont on s'eftoit pourveû , ont permis de faire.

R. Nov. Dec. 1723. Jan. Fev. Mars 1714.

Mais ce qui occupa le plus la Compagnie peu de temps aprés fa naiffance, ce fut la queftion de la Nature du mouvement, fur laquelle nous eftions fort partagés feu M. l'Abbé Portalon , M. Caillé, le P. Dufefc & moy. Voicy en peu de mots l'effentiel de cette difpute & l'ordre qu'on creut devoir y garder.

On

On commença par s'affeûrer du fentiment de prefque tous les Phyficiens qui ont efcrit fur cette matiere. L'un expofa ce que M. *Defcartes* [a] & les anciens Difciples MM. *Rohault,* [b] *Regis* [c], *Bayle* [d], avoient penfé là-deffus. L'autre rapporta ce que M. de *Gamaches* [e], venoit d'avancer dans fon fyfteme du mouvement. Un troifiefme donna un abregé du Difcours de M. *Crouzas* [f], fur le mefme fujet. Chacun faifoit là deffus fes reflexions, & à mefure qu'il fe prefentoit quelque queftion incidente, comme l'effence de la matiere, l'exiftence des corps, l'inefficace des caufes fecondes, on ne manquoit pas de la traiter par provifion, furtout aprés avoir confulté le plus grand Metaphyficien de nos jours, je veux dire aprés avoir leû & releû les Efcrits [g] du P. Malebranche.

Vous comprenés desja, Mr. que l'un vouloit que le mouvement ne fuft qu'un fimple changement de rapport de diftance; ou pour mieux dire, un fimple changement de contact des parties de la Matiere, car on ne prit pas l'idée de M. de *Gamaches* dans toute fon eftenduë; & l'autre, que le mouvement n'eftoit pas fimplement un mode exterieur, relatif & reciproque, mais qu'il y avoit quelque chofe d'interieur dans le corps meû actuellement, qui n'eft point dans les corps qui le touchent immediatement, & aufquels la caufe motrice occafionelle n'eft pas appliquée. Mais ce qu'il y eût de plus fingulier dans cette occafion, & qui vous paroiftra fans doute un peu extraordinaire; c'eft qu'un troifiéme pretendoit que le mouvement n'eft, ny un mode interieur, car on ne fçait veritablement ce que c'eft, ny un mode commun au corps & à l'efpace dans lequel le corps eft meû. Hé quelle

a Princip. Philof. p. 2. n. xxv. & feq. *b* Traité de Phyfique part. 1. Ch. x. & f. *c* La Phyfique l. 1. p. 2. *d* Inft. Phyf. part. 1 difp. vi. *e* Syft. du mouv. Paris 1721. *f* Difcours fur le principe, la nature, &c. du mouv. qui a remporté le Prix propofé par l'Acad. R. des Sc. pour l'année 1720. *g* Recherche de la Verité. Meditat. Entret. fur la Metaphyfiq.

B

eſtoit donc , me dirés-vous, ſon idée ſur ce ſujet ? Il ne
ſeroit guere aiſé de le deviner à ceux que ſont profeſſion
du Cartheſianiſme

Cet Académicien ſouſtenoit 1. que le total de l'Univers
eſt borné, qu'il a une ſurface, & que cette ſurface eſt en
repos. 2. Qu'aucun corps ne peut ſe remuer, ſans que ſes
parties ne changent de relation avec les parties de cette
ſurface immobile. D'où il concluoit que le Mouvement
eſt bien un mode exterieur & relatif, mais non pas reciproque. Un quatrieſme eut beau luy objecter que ſelon
les idées de la nouvelle Philoſophie, l'Eſtenduë * ou la
Matiere dans ſa totalité eſtoit immenſe, qu'elle ne pouvoit
eſtre eſpuiſée par aucune meſure finie, & qu'elle n'avoit
en un ſens d'autres bornes que Dieu meſme qui par ſa
Toute-puiſſance la ſouſtient & la conſerve: qu'ainſy le
Monde entier ne pouvoit pas eſtre borné ; & que quand
meſme il le ſeroit, ſa ſurface exterieure ne pouvoit pas
eſtre ſuppoſée pluſtoſt en repos qu'en mouvement, puiſque de ſon adveu il n'y avoit rien de materiel au dehors
avec quoy elle peut eſtre en relation. Ces raiſons ne furent
pas capables de l'esbranler , & il ſeroit trop long de vous
rapporter icy tout ce qui fut allegué de part & d'autre
à ce propos.

Il ſuffira de vous dire que l'un pretendoit que s'il eſtoit
de l'eſſence de l'Eſtenduë d'eſtre immenſe, toute eſtenduë
devroit eſtre immenſe, un pied cube par ex. de Marbre,
devroit eſtre immenſe, ou n'eſtoit pas de l'eſtenduë, &c.
A quoy l'autre reſpondoit que l'eſſence du tout & de ſes
parties n'eſtoit pas à cet égard la meſme, autrement il
faudroit dire que 1 pouce cube , & 1728, pouces cubes,
ou un pied cube de Marbre, n'ont qu'une meſme eſſence,
ou ne ſont qu'une meſme choſe ; ce qui ſeroit ridicule. Il
fut dit auſſy que chaque partie du Monde pouvoit eſtre

* Phyſique de Regis l. 1. p. 1. Ch. v.

mefurée, & qu'en les mefurant toutes, on mefureroit le
Monde; ce qui ne s'accorde pas avec fon immenfité. Mais
on oppofa, qu'outre qu'on ne connoift point encore de
mefure abfoluë, il faudroit, pour mefurer toutes les parties du Monde, que le nombre de ces parties fuft fini;
ce qui eft manifeftement fuppofer la queftion.

Au refte l'Académie fe garda bien de rien decider, &
felon toutes les apparences elle ne decidera rien de long-
temps fur cette Matiere.

On avoit desja propofé quelques Devifes pour l'Académie naiffante, on en compofa de nouvellés, des Eftrangers
mefme nous firent l'honneur de nous en prefenter : On
les examina, on critiqua celles qui ne paroiffoient pas
faites felon les Regles, on applaudit à quelques autres;
mais on ne trouva pas à propos d'en adopter aucune, jufqu'à ce qu'il euft pleû au Roy de nous accorder des Lettres Patentes.

Reg. 13.
25. Nov.
16. Dec.
1713.

M. Lautrec traita de l'Origine des Académies. M. Maffip
leut un Difcours fur l'utilité de la Critique. M. Cros
entreprit un Cours d'Anatomie raifonnée, il en donna
mefme quelques effais, particulierement fur les Os &
fur l'Organe de l'Odorat. Je propofay quelques doutes fur
l'Exiftence des Efprits Animaux, &c.

R. 25. Jan.
17. May.
1725. 7.
Dec. 1724.
8. Mars
1725.

On confera fouvent fur differents Articles d'Aftronomie. On obferva l'Eclipfe de Soleil du 22. de May. 1724.
M. Andoque calcula les hauteurs de cet Aftre fur noftre
Horizon de demi-heure en demi-heure, & de dix en dix
degrés de l'Ecliptique, & il en donna une Table avec fon
ufage. M. de Guibal fut prié par la Compagnie de traduire
en françois l'Aftronomie du P. Tacquet, & il y fut mefme
invité bien-toft aprés par M. de Mairan, qui approuva
fort cette penfée. M. de Clapiés donna le calcul de
l'Eclipfe de Lune du 21. Octobre 1725. &c. On avoit ce-
lebré la Fefte de S. Loüis, M. l'Abbé d'Arnoye avoit leu
le Panegyrique du Saint, & il avoit efté refolu qu'on en

R. 4. 18.
May 6.
Juil. 1724.

Reg. 3.
May 1725.

Reg. 11.
Oct. 1725.

uſeroit de meſme à l'advenir, à l'exemple des autres Académies du Royaume.

Enfin je traitay l'autre jour de l'action de l'Air ſur le
corps Humain: Et à cette occaſion M. Aſtier meſura
exactement la ſurface du corps d'un homme d'une groſſeur
mediocre, & de cinq pieds trois pouces de hauteur, &c.

Reg. 6. 13.
Dec. 1725.

Je paſſe, Mr. bien des choſes ſous ſilence, pour ne pas
groſſir extrémement cette Lettre. D'ailleurs ce que j'ay
dit juſqu'icy, me paroiſt ſuffiſant pour vous mettre au fait
de nos Reglements, & de nos Occupations. J'adjouſteray
ſeulement qu'on ne manque pas de faire l'Eloge de ceux
qui meurent parmy nous: que c'eſt ainſy qu'on en a desja

Reg. 28.
Juin 1724.

uſé à l'égard de M. l'Abbé Portalon *, M. Maſſip luy
ayant rendu cet honneur: qu'on en uſera de meſme à l'é-
gard de Mr. l'Abbé d'Arnoye que nous venons de perdre,
M. Racolis s'eſtant chargé d'en faire inceſſamment l'E-
loge : que ceux qu'on reçoit maintenant, font un Diſcours le jour de leur Reception, auquel le Directeur eſt
obligé de reſpondre ; &c

Reg. 20.
Dec. 1725.

Je finis, MONSIEUR, après vous avoir appris
toutefois que Mgr. l'Ancien Eveſque de Frejus, a eu la
bonté de nous obtenir du Roy la Permiſſion de faire
chaque année deux Aſſemblées publiques, & qu'il vient
de nous le faire ſçavoir par M. de Mairan, Je ſuis, &c.

* Joſeph François Portalon naſquit à Béſiers le 15 Fevrier 1669 de Jacques Portalon fameux Advocat,& de Françoiſe de Barthelemy de Prades. Il s'engagea fort jeune dans l'Eſtat Eccleſiaſtique, prit ſes degrés en Theologie à Thoulouſe, rechercha touſjours l'amitié des Gens de Lettres, fit des Conferences particulieres ſur les Poëtes Grecs & Latins, ſur la Philoſophie, ſur les Mathematiques, fut eſlu en 1710 Deputé du Clergé de ce Diocéſe, ſe trouva à la premiere Séance de noſtre Académie, &c. Il mourut en cette Ville, le 30. May 1724.

II. LETTRE.

Efcritte le 15. May 1732, à Monfieur * * * * *

Sur les Occupations de l'Académie des Sciences, & Belles Lettres de la Ville de Béfiers.

JE vais vous obeïr, MONSIEUR, & quelque peine qu'il y ait à raffembler tout ce qui s'eft paffé dans noftre Compagnie pendant plufieurs années, & à le renfermer dans les bornes d'une Lettre, je veux bien en voftre faveur m'impofer cette tafche. Je gaderay icy le mefme ordre que j'ay fuivy dans la Lettre précedente, à cela près que je ne rapporteray point les difputes qui fe font quelquefois élevées, ou, ce qui revient au mefme, les converfations aufquelles ont fouvent donné lieu les Hiftoires & les Memoires des Académies Royales des Sciences & des Belles Lettres de Paris, dont on continuë tousjours la lecture dans nos Affemblées. Je me contenteray donc d'indiquer en gros ce que l'Académie a produit de fon fonds depuis le commencement de 1726 jufqu'à la fin de 1730, & dans une autre occafion je ne manqueray pas de vous faire part de la fuite de nos travaux.

Dans la premiere Séance de l'année 1726, je fis le rapport de la Lettre que j'avois efcritte à M. de Mairan pour le prier de remercier au nom de tous nos Confreres S. E. Mgr. le Cardinal de Fleury, de la permiffion qu'il nous avoit obtenuë du Roy de faire chaque année deux Affemblées publiques ; après quoy l'on s'entretint fur les arrangements qu'il y avoit à prendre pour tenir inceffamment la premiére de ces Affemblées : feu M. Portalon alors Sous-Directeur fut prié d'en faire l'ouverture, M. l'Abbé d'Arnoye Directeur eftant mort

Reg. 10. Jan. 1726.

14

depuis peu, & nous aurions bien-toſt executé noſtre projet, ſi divers contre-temps, qu'il eſt inutile de rapporter
icy, ne nous en euſſent empechés : M. Racolis leut
l'Éloge de M. l'Abbé d'Arnoye. Les Aſſemblées ſuivantes furent un peu interrompuës par le grand froid qui
ſurvint, & qui dura juſqu'à la fin de Janvier. Je fis alors
quelques experiences, qui me prouverent aſſés évidem-
ment qu'il s'éleve toujours vers la ſurface de la terre une
vapeur inſenſible, qui entretient dans les lieux ſouſter-
rains une chaleur douce & conſtante : conjecture, dont je
n'eus pas peine à rendre une raiſon Phyſique très plauſible.

Peu de temps après M. Maſſip fit voir que *rien n'eſt
plus avantageux à une académie que la liberté d'une ſage
& judicieuſe critique.* Ce n'eſtoit plus le meſme Diſcours qu'il avoit leû quelque temps auparavant, il l'avoit
preſqu'entiérement refondu, & le tour qu'il luy avoit
donné joint à l'élegance du ſtyle, pouvoit faire gouſter
la Critique à ceux meſmes qui la redoutent le plus. M.
Aſtier le Cadet qui faiſoit alors ſa principale eſtude de
l'Analyſe des Infiniment petits, & qui dans un cahier
exprés couchoit tout au long les calculs algebriques,
dont l'Illuſtre M. de l'Hoſpital pour plus de briéveté
& d'energie n'a fait que donner les reſultats, trouva
heureuſemnt la ſolution d'une difficulté qui l'avoit arreſté
quelque temps dans le dernier Exemple de la Sect. IV.
& il creut devoir la communiquer à la Compagnie pour
eſpargner de la peine & du temps aux autres Geometres.

Ayant leû un jour dans un Memoire * de M. de Mairan que la valeur d'un angle peut eſtre exprimée par l'arc
de cet angle diviſé par ſon rayon, on m'en demanda la
demonſtration, que je donnay ſur le champ d'une maniére fort ſimple. Preſqu'en meſme temps je fis remarquer une faute aſſés conſiderable dans la page 57 de la
Phyſique de M. Keill, reïmprimée depuis peu à Amſter-
dam, & M. de Clapiés, qui fut conſulté, non ſeulement.

Reg. 17.
24. & 30.
Jan. 1716.

Reg. 7
Fev. 1716.

Reg. 14.
Mars 1716.

Reg. 18.
Mars 1716.
* Mem. de
l'Academ.
1710. pag.
235.

convint qu'il y avoit une méprise en cet endroit, mais le demonstra mesme d'abord très clairement. Je prouvay aussy d'une maniere fort naturelle que la force d'un corps, ou sa quantité de mouvement n'est que le produit de sa masse par sa vistesse, & non pas le produit de sa masse par le quarré de sa vistesse, comme l'a pretendu M. de Leibnitz, & après luy Mrs. Bernoulli, Vvolfius, Herman, Sgravesande &c. Enfin je proposay mes conjectures sur le Magnetisme à l'occasion du Programe que l'Académie Royale de Bordeaux venoit de publier sur *les Variations de l'Aiguille aymantée*, & je ne balançay point à estendre cette proprieté en l'attribuant à beaucoup d'autres corps, avec l'Illustre M. Boyle & quelques autres Modernes, au nombre desquels j'eus peu de temps après la satisfaction de voir M. de Mairan *. M. Astier le Cadet fit part aussi à la Compagnie de ses reflexions sur le mesme sujet.

Reg. 4. Avr. 1716.
Reg. 6. Juin 1716.
* Hist. de l'Academ. 1714. p. 13. Reg. 18. Juil. 1716.

Cependant, pour ne pas differer davantage nostre premiere Assemblée publique qu'on avoit desja annoncée, on choisit quelques Memoires parmy ceux qui avoient esté leûs dans nos Assemblées particulieres, & quatre jours après que la Feste de S. Loüis eut esté celebrée suivant l'usage par l'Académie, feu M. Portalon Directeur ouvrit la séance par un Discours, où il fit voir que les Sciences & les Lettres avoient esté tousjours cultivées dans la Ville de Béfiers, après quoy M. Racolis leut l'Eloge de M. l'Abbé d'Arnoye : M. Chauchard fit voir que la gloire dédommage avantageusement de la peine qu'elle couste à acquerir, je traitay de la pression de l'Air sur le corps humain, M. Massip expliqua les avantages de la Critique, & M. Berti leut une Ode sur la nuit. M. Portalon resuma tous ces Discours, & par des loüanges delicates il tascha d'en encourager les Autheurs à continuer leurs meditations & leurs recherches.

Reg. 29. Aoust 1716

D'abord après ce premier essay, on s'empressa de travailler pour estre en estat de reparoistre bien-tost en public. On avoit desja fixé la première Assemblée publique au jeudy d'aprés la Feste de S. Loüis, temps auquel nostre année Académique commence; & on arresta que la seconde Assemblée de chaque année se tiendroit le premier jeudy d'aprés les Roix. En mesme temps il fut deliberé que pour rendre nos exercices plus utiles & plus agréables, & pour obliger par là les Académiciens de l'une & de l'autre Classe à concourir au bien public, on liroit à chaque Assemblée publique deux Memoires sur les Sciences & deux sur les Belles Lettres, & que ces Memoires seroient examinés auparavant par toute la Compagnie, ou par ceux qu'elle nommeroit; ce qui s'observe encore aujourd'huy trés-scrupuleusement.

R. 5. Sept. 1726.

Vous jugés bien, Mr. que desormais les Assemblées publiques vont faire la principale occupation de l'Académie: aussy je ne m'attacheray guere qu'à vous rapporter les titres des Ouvrages, qu'on y a leûs; & cela suffira, je pense, pour vous donner une idée de nos travaux. Toutefois ne croyés pas qu'on ait negligé les observations qui se sont presentées de temps en temps, soit Physiques, soit Meteorologiques, soit Astronomiques. Je pourray peut-estre dans une autre occasion, vous faire part de nos Observations Physiques & Meteorologiques. Quant aux Observations Astronomiques j'en ay parlé assés au long dans un Memoire * qui a esté imprimé & auquel vous pourrés avoir recours.

* V. Mem. sur la Lat. & la long. de Béfiers.

Mais je ne dois pas omettre icy une circonstance assés glorieuse pour une Académie naissante, c'est le jugement, que porta vers la fin de 1726 l'Académie Royale de Bordeaux, d'une Dissertation qui estoit, pour ainsy dire, née dans le sein de nostre Compagnie, & qui auroit esté sans doute Couronnée en 1725, si elle n'avoit eû le malheur d'estre interceptée * avec bien d'autres en arrivant la première fois à Bordeaux. Vous comprenés

V. Prog. 2. Sept. 1725.

assés

aſſés que je veux parler de l'Ouvrage du P. Duſeſc
ſur la Cauſe & la Nature du Tonnerre & des Eſclairs:
Nous le leumes, cet Ouvrage, avec beaucoup de ſatis-
faction, & nous priames M. l'Abbé de Cailus qui nous
en avoit preſenté un Exemplaire, d'eſcrire au P. Duſeſc qui enſeignoit alors les Mathematiques à Perpignan,
pour luy teſmoigner la part que nous avions priſe à
ſon triomphe.

R. 10.
Oct. 1716.

Selon le Reglement dont on a parlé cy-deſſus,
l'Académie tint en Public la premiére de ſes Séances
de 1727. Le Diſcours préliminaire de M. Portalon Directeur, roula ſur l'utilité des Académies: M. Barbier traita enſuite de l'origine & des premiers uſages
des Anneaux: M. de Guibal leut un Diſcours qui
doit ſervir de Préface à ſa Traduction Françoiſe de
l'Aſtronomie du P. Tacquet: M. Lautrec rechercha
l'origine des Académies, & M. Chauchard leut la vie
d'Homere d'après un ancien Autheur que quelques-uns
croyent eſtre Herodote. Le Directeur reſpondit à tous
ces Diſcours, & vous vous imaginés bien, Mr. que
cela s'eſt pratiqué depuis dans toutes les Aſſemblées
publiques de l'Académie.

R. 9.
Jan. 1727.

Bien-toſt après M. de Guibal nous remit la Traduction qu'il avoit faite des trois premiers livres de
l'Aſtronomie du P. Tacquet, pour eſtre examinée par
les Commiſſaires que la Compagnie avoit nommés:
Et à cette occaſion il fut dit, que, quoyque cet Ouvrage ſoit excellent pour ceux qui commencent l'eſtude de l'Aſtronomie, en ce qu'il contient une expo-
ſition claire & nette des principes de cette Science
dans l'hypotheſe où l'on ſuppoſe circulaires les mouvements des Aſtres; neantmoins, comme ce Sçavant
Jeſuite n'a pas tousjours daigné eſclaircir par des exemples les preceptes qu'il a ſoigneuſement recüeillis des
plus habiles Aſtronomes qui l'avoient précedé, il eſtoit

R. 22.
Jan. 1727.

Aſtrono-
miam cir-
cularē om-
nium opti-
mè expo-
ſuit An-
dreas Tac-
quet : do-
ctendū verē

quod præ-
cepta nul-
lis exem-
plis illuf-
traverit.
VVolfius
comm. de
fcript. Ma-
th. c. 9. §.
20,

à craindre qne les Commençants ne fuffent fouvent
arreftés: Et que pour prevenir cet inconvenient, il
falloit adjoufter des Remarques fur chaque Livre, où
l'on pourroit inferer non-feulement tous les exemples
neceffaires, mais encore toutes les nouvelles defcou-
vertes dont il eft fait mention dans les Livres pofterieurs à celuy du P. Tacquet. C'eft à quoy nous nous
engageames de travailler M. de Guibal & moy. Mais
d'autres occupations plus preffantes ne nous ont pas
encore permis d'avancer fort cet Ouvrage. Seulement
M. de Guibal a fini fa Traduction, dont la plus grande partie a efté examinée par la compagnie, & peut-
eftre un jour nous pourrons de concert mettre la derniere main aux Remarques, qui doivent accompagner
cette Traduction, fur tout, lorfqu'avec les Inftruments
que nous avons desja, & ceux que nous efperons
acquerir encore, nous aurons fait un nombre fuffifant
d'obfervations Aftronomiques.

R. 6.
Fer.
20. Mars
1727.
* p. 743. &
Suiv.

Prefqu'en mefme temps je parlay fur la Rheûbarbe
qui eftoit alors fort rare & fort chere, & je fis imprimer à cet fujet une Lettre dont vous trouverés
l'Extraict dans le Journal des Sçavants * du mois de
Decembre 1727.

R. 24.
Juill.
26. Juin.
14. Aouft.
1727.

Le premier de Juin de la même année, la Grefle
ravagea une partie de noftre Campagne, & n'efpar-
gna pas mefme les plus gros Arbres; ce qui donna occafion à M. Caillé d'expliquer la formation de ce Meteore. M. Berti avoit desja leû l'Eloge de M. l'Abbé
de Cailus: M. l'Abbé Bouffanelle avoit leu la vie de
Diogene: M. Cros avoit fait plufieurs experiences fur
le Rhapontique des Montagnes. On raffembla tous
ces Difcours, & on les leut dans une Conférence

R. 28.
Aouft 1727.

publique, après que M. Chauchard Directeur eut in-
diqué les moyens les plus feûrs pour rendre durable
l'Eftabliffement d'une Académie.

Quelques jours auparavant * il avoit paru près de
Puifferguier un Phenomene extraordinaire, une Colonne de nuë, furquoy M. Andoque avoit promis de
travailler. Un Arc-en-Ciel fingulier avoit auffi efté remarqué à Perpignan * par le P. Dufefc qui nous envoya là-deffus fes reflexions: Je les leus à la Compagnie, & en mefme temps je luy fis part de l'obfervation que j'avois faite depuis peu * de trois Arc-en-
ciels placés l'un fur l'autre fans aucun intervalle entre eux, & dont les couleurs n'eftoient pas renverfées
comme elles le font ordinairement dans les Arc-en-ciels
qui ne font pas contigus. Il eft vray que toutes les couleurs n'eftoient bien diftinctes que dans l'Arc exterieur,
& que dans les deux interieurs elles ne formoient, à
proprement parler, que deux bandes l'une d'un rouge
clair, & l'autre de toutes les autres couleurs meflées
& confonduës. Mais, ce qui eft à remarquer, la partie exterieure ou couvexe de ces trois Arcs eftoit oc-
cupée par le rouge, de forte que le violet de la partie interieure ou concave de l'Arc fuperieur eftoit fuivi
immediatement du rouge de l'Arc qui eftoit au-deffous:
Il en eftoit de mefme de celuy-cy à l'égard du dernier. C'eft furquoy je propofay quelques conjectures
qu'il feroit trop long de rapporter icy.

Je reviens, Mr. à nos Affemblées publiques, qui,
comme j'ay desja dit, eftoient alors & font encore aujourd'huy un des principaux motifs de nos Affemblées
particulieres. M. Chauchard Directeur ouvrit la qua-
triefme par un Difcours fur la veritable Gloire des
Roix: M. Andoque expliqua la colonne de nuë, dont
on a parlé cy-deffus: M. l'Abbé de Gayet, leut un
Difcours fur l'Excellence de l'Efprit: M. Cloud fit voir
que la Gloire eft de toutes les conditions; & M.
Aftier le cadet traita de la Dureté des Corps.

L'Ouverture de la cinquiefme Séance publique fut

C 2

* 2.
Aouft 172[?]

* 17. Juin
1717.
R. 4.
Sept. 1727.
* 31. Aouft
1727.

R. 19.
Fev. 1718.

R. 2. Sept.
1728.

faite par M. de Guibal Directeur ; qui releva fort ingenieufement les avantages de la parole: Après quoy M. Carratié tafcha de prouver l'utilité de l'Hiftoire: M. Aftier le Cadet parla fur la Saleure & fur l'Amertume de la Mer: M. Texier fit voir que la Mufique a beaucoup de rapport avec l'Éloquence ; & M. Cros expliqua la nature & les vertus des Eaux Minerales de Vendres.

Reg. 24. Mars 1729, Dans la Séance fuivante M. de Guibal Directeur parla fur l'utilité & les avantages de l'Education : M. Caillé rejetta les Influences de la Lune : M. Maffip rechercha d'où vient que dans un Feftin on boit à la fanté les uns des autres ; & M. Aftier l'aifné leut des Reflexions fur les Hypothefes du mouvement & du repos de la Terre.

Reg. 1. Sept. 1729. M. Barbier Directeur ouvrit la feptiefme & la huitiefme de nos Conférences publiques. Dans la premiere, il traita des defauts que l'on doit éviter dans la Critique des Ouvrages d'Efprit. M. Texier leût l'Eloge de M. Portalon : M. Andoque parla fur les diamants de la Montagne de Gabian. M. Racolis fit valoir les avantages de la Poëfie fur la Profe ; & M. Cros tafcha de faire connoiftre le Bains de la Malou.

R. 1. Juin 1730. Dans le feconde, M. Barbier expliqua cet ancien Proverbe, qu'on lit dans Horace, *non cuivis homini contingit adire Corynthum*: Enfuite M. Aftier le cadet leut un Memoire fur la caufe des Tremblements de Terre: M. Lautrec le pere esbaucha l'Hiftoire de la Ville & du Diocèfe de Béfiers ; & je parlay fur les Champignons, fur les mauvais effets qu'ils produifent quelquefois; & fur les moyens d'y remedier.

Depuis cette Séance qui par certaines raifons avoit efté fort differée, on convint qu'à l'advenir les deux Affemblées publiques fe tiendroient l'une après la S. Martin & l'autre après les Feftes de Pafques. Et ce

fut au temps fixé par ce dernier Reglement; que M.
Caillé Directeur ouvrit la derniere Assemblée publique dont je dois vous parler icy. Il fit voir d'abord
que l'estude de la Geometrie est très-necessaire à quiconque veut devenir habile & exact Escrivain: Puis
M. Trouïllet leut l'Eloge de M. Valadon: M. Chauchard donna un Précis de l'Expedition du jeune Cyrus
& de la Retraite des dix mille: M. Lautrec le fils parla sur l'utilité des Académies: M. Cros sur les bons
& les mauvais effets des vins de nostre Terroir, &
M. le Marquis de Villeneuve leût une Ode sur la
Jalousie.

Voilà, Mr. quelles ont esté nos principales occupations pendant cinq années. Je ne vous parle point des
remerciements qu'ont leû tous ceux qui ont succedé
aux Académiciens que nous avons perdus, pendant cet
intervalle de temps, ny des responses qu'on leur a faites: Vous jugés bien que ces Discours ne rouloient
que sur les graces que nous a desja obtenuës de la
Cour S. E. M. le Cardinal de Fleury, & sur celles
que nous avons lieu d'attendre de sa bonté, sur les
loüanges de l'Académie & des Membres qui la composent, principalement de M. nostre Evesque & de M.
de Mairan, sur le merite de celuy dont on remplit la
place & de celuy qui a esté choisi pour la remplir,
sur le plaisir que l'on gouste dans nos exercices, sur
l'émulation que ces exercices inspirent & sur les avantages que le public en peut retirer.

Je ne vous diray rien aussi de nos projets Astronomiques & Geographiques, ny du zele qu'ont tesmoigné
à cet égard deux de nos Confreres * en copiant eux-
mesmes un gros Livre * qu'ils avoient emprunté &
qu'il n'avoient peu acquerir à quelque prix que ce fut:
Enfin je ne vous parleray point des Lettres que j'es-
cris de temps en temps à M. de Mairan pour l'infor-

* Mrs.
Astier.
* Magnus
Canon Triā.
Logarithm.

C 3

mer de ce qui fe paffe dans nos Affemblées, ny de l'honneur que l'Académie Royale des Sciences nous fait quelquefois d'inferer dans fon Hiftoire * nos conjectures & nos obfervations; car tout cela me meineroit trop loin. Mais je ne dois pas vous laiffer ignorer que M. le Cardinal de Fleury, non-feulement nous accorde fa protection dans toutes les occafions, mais qu'il prend mefme quelque part à nos travaux, qu'il fouffre avec plaifir que je luy en rende compte, & que malgré les importantes occupations où fon Miniftere l'engage, il me fait fouvent l'honneur de me refpondre. Il fuffira de vous tranfcrire icy une de fes Lettres pour vous faire juger des autres.

* V. l'Hift. 1714. 1727. 1729. 1730.

A Fontainebleau le 6 Septembre 1728.

,, Je fuis ravi, MONSIEUR, de voir les progrés
,, de voftre Académie, laquelle, quoyque, pour ainfi
,, dire, dans fon enfance, produit desja des fruits,
,, comme fi elle eftoit eftablie depuis long-temps. Elle
,, fait un grand honneur à une Province, pour laquelle
,, j'ay tant de raifons de m'intereffer, & je ne puis
,, trop loüer en particulier le zele que vous marqués
,, avec tant de fuccés pour l'avancement des Sciences
,, dans voftre Patrie. Je vous feconderai avec plaifir
,, par tout ce qui dependra de moy, & vous affeûre,
,, MONSIEUR, de l'eftime particuliere que j'ay pour
,, vous.

LE CARDINAL DE FLEURY.

Maintenant pour juftifier en quelque forte noftre conduite, & prevenir certains reproches que l'on pourroit nous faire, il ne me refte, Monfieur, qu'à vous indiquer un peu plus fpecialement nos veûës generales

& particulieres ; & à vous dévoiler ; pour ainſi dire; l'eſprit qui a dirigé nos travaux Académiques. Car , quoyque je me ſois desja expliqué là-deſſus * en par- * p. 1. & ſuiv. lant de l'Inſtitution de noſtre Compagnie., & du but qu'on s'y propoſa d'abord, il ne ſera peut-eſtre pas inutile d'eſtendre ici davantage ce qui a eſté dit à ce ſujet.

Vous ſçavés que noſtre premiere veûë fut de nous inſtruire nous meſmes & de nous enrichir inceſſam- ment des deſpouilles des Anciens & des Modernes: Vous n'ignorés pas meſme les moyens dont nous nous ſommes ſervis & dont nous nous ſervons encore pour parvenir à cette fin. Nous avons touſjours regardé tout ce qui a eſté publié juſqu'icy, ſoit en matiere de Phyſique, ſoit en matiere de Belles Lettres, comme un bien qui nous appartenoit, & nous avons creû devoir imiter la ſage conduite des gens verſés dans l'Agriculture., qui ne ſongent à defricher de nouvelles terres, que lorſque celles qu'ils ont herité de leurs peres, ſont preſque eſpuiſées , ou qu'elles ne peuvent pas abſor- ber tout leur travail. Ce n'eſt pas, comme il a eſté dit , qu'on n'ait desja ramaſſé quelques obſervations, qu'on n'ait meſme fait quelques experiences, qu'on n'ait pro- poſé quelquefois de nouvelles conjectures; mais noſtre principale occupation a eſté juſqu'à preſent la lecture des Recüeils des Académies de Paris, & une eſtude aſſi- duë des bons Autheurs dans tous les genres d'érudition. C'eſt dans ces ſources que nous avons puiſé & que nous puiſons chaque jour les connoiſſances dont nous avons beſoin: C'eſt ſur ces modelles que nous taſchons de former noſtre gouſt & noſtre ſtyle.

A cette premiere veûë nous en joignimes bien-toſt une ſeconde: ce fut de faire part à nos Concitoyens du fruit de nos eſtudes. Nous creumes que, ſans leur faire tort, nous pouvions ne pas les ſuppoſer mieux

inftruits que nons n'eftions nous-mefmes avant nos
Conférences; & qu'en leur rendant compte dans nos
Affemblées publiques de nos Lectures & de nos Reflexions, ce feroit leur fournir de nouvelles lumiéres,
ou du moins exciter leur émulation & leur infpirer
le defir de pouffer plus loin leurs connoiffances.

Voilà, Monfieur, dans quel efprit nous avons
travaillé. C'eft dans ce mefme efprit que vous devés
juger de la plufpart des Ouvrages dont je vous ay
rapporté les titres. Vous en jugerés encore plus feûrement, fi vous voulés prendre la peine de jetter les
yeux fur ce que nous avons desja fait imprimer, & fur
les Additions que vous trouverés à la fin de cette
Lettre.

On a tout lieu d'efperer que des gens équitables
loüeront nos intentions, & qu'ils conviendront fans
peine de l'utilité de nos Affemblées publiques; mais
on n'oferoit fe promettre que tout le monde foit également porté à approuver qu'on imprime des Difcours
où l'on ne fe propofe principalement que l'inftruction
des perfonnes peu efclairées, & où l'on cherche moins
à briller, qu'à fe rendre utile. A quoy bon, dira-
quelqu'un, faire prefent au public de chofes, dont il
eft desja en poffeffion? Pourquoy nous remettre devant les yeux ce que les Phyficiens ou les Philologues
anciens & modernes nous ont laiffé fur certaines matieres? N'eft-ce pas en quelque maniere vouloir nourrir
noftre efprit de mets refchauffés? Un Académicien,
adjouftera-t-on, ne doit efcrire que pour rapporter de
nouveaux faits ou avancer de nouvelles propofitions, pour
efclaircir des difficultés qui n'ont pas efté refoluës, pour
defvelopper les caufes cachées de certains effets, en
un mot il ne doit rendre les travaux publics que
pour enfeigner des verités inconnuës aux Efcrivains
qui l'ont précedé.

II

Il est vray, que si on ne se proposoit d'escrire que pour des Sçavants profonds, on pourroit s'espargner la peine de compiler ce qui a esté dit sur le sujet que l'on traite: Il est vray encore qu'il seroit alors inutile de remonter jusqu'aux premiers principes; & qu'il ne faudroit prendre les choses que là où les ont laissées ceux qui en ont parlé en dernier lieu. Il seroit mesme à souhaiter que toutes les Académies fussent en estat de s'imposer cette loy; & qu'il ne fût jamais necessaire de retoucher des matieres qui ont esté desja traitées. On ne verroit pas les Livres se multiplier presque à l'infini. Et les progrés des Sciences & des Lettres en seroient bien plus rapides.

Mais ces Sçavants profonds, croit-on qu'ils soient en grand nombre dans les Provinces & surtout dans les Villes fort esloignées de la Capitale du Royaume? Doit-on presumer que dans Bésiers on n'ignore rien de tout ce qui a esté escrit jusqu'icy, & qu'on ne veut s'y repaistre que de nouvelles connoissances? D'ailleurs peut-on croire que dans les Sujets mesmes, qui ont esté le plus heureusement maniés, il n'y ait rien à estendre ou à reformer? Enfin est-on en droit d'exiger rigoureusement d'une Académie naissante ce à quoy les plus anciennes & les plus celebres Académies n'ont pas jugé à propos de s'assujettir tout-à-fait? Certainement c'est ce qu'on ne peut ny penser ny pretendre.

Aprés tout, on ne void nul inconvenient à publier des choses connües des Sçavants, mais inconnües à la multitude: On a lieu au contraire d'en attendre pour le moins les mesmes avantages, que des Livres qu'on reimprime, ou des Journaux que l'on donne tous les mois en France & dans les Pays estrangers, on croit mesme pouvoir pretendre quelque chose de plus. Comme on ne se borne pas à une simple compilation, & qu'en rassemblant sous un seul point de veüe des choses esparses

D

dans differents volumes, on tasche aprés une exacte discuffion de les lier enfemble, & de leur donnner un air de fyftême, on espere pouvoir faire de temps en temps quelque nouvelle découverte: Car nous n'avons garde de renoncer à ce droit.

Nous fçavons que dans les matieres les plus rebattües & qu'on croyoit espuifées, l'on découvre souvent bien des chofes aufquelles on ne s'attendoit pas; & nous ofons nous flatter que nous ne ferons peut-eftre pas moins heureux que ceux qui ont desja courû avec tant de fuccès la mefme carriere: Nous croyons qu'à force de cultiver comme eux les Sciences & les Belles Lettres, nous contribuerons auffy à leur avancement; & cette espe-rance n'eft pas un des moindres motifs qui nous encouragent & qui nous fouftiennent dans nos travaux & dans les defpences que nous fommes obligés de faire.

Tout ce que l'on vient de dire eft fans doute plus que fuffifant pour authorifer nos démarches; mais peut-eftre fera-t-on encore plus indulgent à noftre égard, quand on fçaura, que, quoyque les Académies de Paris ayent principalement en veûë les Sçavants de profeffion, elles ne dedaignent pas neantmoins de s'abbaif-fer jufqu'aux perfonnes moins intelligentes. On n'a qu'à lire tout ce qu'elles ont produit jufqu'icy pour eftre convaincû qu'elles ont égard à tout le monde; mais pour vous efpargner cette peine, Mr. & vous prouver que nous fommes en quelque façon fondés à nous prevaloir d'un exemple fi refpectable, je vais vous tranfcrire icy deux ou trois paffages tirés des Préfaces qui font à la tefte des Recüeils de l'Académie Royale des Sciences, & de celle des infcriptions & Belles Lettres.

V. la Pref. de l'Hift. 1699. On a tafché, " dit M. de Fontenelle, " de rendre cette " Hiftoire convenable au plus grand nombre de perfon-" nes qu'il a efté poffible, on a mefme eu foin dans les "occafions d'y femer de efclairciffements propres à faci-

liter la Lecture des Memoires & quelques-unes de ces"
piéces pourront estre plus intelligibles pour la plus part"
des gens, si on les rejoint avec le morceau de l'His-"
toire qui leur respond ": Il adjoute ensuite. „ En ge-"
neral on a creu que par rapport aux Sçavants profonds"
& à ceux qui ne le sont pas, il estoit bon de presen-"
ter sous deux formes differentes les matieres qui com-"
posent ce Recüeil ; que les travaux de l'Académie en"
seroient plus connus, & que le goust des Sciences s'en"
repandroit d'avantage. "

   M. de Boze, à l'occasion de ceux qui pourroient
trouver mauvais, qu'il y ait dans les Memoires de l'A-
cadémie Royale des Inscriptions & Belles Lettres,
quelques sujets desja traitez ailleurs, ne craint pas de dire
que „ si l'on ne devoit avoir que des lecteurs de ce " V. la Pref
caractere, on escriroit peu, ou, ce qui seroit mieux, " de l'Hist.
on n'escriroit point. " Tom. I.

   Mais une compagnie, continue-t-il, qui se devoüe de "
bonne foy à l'avancement des Lettres, & qui ne mesure "
pas le sçavoir des hommes au ton qu'ils prennent, n'en va "
pas moins tranquillement à son but. Loin de blasmer "
ceux qui pressez par l'utilité publique, remettent sans "
cesse la faulx dans l'héritage commun des Sciences, elle "
ose dire que cette liberté est presque l'unique source d'où "
se repandent jusques sur le peuple ces connoissances "
generales, ce goust & ce disernement qui establissent "
la prééminence des Nations. "

   Enfin si l'on fait reflexion, que parmy ceux qui nous
font l'honneur d'assister à nos Assemblées publiques,
ou de lire nos Escrits, il y en a plusieurs qui ne veulent pas prendre la peine ou qui n'ont pas mesme le
temps de parcourir certains Livres, que quelques-uns
n'ont pas les principes necessaires pour entrer dans les
matiéres qui sont traitées dans ces Livres, & qu'aux
Académiciens près, personne ne lit icy les Recüeils de

28

l'Académie Royale des Sciences, non feulement on ne
trouvera pas mauvais que nous choififfions dans les Anciens & dans les Modernes ce qui peut convenir à
noftre fujet : Mais encore on approuvera peut-eftre la
refolution que nous avons prife depuis peu de donner
chaque année dans une de nos Affemblées publiques
un Extrait de celuy des Memoires de l'Académie Royale des Sciences que noftre Compagnie indiquera, &
l'on ne fera pas furpris, que pour nous apprendre à garantir noftre bled des Vers qui le rongent dans nos
Greniers, & qui depuis quelques années en font un
dégaft très-confiderable, M. Caillé ait efté chargé de
nous lire à la prochaine Affemblée publique un précis
du Memoire de M. Reneaume * *fur la maniere de con-
ferver les grains.* Du moins conviendra-t-on qu'il n'eft
guere de moyen plus convenable pour mettre infenfiblement nos Concitoyens à portée de profiter des
connoiffances & des découvertes de cette Sçavante
Compagnie.

Reg. 3.
Avr. 1731.

V. Mem. de
l'Acad. R.
des Scienc.
1708. p. 63.
& s.

Au refte, tout ce qu'on a dit jufqu'icy ne fe doit
entendre que des Memoires de Phyfique ou de Litterature, & nullement des Piéces d'Eloquence ou de Poëfie, dans lefquelles il eft à préfumer que les Autheurs
n'ont fait que fuivre leurs propres idées.

A l'égard de nos veûës particulieres, elles ne vous
font pas, je penfe, tout-à-fait inconnuës : Car, outre
que je les aye expofées ailleurs * affés au long, vous
avés compris fans doute, Monfieur, par les titres de
certains Memoires qui ont efté leûs dans nos Affemblées, qu'on ramaffoit des Materiaux foit pour l'Hiftoire Civile, Politique & Litteraire, foit pour l'Hiftoire Naturelle du Diocéfe de Béfiers : Vous avés, dis-
je, compris qu'on fe propofoit de faire connoiftre non-
feulement ce qu'eftoit autrefois ce pays & ce qu'il eft
aujourd'huy ; mais encore ce qu'il renferme de particu-

* Mem. fur
les Eaux
Miner. de
Vendres.

lier, comme Eaux Thermales ou Minerales, Plantes, Animaux terreſtres ou Aquatiques, Mineraux, Pierres, &c.

Ce n'eſt pas tout, on ſe propoſe encore de donner la deſcription des Maladies les plus ordinaires de nos Compatriotes avec des Reflexions ſur leur nature, leur cauſes, leurs accidents & leur traitement ; & l'on ne manquera pas de parler dans l'occaſion des Maladies extraordinaires qui paroiſſent quelquefois ou du moins de celles qui ſemblent avoir quelque choſe d'extraordinaire. Enfin par les Obſervations Aſtronomiques que nous avons desja publiées, & par les ſoins que nous prenons de nous procurer tous les Inſtruments neceſſaires, vous pouvés juger que nous ſommes dans le deſſein de profiter de la ſerenité de noſtre Climat & de la ſituation avantageuſe de noſtre Ville pour ces ſortes d'Obſervations.

Vous voyés donc, Mr. que nous ne demeurons pas dans l'inaction & que nos Conferences ne ſont pas tout-à-fait inutiles. Seulement il eſt à craindre que vous ne nous oppoſiés l'impoſibilité de remplir tant de veûës & de veûës ſi difficiles. Mais vous ſçavés fort bien qu'on ne riſque rien d'entreprendre, qu'il eſt quelquefois des temerités heureuſes; & que ſouvent ce n'eſt point parce que les choſes ſont difficiles qu'on n'oſe les tenter, mais que c'eſt pluſtoſt parce qu'on n'oſe les tenter, qu'elles ſont difficiles. Je ſuis, Monſieur, &c.

Multa non quia difficilia ſunt non audemus, ſed quia non audemus difficilia ſunt. Tacit.

ADDITIONS.

Page 14. **M.** *Racolis leut l'Eloge de M. l'Abbé d'Arnoye.*] Henry de Rouch Sieur d'Arnoy Prieur de la Fleche, nacquit à Béſiers en 1653 de Gabriel d'Arnoy Seigneur de Perdiguier & de Loüiſe Thereſe de Graves, tous deux nobles & iſſus de parents qui s'eſtoient diſtingués les uns dans la Robe & les autres dans les emplois Militaires.

M. l'Abbé d'Arnoye montra bien-tost une disposition naturelle pour l'Eloquence. Après avoir pris fort jeune ses degrés en Theologie dans l'Université de Paris, il s'exerça à prêcher dans les Parroisses les plus confiderables de cette grande Ville, & il eut enfin l'honneur de prêcher devant le Roy avec un applaudissement general.

Pourveû du Prieuré de la Fleche par la Resignation de M. l'Abbé de Graves son oncle, & allant prendre possession de son Benefice, il apprit que l'Académie qui venoit de se former dans la Ville d'Angers, avoit proposé pour le sujet du prix qu'elle devoit distribuer, *le Triomphe de Loüis le Grand sur l'Heresie.*

Personne n'ignore, dit M. Racolis, qu'apres la paix de Nimegue le Roy voyant l'Europe tranquille tourna toutes ses veûës du costé de la Religion : qu'il vit avec douleur la pluspart de ses Sujets divisés dans leur creance pratiquer audacieusement un culte contraire au veritable dogme; & qu'il forma le pieux dessein de les faire rentrer dans le sein de l'Eglise par la revocation d'un Edict, qu'ils n'avoient obtenu de ses predecesseurs, qu'en leur ostant la liberté de le refuser. Entreprise également glorieuse & difficile dans l'execution, digne enfin du courage & de la pieté d'un si grand Monarque.

M. l'Abbé d'Arnoye profita d'une conjoncture si favorable pour entrer en lice. Il fit voir dans son Discours que le Triomphe de Loüis le Grand sur l'Heresie estoit le plus beau de ses triomphes, que ny le nombre prodigieux de Batailles gagnées par sa prudence ou par sa valeur, ny les Villes forcées, ny les Provinces entieres rangées sous ses Loix, ny enfin la necessité où il avoit reduit toutes les puissances de l'Europe à luy demander la paix avec soufmission, ne luy attireroient jamais tant de gloire, mesme au jugement des hommes, que le restablissement qu'il venoit de faire dans son Royaume du veritable cûlte du Seigneur.

Il compara ensuite l'Heresie, dont on n'avoit osé jusqu'alors envisager l'extirpation sans envisager en mesme temps la ruïne de l'Estat, à la Statuë mysterieuse de Nabuchodonosor, dont le regard estoit si terible, que personne n'osoit l'approcher sans frayeur ; & il fit voir par une heureuse application que cette pierre qui détachée par une main invisible d'une Montagne voisine, vint frapper cette Statuë prodigieuse, & la reduisit en poussiere, estoit la figure de cet Edict inspiré par la Sagesse Divine, qui en revoquant celuy de Nantes, avoit exterminé ce monstre d'iniquité.

Il finit son Discours en adressant la parole à ces Brebis égarées, que la pieté du Roy venoit de ramener dans le Bercail. Il les exhorte à publier par tout la gloire du Monarque bienfaisant qui leur avoit fait une si douce violence, & à proportioner la reconnoissance qu'elles luy devoient, à la grandeur du bienfait qu'elles en avoient receu : mais surtout à ne plus rentrer dans la voye des tenebres & de l'iniquité, après avoir eu le bonheur d'en sortir.

Ce Discours merita non seulement d'estre couronné par l'Académie d'Angers, mais, ce qui fut infiniment plus glorieux, il fut mesme receu favorablement du Roy à qui M. l'Abbé d'Arnoye eut l'honneur de le presenter.

Bien-toft après l'Académie Royale d'Arles mit M. l'Abbé d'Arnoy au
nombre de fes Affociés; & il eftoit encore à Paris lorfque M. Robias
d'Eftoublon Secretaire perpetuel de cette Académie, luy envoya fes Lettres d'Académicien. Mais fes affaires domeftiques l'ayant appellé en Province, il fut obligé de fixer fon féjour à Béfiers, & de renoncer aux
efperances dont il avoit tant de droit de fe flatter. C'eft à cette fafcheufe
neceffité que nous devons le plaifir que nous avons eu de l'entendre fouvent prêcher des fermons de Morale, & des Panegyriques également
éloquents & inftructifs.

Malgré fes differentes occupations, M. l'Abbé d'Arnoy ne laiffa pas
d'entretenir pendant quelque temps, un commerce d'amitié avec les perfonnes de cette Ville les plus diftinguées par leur efprit & par leur merite; mais à mefure qu'il s'avancoit dans l'âge, il fe détachoit peu à peu
du commerce du monde; & quoyque fa fanté desja affoiblie ne luy permit guere de donner des marques de l'amour qu'il confervoit pour les
Belles Lettres, il ne les cultivoit pas moins dans fa retraite.

Cet amour parut plus que jamais en 1713, lorfque noftre Académie
commença fes conférences. M. l'Abbé d'Arnoy, qui en eftoit un des principaux membres nous receut dans fa maifon, & nous y tinfmes pendant
quelque temps nos Affemblées. Bien-toft après il fut nommé Directeur,
& chargé du Panegyrique de S. Loüis Roy de France: il le leut le jour
de la Fefte de ce Saint en prefence de la Compagnie qui par fes applau-
diffements luy en tefmoigna fa reconnoiffance. Quelque temps après il
eut une attaque d'Apoplexie, qui degenerant en Paralyfie fembloit annoncer une longue maladie; mais il ne peut refifter à une rechute qui l'em-
porta fubitement le 6 Decembre 1725 à l'âge de 73 ans.

M. Racolis termine cet Eloge par le portrait fidelle du genie &
des Mœurs de M. l'Abbé d'Arnoye; mais ce qu'on a dit fuffira à des
Lecteurs intelligents pour s'en former une idée avantageufe, feulement
on adjoutera que l'amour, que cet Académicien avoit pour nos exercices,
lui avoit infpiré le deffein de nous laiffer un fonds affeuré pour les
continüer avec plus de facilité, & qu'il n'auroit pas manqué de mettre
ce deffein à execution fi une mort precipitée ne l'en avoit empefché.

Les Affemblées fuivantes furent un peu interrompuës par le grand froid.]
On parlera cy-après du froid des années 1726 & 1729, de fes effets &
des experiences qui furent faites à fon occafion.

M. Maffip fit voir que rien n'eft plus avantageux à une Académie &c.]
S'il eft un moyen affeuré, pour acquerir de la gloire, c'eft, dit l'Auteur,
les juftes mefures que nous avons prifes depuis peu pour jetter dans
cette Ville les premiers fondements d'une Académie. Il ne faut pourtant
pas fe flatter. Cet Eftabliffement ne fçauroit nous procurer tous les avan-
rages qu'on a lieu d'en attendre, s'il n'eft porté par nos foins à un certain
degré de perfection qu'il n'a pas encore: C'eft peu d'avoir formé regulierement des Affemblées pour conferer fur les Sciences & fur les Belles
Lettres: C'eft peu d'y avoir apporté l'affiduité qu'elles demandent, fi nous
ne nous efforcons deformais de tirer de nos exercices tout le fruit qu'ils

peuvent produire; Or, quoy de plus propre & de plus efficace à nous
le faire recüeillir ce fruit, que ces frequentes disputes qui semblent allumer
dans les societés des Sçavants comme une guerre intestine, mais qui dans
le fond ne servent qu'à mieux cimenter leur accord, & à les faire concourir plus seûrement à l'avancement des Lettres? On les void, ces Sçavants s'ériger tantost en Juges severes mais circonspects des productions
d'autruy, les examiner avec attention & en porter leur avis sans dégui-
sement : tantost deffenseurs de leur propre cause, mais dépouillés de toute
prévention, on les void demander pour eux-mesmes une egale ouverture
de cœur, & recevoir avec docilité des lumieres qu'une trop grande in-
dulgence leur eut tenu long temps cachées.

Telle est continuë M. Massip, la disposition de ces Sçavants qui n'ambi-
tionnent rien tant que les progrés des Sciences & des Belles Lettres:
Telle doit estre aussy la nostre si nous voulons à nostre tour porter ces
deux objets si dignes de nostre estime au plus haut point de perfection

Pour y reüssir, defions-nous à leur exemple des dangereux appas de
la flatterie, méprisons ses caresses qui ne tendent qu'à nous seduire, rejettons son encens, qui ne sert qu'à nous entester : en un mot, découvrons-
nous tousjours reciproquement nos defauts sans crainte de choquer la
bienséance ny de blesser nostre amour propre; & nous reconnoistrons avec
plaisir que rien n'est plus avantageux à une Académie que la liberté d'une
sage & judicieuse critique.

Après ce debut, M. Massip tasche de convaincre ses Confreres de l'utilité
de la critique. Il leur remet devant les yeux tous les avantages qu'elle
peut procurer soit en corrigeant les defauts, soit en relevant les beautés
des Ouvrages qu'on lüy a soufmis : mais comme on n'a icy principalement en veüe que les Memoires de Physique ou de Litterature, & que le
Discours de M. Massip, est entierement dans le genre oratoire, on ne le
suivra pas plus loin. On n'en rapportera que les passages suivants qui
pourront faire juger du reste.

L'amour propre, oüy l'amour propre, qui par un entestement ridicule
a, peu se roidir contre les attaques de la Critique, releve avec d'autans
plus d'esclat l'honneur de son triomphe, que sa resistance a esté plus
opiniastre, & ce n'est point icy un paradoxe : car si parmy les gens de
Lettres, il se trouve quelques genies idolatres de leurs productions, avec
quels soins ne cherchent-ils pas à les mettre au dessus de toute censure?
Ils n'exposent rien à des yeux clairvoyants qu'après les plus profondes
meditations. Tout ce qui part d'une imagination vive & trop feconde, est
à leur égard un fruit prematuré qui n'a pas encore dequoy satisfaire le
goust. Ils s'examinent long temps avec la derniere rigueur, pour ne point
donner la moindre prise sur eux mesmes. Ils revoyent, ils retouchent
cent fois leurs Ouvrages pour n'y laisser rien de defectueux ou de mediocre. Que si la seule crainte de la Critique produit de si bons effets en
obligeant les Autheurs à redoubler leur attention, que ne fera point la
Critique elle-mesme avec la liberté de ses judicieux conseils? Nulle de ses
demarches qui ne nous fasse approcher de plus près de la perfection, &c.

Qu'il me foit permis maintenant de la faire paroiftre cette Critique officieufe fous une forme differente, mais tousjours avec le mefme deffein de nous eftre utile : Qu'il me foit permis de mettre au jour l'ingenieufe adreffe avec laquelle elle tafche de nous porter à la perfection par l'endroit le plus flateur & le plus fenfible : Ce n'eft plus avec fa premiere rigueur qu'elle fe montre à nous, mais avec tous les attraits de la plus humaine équité : Ce n'eft plus pour nous reprendre de nos defauts qu'elle fait entendre fa voix, mais pour nous exciter par des Eloges d'autant plus folides qu'ils font moins fufpects de flaterie à perfectionner de plus en plus nos Ouvrages. Avec quel plaifir en fait-elle une exacte analyfe? Elle n'oublie rien pour faire fentir la beauté des penfées, la fineffe des expreffions, la force des raifonnements, &c.

M. Aftier trouva la folution d'une difficulté &c.] Il y a dans cet Exemple dx = dy √mmyy — nnxx / nx = nnxx dy — mmyy dy / nnxy, d'où il faut tirer y √mm — nn = nx. Pour y parvenir, on multipliera d'abord l'un & l'autre membre de cette Equation par nx, on les divifera par dy & on les quarrera, puis oftant la fraction, ordonnant, & divifant tout par mmyy — nnxx : on aura nnyy = mmyy — nnxx, & transpofant, on aura nnyy = mmyy — nnyy. Enfin extrayant la racine il viendra nx = y √mm — nn: C. Q. F. T.

Ayant lehi . . . que la Valeur d'un Angle peut-eftre exprimée &c.] On fçait que la mefure d'un Angle eft l'Arc d'un Cercle defcrit du fommet de cet Angle & compris entre fes jambes; & que la valeur d'un Angle ne peuteftre mieux exprimée que par la valeur de l'Arc qui le mefure. Mais les circonferences de tous les Cercles eftant d'un égal nombre de degrés, la valeur d'un Arc peut fort bien eftre determinée par le rapport qu'a cet Arc à la circonference, dont il eft portion, ou, ce qui revient au mefme, par le quotient de la divifion de cet Arc par toute la circonference; & par confequent la valeur de cet Angle peut eftre exprimée par l'Arc de cet Angle divifé par toute la circonference dont cet Arc eft portion. Mais les circonferences de differents Cercles eftant entre elles comme leurs diametres ou rayons, un Arc divifé par toute la circonference & le mefme Arc divifé par fon rayon ne font qu'une mefme chofe; donc la valeur d'un Angle peut eftre exprimée par l'Arc de cet angle divifé par fon rayon. C. Q. F. D.

Prefqu'en mefme temps je fis remarquer une faute dans la Phyfique de M. Keill, reimprimée depuis peu à Leyde] Voicy comme s'enonce cet Autheur. " fit materiæ particula a 3 & data recta fit b. Ratio peripheriæ circuli ∝ ad Radium fit p ad r. Dicatur semidiameter concavitatis x, & craffities pelliculæ concavitatem Spheræ ambientis erit b - x, & Cylindrus Spheræ circumfcriptus cujus radius eft b erit $\frac{p \times b \, 3}{8 \, r}$, undè Sphera Cylindro infcripta erit $\frac{2 \times pb \, 3}{2.4 \, r}$ " Mais il paroift qu'il faudroit ou mettre *Diameter* à la place de *Semidiameter* & de *Radius*, ou bien $\frac{pb \, 3}{r}$ & $\frac{2pb \, 3}{3 \, r}$. Car pofant

E

pour la raiſon de la circonference au rayon celle de p à r, on aura r eſt à p comme b rayon du Cylindre & de la Sphere inſcrite eſt à la circonference du Cercle qui ſert de baſe à ce Cylindre $= \frac{pb}{r}$ & multipliant cette circonference par la moitié de ſon rayon ou par $\frac{1}{2} b$, on aura $\frac{pbb}{2r}$ pour la ſurface de la baſe de ce Cylindre. Enfin multipliant cette baſe par la hauteur du Cylindre ou par deux fois le rayon de la Sphere inſcrite, c'eſt-à-dire par 2b, on aura $\frac{p \times b3}{r}$ pour l'expreſſion de ce Cylindre, & $\frac{2pb3}{3r}$ pour l'expreſſion de la Sphere inſcrite. C. Q. F. D.

Page 15. *Je prouvay auſſi que la force d'un Corps &c.*] Preſque tous les Mathematiciens de France, à la teſte deſquels on peut fort bien placer M. Deſcartes, ont tousjours regardé le produit de la maſſe d'un Corps par ſa viteſſe, comme la meſure juſte de la force ou de la quantité de mouvement de ce Corps. Le P. Pardies eſt le ſeul, que je ſçache, qui ait pretendu que cette force ne devoit eſtre meſurée que par la viteſſe. Mais le celebre M. de Leibnitz creût devoir s'eſcarter de l'opinion communement receûë en France auſſi bien que de celle du P. Pardies. Il ſouſtint que la force ou la quantité de mouvement d'un Corps n'eſtoit pas le rectangle ou le produit de ſa maſſe par ſa viteſſe, mais le produit de ſa maſſe par le quarré de ſa viteſſe. Ce fut en 1686 que M. Leibnitz avança ſa propoſition paradoxe dans les Journaux de Leipſick. D'abord elle ne fut receûë d'aucun Mathematicien, & ſans ſe trop mettre en peine de la combattre, peut-être, comme l'a très-bien remarqué M. de Fontenelle *, par reſpect pour un auſſi grand homme que ſon Autheur, on continüa d'aller ſon chemin ordinaire. M. Newton meſme dans ſes Principes Mathematiques de la Philoſophie naturelle, reïmprimés en 1714, n'a pas fait difficulté de definir la quantité de mouvement, un produit de la maſſe par la viteſſe. Ce n'eſt que depuis la mort de M. Leibnitz ou peu auparavant que ſa maniere d'eſtimer les forces des Corps, a eſté adopté par deux Sçavants Mechaniciens * d'Allemagne & en dernier lieu par M. Sgraveſande Philoſophe Anglois. Les deux premiers ſe ſont expliqués là deſſus, l'un dans ſa *Phoronomie* & l'autre dans ſon *Cours de Mathematique* où il s'eſt meſme paré de l'authorité de M. Bernoulli, & M. Sgraveſande dans un Eſſay qu'il a publié ſur le Choc des Corps.

Il y a desja quelque temps qu'ayant veû dans le *Cours de Mathematique* de M. VVolſius cette propoſition de M. Leibnitz erigée en Theorême & accompagnée d'une demonſtration, je reſolus d'examiner meûrement cette queſtion: Et je l'aurois fait alors, ſi M. de Mairan à qui je communiquay mon deſſein, ne m'avoit appris qu'elle eſtoit traitée à fond & dans l'Hiſt. de l'Acad. 1721 & dans la Piece * qui venoit de remporter le Prix. On jugera aiſément que cette raiſon fut plus que ſuffiſante pour m'obliger à ſuſpendre mes reflexions ſur ce ſujet: J'attendis que M. de Mairan nous eut envoyé cette Piéce avec le Volume de l'Acad. 1721, & le meſme jour que je les eus reçûs s'eſtant trouvé un jour d'Aſ-

* *Hiſt. de l'Acad. 1721 p. 81.*

* *Mrs Herman & VVolſius.*

* *Demonſtrat. des Loix du Choc des Corps 1724*

femblée, je creûs faire plaifir à la Compagnie de leur en faire la lecture. Mais la maniere dont cette queſtion s'y trouve traitée principalement dans la Piéce de M. Mac-Laurin, n'ayant pas eſté à la portée de tout le monde, je fus prié d'en faire le rapport. Je m'en chargeay d'autant plus volontiers que je creus pouvoir ramener cette matiere à une eſpece de Metaphyſique, dont les idées & les termes ſeroient plus familiers à tous le monde que les expreſſions Geometriques ou Algebriques.

Pour ſatisfaire à cet engagement, j'examinay d'abord ſur les ſimples idées de la matiere, du mouvement & du repos, ce qu'on entend par la *force d'un Corps* priſe en general ou dans le ſens le plus eſtendu qu'on puiſſe la prendre; Puis je recherchay en quoy conſiſte cette force, quels en ſont les effets, ou, ce qui eſt le meſme, quelle en doit eſtre la meſure; comptant qu'après cela il ne me ſeroit pas difficile d'évaluer la force dont il s'agit icy, & de faire voir que dans les Corps qui ont une égale viſteſſe, elle n'eſt proportionnelle qu'à la maſſe, & que dans ceux qui ont meſme maſſe, elle n'eſt proportionnelle qu'à la viſteſſe: Et qu'ainſi elle n'eſt que le produit de la maſſe par la ſimple viſteſſe & non par le quarré de la viſteſſe.

Cette recherche me parût d'autant plus neceſſaire que l'eſtimation des forces eſt le premier pas que l'on doit faire en Mechanique. Or par la force d'un Corps priſe en general, il me ſemble qu'on ne peut entendre autre choſe, que le pouvoir ou la faculté qu'un Corps a d'agir ou de reſiſter, ſoit qu'il exerce ce pouvoir ou non, ſoit qu'il l'exerce tout ſeul & independemment de l'action ou de la reſiſtance de quelque autre Corps, ſoit qu'il l'exerce contre d'autres Corps ou relativement à ces meſmes Corps, car ce denombrement me paroiſt embraſſer toutes les manieres dont on conçoit qu'un Corps peut eſtre capable de quelque action, ou dont on conçoit qu'il peut avoir de la force.

Je dis 1°. Que la force d'un Corps priſe dans un ſens eſtendu, eſt le pouvoir qu'il a d'agir ou de reſiſter, *ſoit qu'il exerce ce pouvoir ou non.* Car pour qu'un Corps ſoit cenſé avoir une force, il n'eſt pas neceſſaire qu'il exerce actuellement cette force, il ſuffit qu'il ſoit en eſtat ou qu'il puiſſe l'exercer, dans l'occaſion & lorſqu'il y eſt neceſſité. Un Corps chaud laiſſé à luy meſme & eſloigné de tout autre Corps, ou ſuppoſé dans un vuide parfait, n'en ſeroit pas moins chaud, & n'en auroit pas moins la vertu ou la faculté d'eſchauffer, quoyqu'il n'exerçaſt nullement cette vertu ou cette faculté. Le Sel qu'on jette ou dont on ne fait aucun uſage, n'en eſt pas moins ſel, & n'en a pas moins la faculté de ſe diſſoudre dans l'eau & de la rendre ſalée. Une Drogue purgative n'en eſt pas moins purgative pour n'eſtre pas employée, il ſuffit pour eſtre reputée telle, qu'eſtant appliquée ſelon les regles de l'Art, elle produiſe l'effet dont on l'a ſuppoſée capable. Enfin un Corps dur n'eſt pas moins cenſé dur, & n'a pas moins de force pour reſiſter à la diviſion de ſes parties, lors meſme qu'il n'y a rien qui s'efforce de les ſeparer.

Je dis 2°. *Soit qu'il exerce ce pouvoir tout ſeul.* Car on peut fort bien conſiderer un Corps en mouvement, ſans penſer aux Corps qui l'ont pouſſé

E 2

& qui ont, pour ainfi dire, ranimé fa force, ny à ceux qu'il rencontre &
qu'il poufle à fon tour.

On voit donc qu'il ne s'agit icy que des Corps, tels qu'on fuppofe
qu'ils eftoient dans le premier inftant de leur création, c'eft-à-dire, des
Corps compofés d'une matiere eftenduë, impenetrable & feulement fuf-
ceptible de figure, de mouvement & de repos: On voit, dis-je, qu'on
fait icy abftraction de leur dureté, de leur molleffe, de leur pefanteur,
de leur reffort & de toutes les autres qualités dont ils pourroient eftre
doüés.

On voit auffi qu'on n'a aucun égard au milieu où font placés les
Corps que l'on confidere, ou qu'on regarde ce milieu comme un vuide
parfait, qui ne peut ny augmenter ny diminuer leur force.

Enfin on s'imagine bien que par la force d'un Corps, on n'entend icy
qu'une puiffance *inftrumentelle* & non pas une force *efficace* par elle-mefme;
& qu'on eft convaincu que de mefme qu'aucun Corps ne fçauroit fe
donner l'Eftre, il ne fçauroit auffy fe donner la maniere d'Eftre: Je veux
dire, qu'il ne fçauroit de foy-mefme exifter en repos ou en mouvement,
& que fa force quelle qu'elle foit, depend entierement de la volonté toute
puiffante de l'Autheur de la Nature, qui crée & conferve ce Corps conf-
tamment dans un mefme endroit ou fucceffivement en differents endroits.

Ces idées une fois admifes, je diftinguay differentes fortes de
forces. J'appellay force *Naturelle*, foit *Abfoluë*, foit *Refpective*, la force
d'un Corps en repos, confideré ou feulement en luy-mefme, ou relativement aux autres Corps qu'on fuppofe auffi en repos auprès de luy, &
en tant feulement qu'il peut eftre meû: Et force *Acquife*, foit *Abfoluë*, foit
Refpective, la force d'un corps en mouvement, confideré ou tout feul
& fans aucun égard au mouvement d'un autre Corps, ou comparé avec
ce mefme Corps, & en tant qu'il fe meut ou fait effort pour fe mouvoir ou pour parcourir quelque efpace. Enfin je nommay force *Refpective Virtuelle*, la force avec laquelle un Corps tend à vaincre la refiftance
d'un autre Corps, quoyqu'il ne la furmonte pas effectivement, ou bien
l'effort qu'un Corps retenu ou arrefté par quelque obftacle, fait continuellement pour fe mouvoir, comparé avec l'effort de quelqu'autre Corps
qui fe mouvroit en effet fi quelque chofe ne l'en empefchoit à tout moment : Et force *Refpective Actuelle*, la force avec laquelle un Corps parcourt
actuellement un certain efpace, & eft en eftat d'agir fur un autre Corps
ou de refifter à fon action.

Au refte pour ne s'engager icy dans aucune difpute fur la nature du
Mouvement, du Temps & de l'Efpace, J'advertis qu'il fuffiroit de fe reprefenter 1°. Le *Temps* comme une mefure propre à fixer la durée de l'exiftence
des Corps, laquelle mefure fe divife communement en parties égales,
par ex. en heures, ou en minutes ou en inftants avec cette difference
pourtant qu'on fubdivife les heures ou les minutes en des parties plus
petites, & qu'on regarde un inftant comme une partie infiniment petite
& indivifible. 2°. Je dis qu'il fuffiroit auffi de fe reprefenter l'*Efpace* comme
une ligne droite d'une certaine longueur, divifée auffi en parties égales.

en toiſes par ex. ou en pieds, &c. 3° Enfin que le *Mouvement* pourroit eſtre conceû comme le tranſport d'un Corps d'une extremité de cette ligne à l'autre extremité, ou, ſi l'on conçoit toute la maſſe d'un Corps reduite à un ſeul point, qu'on pourroit ſe repreſenter ſon mouvement, comme l'application ſucceſſive de ce point à toutes les parties de l'Eſpace ou de la ligne qu'il parcourt & que l'on conçoit comme immobile.

Mais comme ce tranſport, cette application ſucceſſive peut eſtre plus ou moins prompte, ou qu'elle ſuppoſe un certain temps, il faudra ſe ſouvenir encore que l'Eſpace parcouru comparé avec le temps employé à le parcourir, eſt ce qu'on appelle *Viſteſſe*; & que pour ſe former une idée de ce rapport, il n'y a qu'à diviſer la ſomme des parties de l'Eſpace parcouru par la ſomme des parties du temps employé à le parcourir & prendre le quotient de cette diviſion pour la meſure de ce rapport ou pour les degrés de la viſteſſe. Par ex. ſi un Eſpace ou une ligne de 8 toiſes de longueur, eſt parcouruë en 4 minutes par le Corps A, & qu'une ligne de 9 toiſes ſoit parcouruë en 3 minutes par le Corps B; $\frac{8}{4}$ ou 2 exprimera la viſteſſe abſoluë du Corps A, & $\frac{9}{3}$ ou 3 exprimera la viſteſſe abſoluë du Corps B, & ces deux nombres 2 & 3 comparés enſemble exprimeront les viſteſſes *reſpectives* des Corps A & B, ſçavoir la difference de 2 à 3 ſi les Corps A & B vont d'un meſme coſté, & leur ſomme s'ils ſe meuvent en ſens contraire.

Cela poſé, voyons maintenant, continuay-je, en quoy conſiſtent les differentes forces dont nous avons parlé, & quelle doit eſtre leur meſure. Or il eſt clair 1°. Que la force *Naturelle* d'un Corps en repos ne ſçauroit eſtre attribuée qu'au repos meſme dont ce Corps joüit, ou à ſa Maſſe, c'eſt-à-dire, à la quantité de matiere, ou à la ſomme des parties dont il eſt compoſé; car, ſelon ce qui a eſté desja dit, il n'y a icy autre choſe à conſiderer. Mais, quoyque ſelon M. Deſcartes * le repos ait une veritable force pour reſiſter au mouvement, comme le mouvement en a pour reſiſter au repos, conformément à cette Loy de la Nature fondée ſur la volonté immuable du Créateur, que *chaque choſe en particulier perſiſte, autant qu'il ſe peut, à demeurer dans le meſme eſtat où elle ſe trouve:* Neantmoins, comme le repos eſt une maniere d'eſtre fixe & conſtante, qui ne paroiſt pas pouvoir augmenter ny diminuer, comme l'a trés-bien remarqué le P. Malebranche *; & que toute force doit eſtre, ce ſemble, ſuſceptible de plus & de moins, nous n'attribuërons pas icy la force d'un Corps en repos, au repos meſme, du moins au repos, tel que nous le concevons, c'eſt-à-dire, comme *Mode* d'un Corps à qui nul mouvement n'a eſté encore communiqué: Car nous ne regardons pas comme un veritable repos, ny le repos des Corps peſants, ny celuy des forces qui ſe contrebalancent. Nous reconnoiſtrons donc la maſſe ou la ſomme des parties dont un Corps en repos eſt compoſé pour la force *Naturelle* de ce Corps ou pour la force avec laquelle il conſerve ſon eſtat de repos: Et ſur ce fondement nous dirons qu'un Corps en repos à 2 *quantités* ou

* *Princip. Philoſ. part. 2. Art. 26. & ſeq.*

* *Rech. de la ver. l. 6. part. 2. Chap. dern.*

3 *degrés* de force *naturelle*, s'il a par ex. 2 pieds cubiques ou 2 toises cubiques de Masse, & qu'il n'en a que 1, si sa Masse n'est que de 1 pied cubique ou de 1 toise cubique. Nous dirons aussi que le Corps A en repos a 3 fois plus de force *Naturelle* que le Corps B supposé aussi en repos, si la masse du Corps A ou le Cube de son diametre est triple ou surpasse 3 fois la masse ou le cube du diametre du Corps B.

Et cela paroist d'autant plus naturel, qu'il est visible que plus un Corps en repos a de masse, plus il est Corps, ou, ce qui est le mesme, plus il a de parties capables de recevoir du mouvement, & par consequent qu'il faut plus de force motrice pour leur imprimer à chacune une certaine vistesse; ce qui emporte necessairement une plus grande force *Naturelle* de la part du Corps en repos qui a plus de Masse. Autrement il faudroit dire ou qu'une mesme force suffit pour mouvoir un grand Corps avec un certaine vistesse, comme pour en mouvoir un petit, ou que pour mouvoir un Corps en repos qui a plus de masse, une grande force est employée en vain ou ne s'applique pas toute au Corps contre lequel elle agit, ce qui seroit ridicule.

J'adjoustay. Cecy se comprendra encore mieux, si l'on se represente, qu'afin qu'une force quelconque agisse sur un Corps en repos, il faut qu'elle se partage, pour ainsi dire, en autant de petites forces, qu'il y a de parties dans le Corps sur lequel elle agit, par cette raison qu'un Corps entier ne peut se mouvoir, qu'en mesme temps toutes ses parties ne se meuvent dans le mesme sens, & quafin qu'elles se meuvent ainsi il faut qu'une partie de la force totale leur ait esté appliquée à chacune en particulier; de mesme qu'afin que toutes les molecules sensibles d'une certaine quantité d'Eau soyent salées, il faut qu'elles ayent absorbé chacune une certaine portion du Sel qu'on y a meslé. Mais si chaque partie d'un Corps en repos a besoin pour se mouvoir avec une certaine vistesse, qu'une certaine portion de la force motrice luy soit appliquée, il faut que cette partie ait en elle-mesme une certaine force, puisqu'on ne conçoit pas qu'une force soit necessaire que pour vaincre une autre force, ny qu'une cause determinée soit necessaire que pour un effet determiné. Il est donc visible dans cette supposition, que plus un Corps en repos aura de parties, plus il aura de force *Naturelle*.

On ne manquera pas de dire que tous les Corps estant parfaitement indifferents pour le repos ou pour le mouvement, ils ne peuvent estre censés avoir aucune force *Naturelle*, ny resister en aucune maniere à tout ce qui pourroit les pousser, les déplacer ou les tirer de leur estat de repos. Tous les Corps sont indifferents au mouvement & au repos, cela est vray. Il est vray encore qu'un Corps en repos n'a de soy-mesme aucune force contraire ou directement opposée à celle qui tend à le déplacer; d'où il suit qu'une force mouvante pour si petite qu'elle soit, peut imprimer du mouvement à ce Corps, pour si grand qu'il soit, fust-il aussi grand que tout l'Univers: Mais il ne s'en suit pas qu'une force quelconque puisse imprimer tel ou tel mouvement à quelque Corps que ce soit; au contraire on comprend parfaitement bien qu'une petite force partagée

entre cent ou mille parties dont un grand **Corps** feroit compofé, doit
agir plus foiblement fur chacune de ces parties, que fi elle n'eftoit partagée qu'entre cinq ou fix. On comprend auffy que cette mefme force
partagée entre toutes les parties d'un autre Corps cent ou un million
de fois plus grand, doit agir fi foiblement fur chacune de ces parties
que fon action peut-être regardée comme nulle; & par confequent il
ne s'enfuit pas qu'un Corps en repos foit privé de toute force: Au contraire il eft clair par tout ce qui a efté desja dit, & par la raifon qu'un
Corps en repos plus ou moins grand ne peut eftre meû avec une égale
viteffe, que par une force plus ou moins grande : Il eft clair, dis-je,
que chaque Corps en repos a une force *Naturelle* proportionnée à fa
maffe, force, fi l'on veut, purement *paffive*, mais telle pourtant qu'il ne
faut pas moins qu'une force motrice determinée pour la vaincre.

Au refte de très grands Philofophes ont toufjours reconnu cette force
& plufieurs après Kepler l'ont appellée *force d'inertie* ; terme très-ener-
gique & très-expreffif au jugement de Mrs. Nevvton & Herman, *nomine
fignificantiffimo.*

Enfin on pourroit rendre un raifon Metaphyfique de cette force, fi l'on
vouloit remonter jufqu'aux premieres loix qu'on peut fuppofer avoir efté
eftablies par l'Autheur de la Nature pour la production de tous les effets
naturels: L'on pourroit mefme faire voir que l'idée qu'on en a donnée,
s'accorde parfaitement bien avec les experiences faites par d'habiles
Geometres fur le choc des Corps; mais en voilà affés. On ne fe feroit
pas mefme fi fort eftendu là-deffus, fi ce qui nous refte à dire ne l'avoit
exigé en quelque façon.

2°. Puifqu'un Corps qui fe meut ou qui fait effort pour fe mouvoir,
parcourt ou tafche de parcourir quelque efpace en un certain temps,
& de parcourir des efpaces égaux en des temps égaux, lorfqu'il n'eft
pouffé que par une feule force une fois appliquée, comme on le fuppofe
icy, il faut que la force *Acquife* de ce Corps, confifte ou dans fa maffe
ou dans l'efpace comparé avec le temps, c'eft-à-dire, dans la viteffe,
ou dans fa maffe multipliée par fa viteffe fimple, ou par quelque puiffance de cette mefme viteffe.

Mais il eft vifible que la force *Acquife* d'un Corps ne fçauroit confifter
uniquement dans fa maffe, puifque cette maffe ne fçauroit agir hors
d'elle-mefme fans eftre appliquée de quelque maniere, & qu'elle ne peut
eftre appliquée fans une certaine viteffe.

Il eft vifible auffi que cette force ne confifte pas dans la viteffe feule;
car, felon ce qui a efté desja dit, une plus grande maffe ne peut eftre
meûë avec le mefme degré de viteffe, que par une force plus grande ;
& par confequens la viteffe eftant la mefme, il faut que la force acquife
dans une plus grande maffe, foit plus grande que dans une moindre
maffe, puifque tout effet doit être proportionnel à fa caufe, comme
toute caufe doit eftre proportionnelle à fon effet.

Mais on comprendra encore mieux que la force acquife ne confifte pas
dans la viteffe feule, fi l'on fe reprefente que dans cette hypothefe, le

Crops A de 1 pied cubique par e x. de maſſe, parcourant en 3. minutes de temps la ligne MN de 12 toiſes de longueur, devroit avoir 4 de force puiſqu'il a 4 de viteſſe; & que le Corps B de 2 pieds cubiques de maſſe parcourant en meſme temps ou en 3 minutes la ligne PQ parallele & égale à ligne MN ne devroit auſſi avoir que 4 de force, puiſqu'il n'a que 4 de viteſſe. D'où il faudroit conclure que la viteſſe eſtant la meſme, la force acquiſe de tous les Corps ſeroit égale, quelqu'inégale que fût leur maſſe; & qu'un Corps qui auroit 100 de maſſe, n'auroit pas plus de force acquiſe que celuy qui n'auroit que 1 de maſſe, ſi leur viteſſe eſtoit égale. Mais on ne ſçauroit concevoir que deux Corps inégaux parcourent en meſme temps des lignes ou des longueurs égales, qu'il ne ſoient en eſtat de deplacer en meſme temps des quantités inégales de matiere : On ne ſçauroit, dis-je, concevoir que le Corps B double du Corps A parcoure en meſme temps un eſpace égal rempli de quelque matiere que ſoit qu'il ne deplace 2 fois plus de matiere que le Corps A, & 100 fois plus, s'il a 100 fois plus de maſſe; & par conſequent, ſi la viteſſe eſt la meſme, que l'effet du Corps B ne ſoit double ou centuple de l'effet du Corps A; ou, ce qui eſt icy la meſme choſe, que la force acquiſe de l'un ne ſoit double ou centuple de la force acquiſe de l'autre.

Concluons donc que la force acquiſe d'un Corps conſiſte dans ſa maſſe multipliée par ſa viteſſe, & que la force acquiſe du Corps B ſera double de la force acquiſe du Corps A ſi la viteſſe eſtant la meſme, la maſſe du Corps B eſt double de la maſſe du Corps A, ou ſi leur maſſe eſtant la meſme, la viteſſe du Corps B eſt double de la viteſſe du Corps A; ce qui n'a pas beſoin d'une plus grande explication.

3°. Il eſt clair que la force avec laquelle un Corps tend à vaincre quelque obſtacle, ou la force *reſpective virtuelle*, ne doit pas avoir d'autre meſure, que celle qu'on a donnée à la force acquiſe, puiſque ce n'eſt que la force acquiſe elle-meſme qui s'exerce & ſe conſume en vain à chaque inſtant.

4°. Enfin, il n'eſt pas moins clair, que la force *reſpective actuelle*, ne doit pas avoir une valeur differente de celle de la force acquiſe, puiſque ce n'eſt que la force acquiſe elle-meſme qui s'exerce & qui a ſon effet. Car enfin, que les Corps A & B ſoient meûs ſur des lignes paralleles, ou qu'ils ſoient meûs ſur une meſme ligne & en ſens contraire, ou, ce qui eſt le meſme, qu'ils aillent à la rencontre l'un de l'autre, & qu'ils agiſſent l'un ſur l'autre, cela ne doit rien changer à leur force. En effet d'où pourroit venir ce changement, puiſque toutes choſes ſont ſuppoſées les meſmes à la *direction* près qu'on ſçait n'apporter aucune difference dans la force mouvante ? Mais on a desja veû, que ſi la viteſſe eſtant égale, la maſſe du Corps B eſt double de la maſſe du Corps A, la force du Corps B meû ſur la ligne PQ doit eſtre double de celle du Corps A meû ſur la ligne MN parallèle à PQ; on voit donc auſſi que la force du Corps B ſera double de celle du Corps A, lorſqu'avec la meſme viteſſe, ils iront à la rencontre l'un de l'autre. D'où il ſuit que la force reſpective actuelle ne doit eſtre évaluée que ſur la maſſe multipliée par la ſimple

viteſſe.

viſteſſe. Au reſte ce qu'on a dit de la viſteſſe égale dans deux Corps de differente maſſe, ſe doit entendre auſſi de la viteſſe inégale dans deux Corps
de meſme maſſe : Car il eſt viſible, que les eſpaces parcourus par deux
Corps égaux doivent eſtre entre eux comme les viſteſſes ſimples de ces
Corps, c'eſt-à-dire, doubles ou triples l'un de l'autre, ſi la viſteſſe de l'un
de ces Corps eſt double ou triple de la viſteſſe de l'autre, & non pas
comme les quarrés de ces viſteſſes, c'eſt-à-dire, 4 ou 9 fois plus grands
l'un que l'autre. En effet on conçoit fort bien que le Corps A parcoura en 1 ſeconde de temps l'eſpace 1 s'il reçoit 1 degré d'impulſion,
ou, s'il eſt pouſſé par une force quelconque ſuppoſée comme 1 & appliquée un inſtant : & que le meſme Corps A parcoura auſſi en 1 ſeconde de
temps l'eſpace 2 ou 3, s'il reçoit 2 ou 3 degrés d'impulſion, ou s'il eſt pouſſé
par un force de meſme genre que la premiere, & ſuppoſée comme 2 ou
3 ; mais on ne conçoit pas que le meſme Corps qui ne parcourt que l'eſpace
1, lorſqu'il n'a reçû que 1 d'impulſion, puiſſe en un temps égal parcourir
l'eſpace 4 ou 9, s'il ne reçoit que 2 ou 3 d'impulſion, parceque nul effet
ne ſçauroit eſtre plus grand que ſa cauſe, ou, ce qui eſt icy la meſme choſe,
parcequ'un Corps ne ſçauroit avoir plus de force qu'il n'en a receû. Et il
eſt clair que ce qu'on a dit d'un meſme Corps, ſe doit entendre pareille-
ment de deux ou de pluſieurs Corps égaux poſés dans les meſmes circonſtances ; d'où il ſuit encore que la force reſpective actuelle ne doit eſtre
eſtimée que par le produit de la maſſe & de la ſimple viſteſſe & non pas
du quarré de la viſteſſe.

Or la quantité de mouvement d'un Corps n'eſtant autre choſe que la
ſomme des mouvements de toutes les parties de ce Corps, & cette ſomme
n'eſtant que l'effet de toutes les parties de la force reſpective actuelle,
ou, pour mieux dire, n'eſtant que cette force elle-meſme, en tant qu'elle
a tout ſon effet, il eſt évident qu'elle ne peut avoir d'autre valeur que le
produit de la maſſe par la ſimple viſteſſe ; & qu'ainſi dans les Corps qui
ont une égale viſteſſe, elle n'eſt proportionnelle qu'à la maſſe, & dans
ceux qui ont meſme maſſe, elle n'eſt proportionnelle qu'à la ſimple viſteſſe.

De-là je paſſay au ſyſteme de Galilée ſur la peſanteur, que j'expoſay   *Hiſt. 1711.
d'après M. de Fontenelle * puis je rapportay les experiences de M. Mariotte   p. 86. & ſ.
ſur le Choc des Corps *, & j'expliquay le plus ſuccintement qu'il me   * Oeuvr.
fut poſſible les conſéquences que l'on en peut tirer ; après quoy il ne me   de Mr. Ma-
fut pas difficile de faire comprendre la maniere dont M. de Fontenelle taſche   riotte. T. 1.
de détruire d'après M. le Chevalier de Louville * la principale preuve   *Hiſt. 1721.
de M. Leibnitz en faveur des forçes vives, non plus que les raiſonne-   p. 82. & ſ.
ments par leſquels M. Mac-Laurin * combat ces meſmes forces. Mais nous ne   * Piéce du
nous bornerons pas aujourd'huy à ce qui fut dit alors. M. Bernoulli ayant   Prix 1724.
pris hautement en 1726 la deffenſe de l'opinion de M. Leibnitz, l'ayant   * Loix de
meſme appuyée de nouvelles preuves *, & M. de Mairan, qui en 1721   la commu-
s'eſtoit declaré contre cette opinion, & avoit fait voir qu'il en com-   nication du
battoit l'erreur à peu près de la meſme maniere que M. de Louville *,   mouvem.
eſtant entré en 1728 dans tout le détail que meritoit une conteſtation ſi   * Hiſt. 1728.
importante, & après une diſcuſſion des plus exactes ayant décidé la queſtion   p. 86.

F

« *Mem.* 1718. *p.* 1. *& ſuiv.* en faveur des Partiſans de Deſcartes *, nous tranſcrirons icy les princi-paux articles de ſa Differtation, ou du moins ceux qui pourront le plus aiſément eſtre entendus des perſonnes qui ont quelque teinture de la Phy-ſique & des Mathematiques. Nous nous acquitterons de ce devoir avec d'autant plus de plaiſir que nous regardons M. de Mairan comme noſtre fondateur, quoyqu'il n'ait voulu parmy nous d'autre titre que celuy de ſimple Académicien.

M. de Mairan demonſtre d'abord, ce que nous avons eſtabli cy-devant, ſçavoir, qu'un mouvement uniforme ne ſçauroit jamais nous indiquer d'au-tre meſure de la force qui le produit que la ſimple viteſſe du Mobile mul-tipliée par ſa maſſe; & après avoir fait remarquer que le choc des Corps infiniment durs & inflexibles n'apporte aucun changement à l'évaluation des forces motrices que fournit le mouvement uniforme; parceque ce choc & la communication du mouvement qui en reſulte, ſont inſtanta-nées, & par-là ne detruiſent point ou ne ſuſpendent pas meſme l'unifor-mité du mouvement, il examine de qu'elle maniere on doit eſtimer les forces des Corps dans les mouvements retardés & accelerés, & dans le choc des Corps mous, flexibles & à reſſort.

Il convient que les Corps infiniment durs, non plus que le mouvement parfaitement uniforme, & le milieu ſans reſiſtance ou le vuide abſolu dans lequel on les imagine, ne repreſentent point la Nature telle qu'elle eſt: Il reconnoiſt que la pluſpart des Corps ſont élaſtiques, & que leur reſſort n'agit que dans un temps fini, & par une ſuite d'impulſions. Enfin il ſoupçonne que malgé le penchant qui nous porte à croire que la Na-ture eſt tousjours uniforme dans ſes effets, il pourroit y avoir dans la force réellement exercée par la colliſion mutuelle des Corps les uns contre les autres, quelque degré d'activité, qu'on n'y a pas apperceû, ou qui ne pouvoit pas entrer dans l'hypotheſe feinte des Corps inflexi-bles. C'eſt ce qui l'engage à examiner avec un peu plus d'attention la pen-ſée de quelques Geometres du premier ordre qui ſouſtiennent que les forces motrices des Corps ſont proportionnelles aux quarrés des viteſſes.

Ces Geometres, continuë M. de Mairan, ont donc diſtingué deux ſortes de forces dans les Corps, & ils les ont appellées *forces mortes & forces vives.* Voicy l'idée qu'il en donne d'après eux. La force morte eſt celle que reçoit un Corps ſans mouvement, lorſqu'il eſt ſollicité & preſſé de ſe mouvoir, ou de ſe mouvoir plus ou moins viſte, lorſqu'il eſt desja en mouvement; c'eſt un ſimple effort, qui ſubſiſte malgré l'obſta-cle eſtranger qui l'empeſche à tout moment de produire un mouvement local dans les Corps ſur leſquels il ſe déploye. Tel eſt par ex. l'effort inſtantanée de la Peſanteur. Un Corps peſant ſouſtenu par une table ho-riſontale fait un effort continuel pour deſcendre, & il deſcendroit effec-tivement ſi la table ne luy oppoſoit un obſtacle qui le retient. Ainſy la Peſanteur produit une *force morte* dans les Corps, dont l'effet n'eſt que momentanée. Il en eſt de meſme du choc, ou pluſtoſt de la preſſion de tout fluide, qui pouſſe une ſurface qui luy reſiſte. Or la Nature ou la quan-tité de la force morte eſt, dit-on, la ſimple viteſſe multipliée par la maſſe.

La *force vive* au contraire eſt celle qui reſide dans un Corps lorſqu'il eſt dans un mouvement actuel. C'eſt cette force qu'on fait proportionnelle au quarré de la viſteſſe. Mais il faut que la force vive ſoit actuellement exercée dans la communication du mouvement & pendant un temps fini pour ſe manifeſter. Elle devient par là toute differente de la force morte, &c. Elle ne peut ny naiſtre, ny perir en un inſtant, &c.

Enſuite M. de Mairan expoſe ainſy les preuves qu'on donne de la meſure des forces vives. La premiere experience, dit-il, qui ait donné lieu aux forces vives, la ſeule ſur laquelle ſemble ſe fonder M. Leibnitz inventeur de ces forces, eſt priſe de l'effet le plus commun & le plus generalement receû des mouvements accelerés ou retardés; & il eſt vray, adjouſte-t-il, que bien entenduë, elle ſuffit, & eſt équivalente à toutes les autres. Tout Corps qui tombe acquiert en tombant des degrés de viſteſſe, qui ſont comme les temps, tandiſque les hauteurs ou les eſpaces parcourus ſont comme les quarrés des temps, & des viſteſſes. Si l'on conſidere ce Corps en un inſtant quelconque de ſa cheûte, & qu'on ſuppoſe qu'il ſoit repouſſé en enhaut avec la force acquiſe, & la viſteſſe actuelle qu'il a dans cet inſtant, il eſt évident & perſonne n'en diſconvient, qu'il remontera à la meſme hauteur d'où il avoit commencé de deſcendre & dans un temps égal à celuy qu'il avoit employé à deſcendre; & tout cela en vertu d'une certaine force qui luy eſt imprimée. Or quelle meſure plus naturelle pourroit-on aſſigner de la quantité de cette force, que l'eſpace qu'elle eſt capable de faire parcourir au Corps ſur lequel elle ſe deploye? Mais cet eſpace eſt comme le quarré de la viſteſſe, il eſt quadruple par rapport à un autre, tandiſque la viſteſſe n'eſt que double. Donc conclud-on, les forces qui reſident dans les Corps en mouvement ſont comme les quarrés de leur viſteſſes.

Les deplacements de matiere, continuë-t-il, les enfoncements, les applatiſſements de parties faits dans les Corps mous, en vertu de la force & de la viſteſſe du Mobile acquiſe en tombant, gardent encore la meſme analogie. On prend des boules de meſme groſſeur & de different poids. On les laiſſe tomber ſur de l'argile ou ſur du ſuif, de differentes hauteurs, qui ſont entre elles comme leur poids, & les boules font touſjours ſur l'argile des impreſſions, & des enfoncements parfaitement égaux. Leurs maſſes multipliées par leurs viſteſſes, qui ne ſont que les racines des hauteurs, ne donneroient pas cependant des produits égaux. Il faut donc multiplier leur maſſe par leurs hauteurs, ou par les quarrés de leurs viſteſſes, pour avoir des produits égaux, comme ces enfoncements & ces deplacements de matiere. D'où l'on conclud, &c.

Le meſme effet, dit-il, doit encore ſe montrer dans le choc des Corps élaſtiques, l'applatiſſement de leurs fibres ou de leurs reſſorts, en vertu du choc occaſionné par leur cheûte de differentes hauteurs, doit ſuivre le meſme rapport des hauteurs, ou des quarrés des viſteſſes acquiſes en tombant de ces hauteurs, &c.

M. de Mairan admet la Theorie des mouvements accelerés & retardés, & il ne revoque en doute aucun des faits allegués par les deffenſeurs des forces vives, ſeulement il nie les conſequences qu'on en voudroit tirer.

Il prend le temps, ou des temps égaux pour terme de la commune mesure de deux forces qu'il compare, il change en uniformes les mouvements accelerés & retardés, & il ne trouve dans les effets du Corps qui a deux fois plus de vistesse qu'un effet double & non quadruple, un double espace parcouru & un double deplacement de matiere en des temps égaux. D'où il conclud par le principe mesme de la proportionnalité des effets avec leur cause, que la force motrice n'est que double, ou, comme la simple vistesse, & non quadruple, ou, comme le quarré de la vistesse.

Car, adjouste-t-il, que l'effet total ne soit quadruple qu'en un temps double, c'est ce qui ne souffre aucune difficulté à l'égard de l'espace parcouru, ou du Corps qui tombe, & qui par sa cheute a acquis deux degrés de vistesse, ou qui remonte par la mesme vistesse acquise. Et en effet puisque les espaces parcourus uniformement en vertu de la vistesse acquise par l'acceleration, seroient doubles de ceux que l'acceleration avoit fait parcourir, il suit que le Corps qui remonte avec 1 de vistesse pendant 1 seconde & qui ne parcourt que 1 toise à cause du retardement, en parcourroit 2, si son mouvement avoit esté d'abord uniforme; & que le mesme Corps poussé avec 2 de vistesse, & qui par là auroit parcouru 4 toises en 1 seconde, en parcourra 8 en 2 secondes en vertu de la mesme vistesse & du mouvement uniforme. D'où il suit qu'en comparant les deux mouvements en des temps égaux, on ne trouve dans chaque seconde que 2 toises parcouruës par le Corps qui avoit 1 de vistesse, & 4 toises par le Corps qui en avoit 2 degrés. Ainsi les forces motrices dont la quantité seroit mesurée par la longueur de ces espaces, ne peuvent estre entre elles que comme leurs racines, ou comme les simples vistesses: & il est visible qu'il en va de mesme des deplacements de matiere, des applatissements des ressorts, &c.

Mais M. de Mairan ne s'en tient pas à cette response quelque solide qu'elle luy paroisse. Il remarque fort bien qu'on pourroit opposer, qu'importe que l'espace parcouru, la quantité de matiere deplacée, les ressorts applatis & tous les effets produits par une force le soient en un ou en deux temps? N'est-elle pas tousjours proportionnelle aux effets qu'elle est capable de produire en ces temps quelconques? Et si ces effets sont comme les quarrés de la vistesse, la force n'est-elle pas en mesme raison? A quoy il replique, qu'une force demeurant tousjours en raison de la simple vistesse, peut fort bien produire des effets proportionnels au quarré de la vistesse: qu'estant double par Ex. en vertu d'une double vistesse elle peut produire des effets quadruples par rapport aux obstacles qui s'opposent à son action; & cela parcequ'une force double, en vertu d'une double vistesse, & qui par rapport à une autre, agit doublement en des temps égaux, agit encore deux fois autant de temps, ou ne se consume qu'en deux fois autant de temps, par cela mesme qu'elle est double, & qu'elle resulte d'une double vistesse; desorte, dit-il, qu'au lieu de conclure qu'une force est quadruple, parceque les espaces parcourus, les deplacements de matiere, & tous les autres effets semblables qu'elle produit, le sont, il faut conclure au contraire, de ce que ces effets sont quadruples, ou en general, comme le quarré de la viteffe, qu'elle n'eft que double, ou en general comme la fimple vitteffe.

A cette veûë generale que M. de Mairan explique fort au long & dans un très-grand detail, il en adjoufte une particuliere trés-fubtile. Il fub-divife la viteffe & le temps, en un nombre quelconque des parties ; & il fait voir, que plus ce nombre fera grand, plus le rapport des efpaces parcourus au commencement approchera du rapport de force ou de vitteffe affigné aux mobiles qui parcourent ces efpaces. Et toutes ces remarques confirment parfaitement bien l'opinion commune qui fait les forces motrices proportionnelles aux fimples vitteffes.

De-là M. de Mairan paffe à de nouvelles reflexions fur le mouvement en general. Il obferve d'abord que le mouvement proprement dit, & indepen-damment de toute veûë particuliere, ne renferme que l'idée de la vitteffe, ou, ce qui eft icy la mefme chofe, de l'efpace parcouru en un certain temps. Car on n'entend, dit-il, par le mouvement en general, qu'un changement continuel de diftance entre le mobile, ou un point fimplement, & les autres corps ou un autre point quelconque, que l'on confidere comme en repos. Or la diftance n'eft ny plus ny moins changeante, foit qu'on la confidere entre des corps qui ont 100 de maffe ou 1 de maffe, comme 100 de volume ou 1 de volume, ce font des modifications particulieres à l'idée du mobile, & non à celle de fon mouvement; il n'y a que la viteffe qui influë fur luy. Ainfi faifant abftraction de toute autre veûë, il y a d'autant plus de mouvement, qu'il y a plus de vitteffe dans le corps auquel on en attache l'idée.

L'autre Obfervation de M. de Mairan, c'eft que l'idée du mouve-ment proprement dit, ne renferme que l'uniformité. Tout mouvement par luy-mefme, continuë-t-il, doit eftre uniforme, comme il doit fe faire en ligne droite, l'acceleration ou le retardement font des limitations eftrangeres à fa nature, comme la Courbe qu'on luy feroit décrire l'eft à fa direction propre. L'acceleration ou le retardement fe meflent à chaque inftant au mouvement proprement dit, & en interrompent l'uni-formité par une force eftrangere à celle qui le produit, comme les di-rections obliques eftrangeres le retirent à chaque inftant de la ligne droite. Si la force eftrangere, qui s'oppofe au mouvement d'un Corps, devient égale à fa force motrice, elle le détruit totalement, & il en re-fulte le repos. Le mouvement retardé d'un Corps pefant, qui monte, par ex. tiendra donc une efpece de milieu entre le mouvement propre-ment dit & le repos, & il fera cenfé approcher d'autant plus de l'un ou de l'autre, que la vitteffe du mobile fera plus grande ou plus pe-tite, quelle que foit la maffe de ce Mobile. Or en tant que ce mou-vement tient du repos, il doit perir dans un inftant, mais en tant qu'il tient du mouvement proprement dit, il doit durer tousjours avec une mefme force, & demeurer tousjours uniforme. Donc le mouvement retardé doit fe fouftenir d'autant plus, approcher d'autant plus de l'uni-formité, & pendant un temps d'autant plus long, avec une mefme for-ce par rapport à la perte qui s'en fait à chaque inftant, qu'il eft plus grand ou qu'il refulte d'une plus grande vitteffe.

Cela bien entendu, M. de Mairan demonftre enfin cette efpece de paradoxe. 1°. *Que ce ne font pas les efpaces parcourus par le Mobile dans le mouvement retardé, qui donnent l'eftimation & la mefure de la force motrice, mais les efpaces non-parcourus, & qui l'auroient efté par un mouvement uniforme.* 2°. *Que ces efpaces non-parcourus font en raifon des fimples viteffes.* 3°. *Et partant que les efpaces qui refpondent à une force motrice retardée ou décroiffante, en tant qu'elle fe confume dans fon action, font toufjours proportionnels à cette force & à la viteffe du Mobile, tant dans les mouvements retardés, que dans le mouvement uniforme.*

On comprend aifément que ce qu'il dit des efpaces non-parcourus, il le dit auffi des tous les autres effets du mouvement & du choc, & qu'il demonftre de mefme. 1°. *Que ce ne font pas les parties de matiere déplacées, ni les refforts bandés ou applatis, qui donnent l'eftimation & la mefure de la force motrice, mais les parties de matiere non-deplacées, les refforts non bandés ou non applatis, & qui l'auroient efté fi la force motrice fe fuft toufjours foutenuë, & n'euft point fouffert de diminution. 2°. Que ces parties de matiere non deplacées font en raifon, &c.*

Nous ne fuivrons pas M. de Mairan dans l'explication qu'il donne de ce Paradoxe, ny dans les reflexions qu'il fait fur la fimple *Tendance*, fur la *Percuffion*, fur la *Décompofition* des forces & des viteffes, &c. Ce que nous avons dit jufqu'icy fuffira à ceux qui ont defja leû fon Memoire pour s'en rappeller les points effentiels, & pourra faire naiftre l'envie de le lire à ceux qui ne l'ont pas encore leû. On adjouftera feulement en faveur de ces derniers, que M. de Mairan a defveloppé avec un art merveilleux non feulement toutes les idées qui avoient efté propofées, ou qui fe prefentent fur cette matiere, mais encore beaucoup d'idées nouvelles & d'idées très-fubtiles qui luy font propres & qui décident la queftion d'une maniere à ne plus laiffer aucun doute dans l'efprit. C'eft du moins ce que nous avons reconnu nous-mefmes avec beaucoup de fatisfaction & nous ne doutons nullement que ceux qui liront avec attention fon Memoire, n'en portent le mefme jugement.

Nous finirons en faifant remarquer que ce que M. Leibnitz appelle *forces vives*, n'eftant au fond que ce que nous avons appellé *force acquife*, foit *virtuelle*, foit *actuelle*, on ne doit leur chercher d'autre mefure que celle qui a efté affignée à cette force, fçavoir, le produit de la maffe par la viteffe. Car, outre que les effets que M. Leibnitz prend pour la mefure de la force vive d'un mobile, font en un fens eftrangers à cette force, comme l'a fort bien demonftré M. de Mairan, il eft vifible que l'effort ou la force virtuelle d'un Corps pouffé continuellement ou par fon poids ou par fon reffort, ou de quelqu'autre maniere que ce foit contre un obftacle invincible, ou, ce qui eft le mefme felon M. Leibnitz, la force *morte* n'eft pas d'une nature differente de la force *vive*, ou de la force qui fait mouvoir un Corps pefant, ou débander un Arc, lorfque rien ne s'y oppofe; puifque ce n'eft qu'à raifon de cet effort, de cette force virtuelle qu'un Corps pefant tombe, dès qu'on ceffe de le fouftenir, ou qu'un Arc tendu, dont on rompt la corde, fe débande, & qu'une cause n'en est pas moins la mesme en soy, soit qu'elle ait son effet ou non. Mais M. Leibnitz reconnoist le produit de la Masse par la vistesse pour la mesure de l'effort que fait un Corps pesant, ou un ressort retenu par quelque obstacle, il doit donc reconnoistre aussi le produit de la masse par la vistesse pour la mesure de la force de ces Corps lorsque rien ne s'oppose à leur effort, ou à l'exercice de leur force.

De-là il suit qu'il est tout-à-fait inutile de distinguer, comme a fait M. Leibnitz, les forces des Corps en forces *mortes* & en forces *vives*; à moins que par force morte, on ne veuille entendre la force qui resulte uniquement de la Masse, & que par force vive, on n'entende celle qui reside dans les Corps ou meûs actuellement, ou sollicités continuellement à se mouvoir; ce qui seroit s'esloigner du sens de M. Leibnitz, & introduire sans necessité de nouveaux termes.

Enfin je proposay mes conjectures sur le Magnetisme.] Mes conjectures sur la cause generale des proprietés de l'Aymant, sur la declinaison & les changements de declinaison, ou sur la variation de l'Aiguille aimantée &c. ayant esté adoptées par M. N. alors Escolier en Mathematique & inserées dans une Dissertation qu'il presenta en 1716 à l'Académie des Belles Lettres, Sciences & Arts de Bordeaux, avec cette Sentence, *Veniet tempus quo posteri nostri tam aperta nos nescisse mirentur*: & M. N. faisant esperer qu'il publiera bient-tost cette Dissertation, on n'en fera pas icy l'Extrait. Seulement on adjoustera que l'Académie Royale de Bordeaux ayant l'année derniere* posé cette Question, *s'il y a un Magnetisme dans les Corps,* * 25 Aoust *quelle en est la cause & quelles en sont les loix?* Je rappellay qu'en traitant 1731. en 1726 dans une de nos Assemblées des proprietés de l'Aymant, j'avois incidemment reconnu une espece de Magnetisme dans tous les Corps d'après l'illustre M. Boyle & plusieurs autres Philosophes anciens & Modernes, & qu'au commencement de l'année 1727 ayant receû le Reciieil de l'Académie R. des Sciences de 1724 j'avois veû avec plaisir que M. de *Hist.* 1724. Mayran avoit eû la mesme pensée. Voicy ce que nous apprend M. de *p.* 13. *& 14. Fontenelle. ,, M. de Mairan, dit-il, conçoit avec un grand nombre de Philosophes modernes le Magnetisme beaucoup plus estendu que l'on ne " croit communement, & en effet puisque le Fer & l'Aimant, & quelques " Corps Electriques en fort petite quantité, s'attirent & se repoussent, quelle " apparence qu'ils soient les seuls Corps dans la Nature doüés de cette pro- " prieté? On n'en connoistroit aucune autre qui fust si restreinte, & si bor- " née. Elle peut bien n'estre que rarement sensible, mais il faut qu'elle soit " plus répanduë, & comme alors elle sera insensible: elle produira des " effets qu'on ne s'avisera pas d'y rapporter. M. de Mairan croit donc qu'au- " tour de tous les Corps, ou au moins de la pluspart, il y a comme autour " de l'Aymant une Atmosphere, un Tourbillon de matiére subtile, qui " circule dans leurs pores. Si elle se meut de la mesme maniére dans les " pores de deux Corps différents, de sorte que de deux Tourbillons il puisse " ne s'en former qu'un, ces deux Corps ou s'attirent de quelque distance " comme le Fer & l'Aymant, ce qui est sensible, ou posés l'un contre " l'autre s'appliquent très-immediatement; ce qui n'est qu'un effet insensible. "

„ Dans le cas opposé les deux Corps ou se repoussent, ou ne s'appliquent
„ pas. C'est par-là que l'eau moüille le Verre, & que le Mercure ne le
„ moüille point. Il reste entre le Mercure & le Verre un espace ou les deux
„ Tourbillons de ces deux matieres se combattent, &c... M. de Fonte-
„ nelle finit par cette reflexion. „ Le Magnetisme des Corps expliquera sans
„ doute un très-grand nombre de Phenomenes de la Nature pourveû qu'on
„ ne l'explique luy mesme que selon les loix de la simple impulsion, car si
„ on y fait entrer quelque chose de plus mysterieux, il deviendra trop obscur
„ pour rien expliquer „.

Après avoir dit que par *Magnetisme*, il ne falloit entendre autre chose,
que ce qu'entendoient les Anciens par *Sympathie* & *Antipathie*, & les Modernes parmy les Anglois par *attraction* & *repulsion*, pourveû qu'on ne le
regardast pas comme une qualité occulte, mais comme un effet dont il
faut rendre raison, & qui peut devenir cause ou produire à son tour
d'autres effets, j'adjoustay que puisqu'on estoit forcé de reconnoistre cette
proprieté dans l'Aymant & dans plusieurs Corps reconnus pour Electriques, on devoit l'admettre aussy, quoyque dans un moindre degré, dans
tous les Corps. Que ce n'estoit qu'en vertu d'une espece de Magnetisme
que certaines liqueurs se meslent parfaitement ensemble, & s'attirent, pour
ainsi dire, l'une l'autre, & que d'autres se repoussent mutuellement & se
separent, quelque soin qu'on prenne de les unir & de les confondre: que
le feu guerit la brûlure: que le Scorpion escrafé sur la playe attire le
venin qu'il y a déposé: que le Mercure s'amalgame avec l'Or: que certains Metaux ne s'allient point ensemble, &c. J'avançay mesme qu'on
pouvoit en quelque sorte prouver *à priori* que tous les Corps doivent avoir
cette proprieté. Car il n'en est point qui ne souffrent des écoulements
continuels de leur propre substance. On sçait que tous les Corps mesme
les plus compactes transpirent continuellement, puisqu'ils perdent de leur
poids; & l'on ne peut pas douter que les corpuscules qui s'en détachent
à tout moment ne leur forment une espece d'Atmosphere.

Il est visible aussi que les corpuscules qui émanent de differents Corps
doivent à raison de leur figure, de leur masse & de leur mouvement, ou,
ce qui est le mesme, par leur homogeneïté ou heterogeneïté se mesler
& se confondre les uns avec les autres, (si les Corps autour desquels ils
circulent sont à une distance convenable,) ou se repousser mutuellement
& s'esloigner, & donner par là occasion à ces mesmes Corps de se joindre ensemble ou de se separer. Je dis *donner occasion*, parce que je ne
pretends pas que le mouvement de deux Corps qui s'approchent ou qui
s'esloignent l'un de l'autre, depende uniquement des corpuscules qui s'en
exhalent.

Enfin il n'est pas moins visible que certains Corps doivent avoir beaucoup de vertu magnetique, & d'autres peu ou presque point, selon la
quantité ou la qualité des corpuscules qui composent leur Atmosphere.

Mais comme les Corps ne sçauroient avoir au d dans d'eux-mesmes le
principe du mouvement des particules qu'ils repandent au dehors, je creus
qu'il falloit recourir à la matiere Etherée, & reconnoistre qu'à la faveur
du

V. *les Quest.
qui sont à la
fin de l'Opt.
de M. Nev.
Leges at-
tract. Jo.
Keill. Præ-
lect. chymic.
Freind &c.*

V. *Boyl.
de Atmosph.
Corpor. con-
sist.*

du mouvement de cette matiere non seulement les Corps tranſpirent, mais encore que les particules qui s'en exhalent, forment un tourbillon ou contraire ou analogue aux tourbillons des autres Corps, & que delà s'en enſuit ou leur attraction ou leur repulſion, lorſque ces tourbillons ſont aſſés eſtendus pour ſe rencontrer & aſſés forts pour agir l'un ſur l'autre.

Je traitay de la preſſion de l'air ſur le Corps humain.] On a donné ailleurs * un précis de ce Memoire. En voici l'occaſion & le fondement. La lec- ture d'un Probleme ſur les Ventouſes, inſeré dans la Phyſique generale de Bayle ** me fit naiſtre en 1716 l'envie de calculer la force de la preſ- ſion de l'air ſur toute la ſurface du Corps Humain ; mais n'ayant pas alors la meſure exacte de cette ſurface, je m'adreſſay à Mr. de Mairan, qui me promit de la chercher en ſe ſervant pour Eſtalon de la teſte du petit Antinoüs de plaſtre qui eſtoit dans ſon Cabinet. Cependant ou j'oubliay de redemander à M. de Mairan cette meſure, ou d'autres occupations l'empeſcherent d'y travailler, dans un temps où il méditoit ſon départ pour Paris ; ce qui m'obligea, avant que de travailler à mon Mémoire, de prier M. Aſtier le cadet, de meſurer exactement la ſurface d'un homme de moyenne groſſeur & de 5 pieds 3 pouces de hauteur, en conſidérant la teſte comme une Sphere, & toutes les autres parties du corps comme des Cylindres (à la plante des pieds & à la paulme de la main près, dont la meſure n'eſt pas difficile), & obſervant de prendre des moyennes proportionnelles entre leurs plus grands & leurs plus petits diametres. Par cette methode M. Aſtier trouva la ſurface du Corps de cet homme de 2344 pouces quarrés ; comme on le verra en jettant les yeux ſur la Table ſuivante, qui donne la hauteur & la ſurface de chacune de ſes parties.

* Aſſembl. publiq. du 6. Dec. 1731. pag. 11. & ſuiv. ** Tom. I. pag. 237.

Hauteur.	Pouces.	Surface.	Pouces quarrés.
De la Teſte,	7.	De la Teſte,	154.
Du Col,	3.	Du Col,	41.
Du Tronc,	20.	Du Tronc,	620.
De la Cuiſſe,	17.	Des Cuiſſes,	544.
De la Jambe,	14.	Des Jambes,	336.
Du Pied,	2.	Des Pieds & des Doigts,	128.

Longueur.	Pouces.		
Du Pied & des Doigts,	8.		
Du Bras,	24.	Des Bras,	408.
De la Main & des Doigts,	8.	Des Mains & des Doigts,	128.

A quoy ſi l'on adjouſte environ 12 pouces quarrés pour la ſurface inteſrieure du Nés, de la Bouche, de la Trachée artere & des bronches du Poulmon, on aura 2356 pouces quarrés de Surface exposée à l'air; & multipliant ce nombre par 245 onces, poids d'une Colonne de Mercure de 28 pouces de hauteur sur 1 pouce quarré de base, on aura 577220 onces ou 16076 livres pour le poids de l'air sur toute cette Surface comme il a esté dit dans l'endroit cité.

Pag. 17. *M. Barbier traita de l'origine & des premiers usages des Anneaux.*] M. Barbier n'ayant donné que la premiere partie de son Mémoire, on attend pour en parler qu'il ait remis la seconde, à laquelle il a promis de travailler.

Pag. 18. *La Gresle ravagea une partie de nostre Campagne:*] Il en iroit bien mal pour cette Contrée, si les Orages qu'on sçait y estre assés frequents pendant l'Esté, estoient tous aussi furieux & aussi préjudiciables que celuy dont nous allons parler. Non seulement on verroit tous les ans fondre presqu'en un moment les Moissons les plus abondantes, *Sata læta, Boumque labores*, mais on verroit mesme souvent perir dans les champs les Bestiaux & leurs Conducteurs sous les coups meurtriers de la Gresle. Non seulement nos Arbres mesme les plus robustes seroient tous les ans despouillés de leurs feüilles & de leurs fruits, esbranchés & presqu'entierement escorchés, nos Vignes ravagées & hachées jusqu'au bois, mais nous aurions encore le chagrin de voir souvent fracasser nos Vitres, & briser en mille piéces les Tuiles qui couvrent nos maisons.

Virgil.
Georg. L. 1.
> Heu malè tùm mites deffendet Pampinus uvas.
> Tam multa in tectis crepitans salit horrida grando.

Heureusement de pareils Orages sont rares, & ils n'occupent mesme pour l'ordinaire qu'une petite estenduë de terrein. Celuy-cy vint avec une rapidité surprenante de l'extremité occidentale des terres de Capestan & de Puisserguier, frisa les murailles de Bésiers du costé du Nord, & s'estendit jusqu'à l'extremité meridionale du terroir de Servian, ravageant tout ce qu'il rencontroit en son chemin, & laissant une trace presque parallele aux costes de la Mer, de plus de trois lieües de longueur, sur près d'une lieüe de largeur.

Qu'un Orage se forme brusquement, lors mesme que le Ciel paroist serein, & que le Soleil nous fait sentir l'ardeur de ses rayons, voilà, dit M. Caillé, de quoy surprendre le commun des hommes: mais ce Phenomene n'estonne nullement ceux qui sçavent que des vapeurs deliées, des exhalaisons subtiles dispersées dans la haute region de l'air, n'interceptent point la lumiere du Soleil, & que dans le temps que la Terre est en quelque façon bruslée par les rayons de cet Astre, c'est alors que ces vapeurs, ces exhalaisons s'élevent & plus haut & en plus grande quantité. A cette supposition ou plustost à ce fait qui n'est pas contesté parmy les Physiciens si l'on en adjouste un autre non moins certain; sçavoir que deux vents opposés ou inclinés l'un à l'autre d'un certain nombre de degrés, soufflent quelquefois en mesme temps suivant des lignes presque paralleles à l'horison, ou qu'un vent inferieur souffle de bas en enhaut, tandisqu'un vent superieur tend avec impetuosité de haut en embas, on ne sera pas surpris que ces vapeurs, ces exhalaisons se rapprochent promptement les unes des autres, & qu'elles forment des nuages, ou plusieurs couches de nuées entassées les unes sur les autres & prestes à fondre sur la Terre.

Nubila concrescunt ubi corpora multa volando
Hoc super in Cœli spatio coïere repente. . . .
Hæc faciunt primum parvas consistere nubes
Indè ea comprendunt inter se, conque gregantur
Et conjungendo crescunt, ventisque feruntur
Vsque adeò, donec tempestas sæva coorta est.

Lucret. de rer. nat. L. VI.

On comprendra aussi aisément, continuë M. Caillé, que les vapeurs dont ces nuages sont composés, doivent se condenser d'autant plus promptement, que les vents qui les pressent, sont & plus forts & plus froids; & que ces vapeurs devenant par là plus pesantes qu'un égal volume d'air, leurs parties doivent se désunir & tomber en forme de pluye.

A l'égard des Esclairs & des Tonnerres qui précedent & qui accompagnent presque tous les Orages, M. Caillé s'en tient, soit à ce qui a esté dit cy-dessus *, soit à ce qui a esté proposé par le P. Dufesc dans sa Dissertation sur ces Meteores.

* Pag. 5 & suiv.

Mais d'où vient, dira-t-on, la Gresle qui accompagne certains Orages, & qui les rend si formidables ? Qu'est-ce qui convertit les vapeurs dont on vient de parler, en des corps solides, en de petites boules, dont la dureté égale presque celle des cailloux ? Le vent qui rassemble les vapeurs, qui en rapproche les molecules, peut bien à la verité contribuer à la formation de la Gresle, & en haster mesme la cheûte, comme l'a fort bien remarqué Lucrece.

Ventus enim cum confercit, franguntur in arctum
Concreti montes nimborum & grandine mixti.

L. VI. de rer. nat.

mais il est aisé de voir, que le vent seul ne sçauroit produire l'effet dont il s'agit.

Pour concevoir de quelle maniere se forme la Gresle, il n'y a, dit M. Caillé, qu'à se representer que la partie superieure de l'Atmosphere estant dans quelque saison que ce soit de l'année, beaucoup plus froide que l'inferieure, les parties des vapeurs qui forment les nuages fort élevés, doivent y perdre de leur mouvement de tourbillon, & passer fort viste de la condensation qui peut les reduire en pluye, à celle qui peut les reduire en glace selon la Mechanique imaginée par M. de Mairan pour la congelation de l'eau. Les parties des vapeurs gelées forment des floccons de neige, & il y a bien de l'apparence, adjouste-t-il, que ces nuées fort élevées qui reflechissent une lumiere si vive, & qui font paroistre ce qu'on appelle *ciel pommelé*, ne sont autre chose qu'un amas de floccons de neige. S'il survient alors un vent froid & violent, ou deux vents qui s'entrechoquent, ces floccons de neige s'uniront les uns avec les autres, & deviendront d'autant plus gros qu'ils resteront plus de temps à descendre, ou qu'ils rouleront davantage les uns sur les autres, de la mesme maniere à peu près qu'un peloton de neige qui se detasche de la cime d'une Mon-

Dissert. sur la Glace.

tagné qui en est couverte, grossit extraordinairement avant qu'il soit arrivé jusqu'au Vallon.

Mais voilà, dira-t-on, de gros floccons de neige, & non de la Gresle? Point du tout, & voicy les raisons qu'en donne M. Caillé. 1°. Ces floccons doivent en roulant dans la nuë s'entrechoquer, changer de figure & s'endurcir de la mesme maniere à peu près que s'endurcit un peloton de neige qu'on serre entre les mains. 2°. Il arrive rarement qu'il tombe de la Gresle sans estre accompagnée ou du moins suivie de Pluye. Les floccons dont on vient de parler, nagent donc dans les nuës qui se reduisent en pluye, & se trouvent environnés de petites gouttes d'eau, qui fondent les filaments dont ils estoient comme herissés. Ces filaments fondus s'insinuent dans les pores des floccons restants, où le froid interieur qui s'y conserve & le nitre qui s'y trouve, les regelent encore, & c'est ainsy qu'il se fait un tout plus dur qu'il n'estoit auparavant & de figure presque spherique, qui pesant plus qu'un égal volume d'air, est contraint de descendre vers la Terre. On peut mesme se convaincre par experience de la verité de ce raisonnement. On n'a qu'à plonger dans de l'eau froide un peloton de neige, l'y tenir pendant un certain temps & ensuite l'exposer à l'air, ce peloton aura non seulement la figure, mais encore la consistence d'un grain de Gresle.

De là M. Caillé passe aux figures extraordinaires qu'on a quelquefois remarquées dans des grains de Gresle, & après avoir expliqué d'où vient que la Gresle tombe beaucoup plus souvent en Esté qu'en Hyver, & pourquoy cet Esté-cy elle est tombée en si grande quantité & si grosse que quelques-uns de ses grains pesoient plus de demi-livre, & que la plus grande partie pesoit près de quatre onces, il tasche de rendre raison des funestes effets qu'elle a produits & dont on a fait cy-dessus l'enumeration. Pour cela il a recours à la quantité de Gresle qui tomba, à la grosseur de ses grains & à la vistesse avec laquelle ils descendoient. On sçait que la Gresle ne se forme que dans les nuës fort élevées, & qu'un corps accelere d'autant plus son mouvement qu'il tombe de plus haut. Maintenant si l'on cherche la vistesse complette d'un grain de Gresle pesant 4 onces, on trouvera par les Regles * qu'a données M. Mariotte, que cette vistesse est de 84 pieds par seconde de temps, la mesme qu'acquiert une Balle de plomb de 4 onces en tombant en 4 secondes de la hauteur de 200 pieds. Qu'on se represente donc cette grande quantité de grains de Gresle, comme autant de Balles de plomb pesant environ 4 onces, qui après estre tombées de la hauteur de 200 pieds, ont une vitesse capable de leur faire parcourir environ 84 pieds par seconde, & l'on n'aura nulle peine à comprendre tous les effets dont il s'agit.

M. Caillé finit en faisant voir par des raisons Physiques que le son des Cloches est un moyen insuffisant pour écarter les Orages, que ce moyen mesme peut quelquefois estre prejudiciable **, & attirer le malheur qu'on voudroit esloigner. Au lieu de ces raisons dont tout le monde ne conviendroit peut-estre pas, voicy une Fable de M. de la Fontaine qui appuye admirablement bien le sentiment de M. Caillé, elle sera peut-estre plus

L'Hist. de l'Ac. 1703. pag. 19. fait aussi mention d'une Gresle fort grosse.

* Traité de la Percuss. pag. 107. & suiv.

** V. Hist. de l'Acad. 1719. p. 21.

d'impression sur ceux qui n'entendent pas la Physique.

LE SONNEUR ET L'ARAIGNE'E.

Fables
choisies Li
7. Fab. XVI.

Certain Sonneur rempli de vanité,
Entre deux vins & peut-estre entre quatre,
Fut assés yvre pour debatre
A Jupiter la primauté,
Disant avec impieté
Quand ce Dieu lançoit le Tonnerre
Qu'il le pouvoit esloigner de la Terre;
Et que la substance de l'Air
Estant delicate & menuë,
Ses Cloches pouvoient l'esbranler
Chasser & dissiper la nuë,
Et donnant au Foudre une issuë
Faire prendre un rat à l'Esclair,
Comme l'avoit soustenu haut & clair
Quelque Philosophe moderne,
Qui sans doute avoit beû dans la mesme Taberne;
Jupiter l'oyant blasphemer
Se preparoit à l'abysmer,
Accoustumé de mettre en poudre
Quand il lance son Foudre,
Plus de Clochers & de Sonneurs,
Que de Toits de Bergers & de pauvres Glaneurs;
Lorsqu'une vieille & prudente Araignée,
Hostesse du Clocher depuis plus d'une année,
Voyant ce faux raisonnement,
Faisoit des leçons à son Hoste
Pour luy faire avoüer & reparer sa faute,
Et luy montroit que follement
Il s'attaquoit au maistre des Estoiles;
Qu'il auroit beau sonner en double carrillon
Bien loin de dissiper le moindre Tourbillon,
Il ne luy romproit pas la moindre de ses Toiles.

On a creu
devoir in-
serer au
long cette
Fable qui
n'est pas
fort con-
nuë.

M. Berti avoit leû l'Eloge de M. l'Abbé de Cailus.] Voicy cet Eloge,
qu'on n'a fait que transcrire.

Marie-Jean-François de Cailus Prieur de Langogne, naequit à Béfiers
au commencement du mois de May de l'année 1679. Son pere Jean de
Cailus Marquis de Rouairoux, Baron des Estats de la Province de Languedoc, joignoit à une Noblesse des plus anciennes de ce Royaume & à
une valeur des plus distinguées, mais héreditaire dans sa famille, une
probité & une candeur d'ame des premiers siécles. Marie de Bonsy sa
Mere, qui par sa vertu & par mille autres rares qualités a esté pendant
long-temps l'objet de notre veneration, estoit née à Florence, Ville Ca-

pitale de la Toscane. Sa famille a esté une des plus fecondes en grands-hommes, elle a produit trois Ducs ou trois Gonfaloniers, Souverains dans la Republique de la mesme Ville de Florence : Vingt-quatre Prieurs de la liberté, qui en estoient la seconde dignité : Plusieurs Prelats, dont deux revestus de la Pourpre ; & l'un d'eux Commandeur de l'Ordre du S. Esprit, ont eu encore l'honneur d'estre grands-Aumosniers de nos Reynes : Des Ambassadeurs auprés de divers Princes ; & enfin un grand nombre de Senateurs & de vaillants Capitaines. Les uns se sont fait admirer en France & dans la pluspart des Cours de l'Europe, & les autres dans le Pays de leur naissance.

Si je ne craignois de m'arrester un peu trop long-temps sur ce point, j'adjousterois icy que la Noblesse de la famille de Bonsy examinée scrupuleusement de l'ordre de Loüis XIV. par les Ducs de S. Simon & de Nevers, a esté suivie sans la moindre interruption jusques à l'année 1040 ; & ce n'est pas mesme là l'époque de l'origine de cette Noblesse de l'aveu de ces deux illustres Commissaires : ils l'auroient suivie encore au delà s'ils n'avoient preveû les difficultés inseparables de l'examen des temps plus esloignés, où, comme tout le monde sçait, à peine les familles commençoient à se donner un surnom.

Je reviens à M. l'Abbé de Cailus. Né avec ces riches talents qui laissent peu à faire à l'éducation, il fit entrevoir dès ses plus tendres années des estincelles de cet esprit vif & de ce genie heureux, dont on l'a veû briller dans un âge plus avancé. Aprés ses premieres estudes qu'il fit à Besiers avec un progrés estonnant, il fut envoyé à Paris pour estudier en Philosophie & en Theologie dans l'Université de cette Ville, ses Parents ayant desja remarqué en luy une vocation naissante pour l'Estat Ecclesiastique : Vocation qu'un temperament foible & mal sain ne luy a pas permis de remplir dans toute son estenduë.

Placé dans le Seminaire de S. Magloire, & initié, ou pour mieux dire, formé rapidement dans la science des Lettres humaines, il obtint bientost le degré de Maistre ès Arts ; & commença par là à donner une haute idée de sa capacité & de son sçavoir.

De l'estude de la Philosophie ayant passé tout de suite à celle de la Theologie, M. l'Abbé de Cailus y fit des progrès qui surpassoient l'attente de ses Maistres. Il ressembloit à ces Terres fertiles qui rendent beaucoup au delà de ce qu'elles ont receû ; & il estoit l'objet de l'admiration de ceux qui l'enseignoient, & celuy de l'émulation de tous ses condisciples.

Parvenu à l'âge de vingt-un an, & engagé desja dans les Ordres mineurs, il voulut s'attacher encore plus à l'Estat Ecclesiastique en recevant le Sousdiaconat. Peu de temps après il eut l'honneur d'estre choisi par la Province Ecclesiastique de Narbonne, pour assister en qualité de Deputé du second ordre à l'Assemblée du Clergé, tenuë en 1760.

Dans cette Assemblée celebre composée des plus grands & des plus illustres Prélats de l'Eglise Gallicane, M. l'Abbé de Cailus justifia pleinement le choix fait de sa personne pour la place qu'il y occupa. Dans un âge si peu meur il sceut se faire distinguer autant par la solidité de

son raifonnement, par la juftefle des avis qu'il portoit, que par la vivacité de fes reparties. On le regarda dès-lors comme un Sujet des plus
propres pour eftre élevé en fon temps aux plus hautes dignités de l'Eftat
qu'il avoit embraffé ; & fans doute que l'évenement euft refpondu à une
attente auffy bien fondée, fi le temperament de M. l'Abbé de Cailus,
qui, naturellement foible & delicat, s'affoibliffoit encore de jour en jour,
ne l'euft forcé dans les fuites de preferer à l'avantage & à l'efclat de
toutes ces dignités, le repos d'une vie privée. Cependant malgré les infirmités fous le poids defquelles il gemiffoit en fecret, fes eftudes ne
furent point abandonnées, non pas mefme interrompuës, fon inclination
dominante pour les Sciences & les Belles Lettres prévalant tousjours en
luy, & luy faifant oublier les foins qu'il devoit à fa fanté.

L'Affemblée du Clergé ne fe fut pas pluftoft feparée que M. l'Abbé de
Cailus fe remit à eftudier avec une nouvelle ardeur jufqu'à ce qu'il eut
pris le degré de Bachelier ; mais c'eft icy que fa fanté épuifée par une
trop longue & trop affiduë application, le mit abfolument hors d'eftat
de pourfuivre plus avant fa carriere. Il quitte donc Paris & revient malgré
luy à Béfiers : il efperoit qu'à la faveur de l'air natal & de la vie tranquille qu'il s'eftoit propofé d'y méner pendant quelques mois, il pourroit
bien-toft aller reprendre fes cheres eftudes. Mais l'air natal, la vie tranquille, les remedes mefmes n'ayant peû produire l'effet qu'il s'en eftoit
promis, il fallut ceder à la dure neceffité de fixer icy un fejour également oppofé à fes defirs & à cette noble ambition qui convient aux perfonnes de fon rang & de fa qualité.

On l'a veû quelquefois bien que malade & languiffant paffer la plus
grande partie du jour & fouvent de la nuit dans une Bibliotheque que luy-
mefme avoit dreffée, & qu'il avoit compofée des livres les plus propres
pour former les mœurs & pour orner l'efprit. Là par une conftante lecture qu'il convertiffoit tousjours en fubftance par les plus ferieufes reflexions, il avoit acquis au plus haut degré de perfection le *Krinòmenon* des
Grecs, que nous appellons l'efprit de juftefle & de difcernement. En
effet, qui poffedoit mieux que luy l'art de diftinguer le vray d'avec le
faux, & la realité d'avec les apparences ? Auffi dans les chofes qui eftoient
à fa portée, feûr de fes propres lumieres, il en jugeoit rarement fur l'o-
pinion ou fur l'autorité des autres.

Il eft vray, & je ne dois pas le diffimuler, que lorfque quelqu'un
s'avifoit d'avancer des maximes fauffes ou erronées, on le voyoit manquer quelquefois de cette condefcendance, qui fait l'agrément du commerce & de la focieté entre les amis ; mais M. l'Abbé de Cailus ennemy
de toute illufion, aimoit fouverainement le vray ; & la verité n'eft ni
flateufe ni complaifante. Cependant reflechiffant tout de fuite fur ce leger
defaut, dont fon bon cœur lui groffiffoit l'idée, à peine s'y eftoit-il laiffé
efchapper, qu'on le voyoit aux prifes avec luy-mefme pour tafcher de
s'en corriger.

Qui avons-nous veû plus affidu à nos Affemblées que M. l'Abbé de
Cailus ? Tousjours des premiers & des plus empreffés à s'y rendre ; il

n'a pas peu contribué par fa ferveur & par fon exemple à foûtenir cette Académie encore naiffante. Quelle joye ne marqua-t-il pas lorfqu'on trouva à propos de tenir nos Conferences chés luy en attendant un logement fixe, & quelles defpenfes ne fit-il pas en Livres & en Inftruments de Phyfique & de Mathematique en veûë de feconder le zele de quelques-uns de nos Confreres, qui luy temoignerent avoir befoin de ce fecours? Mais c'eftoit encore peu pour luy de donner aux autres les moyens de travailler utilement pour la gloire de cette Compagnie, malgré les infir-mités dont il eftoit affligé, & qui euffent deû le difpenfer de s'appliquer à aucune forte d'eftude, il voulut bien encore faire plufieurs Verfions en langue Françoife, de divers Memoires de Litterature & de Phyfique repandus dans les Journaux de Leipfick; & l'on demeura d'accord qu'il s'en acquittoit avec beaucoup d'art & de juftelle.

Nous pouvons donc avancer icy, fans craindre de trop flater M. l'Abbé de Cailus, qu'il n'ignoroit guere rien de ce qu'un homme de fon Eftat doit fçavoir, qu'il avoit fur les matieres les plus difficiles & les plus douteufes un gouft feûr & infaillible, une droiture & une probité qui alloient jufqu'au fcrupule, un cœur également bienfait & bienfaifant, enfin une modeftie d'autant plus aimable qu'elle eft peu commune à ceux qui joignant comme luy l'erudition à la nobleffe du fang, croyent eftre en droit de s'élever fur tous les autres qui n'ont point ces qualités.

En voilà affés pour donner une idée des rares talents dont le Ciel avoit orné M. l'Abbé de Cailus; paffons aux triftes moments, qui ont efté les derniers de fa vie. La main du Tout-Puiffant, qui conduifoit depuis long-temps M. l'Abbé de Cailus par la voye des tribulations & des fouffrances, s'eftant tout-à-coup appefantie fur luy par un redou-blement de ces mefmes infirmités, le voilà reduit à fe préparer à une prompte mort. Mais avec quelle intrepidité n'envifagea-t-il pas ce moment fatal dont les plus grands courages ont peine à foûtenir la veûë? Unique-ment affligé des fautes qu'un égarement de cœur pouvoit luy avoir fait commettre, s'érigeant luy-mefme en fevere Cenfeur, il ne s'occupa plus qu'à implorer la Mifericorde du Très-Haut; & c'eft dans ces faintes & heureufes difpofitions, que muni des Sacrements de l'Eglife, il a quitté cette miferable vie * fans autre regret que celuy qu'il tefmoigna publi-quement, de n'en avoir pas employé tous les inftants au fervice de fon divin Maiftre.

* Le 22. Dec. 1726.

Pag. 19. *M. Andoque expliqua la colonne de Nuë.*] On trouve cette ex-plication dans l'Hiftoire de l'Académie Royale des Sciences de l'Année 1727. pag. 4. & fuiv.

Pag. 20. *M. Cros parla fur les Eaux Minerales de Vendres.*] L'Extrait de ce Memoire & de celuy qui traite du *Rhapontique* des Montagnes fut inferé dans nos Memoires imprimés en 1728. pag. 30. & fuiv.

M. Caillé rejetta les influences de la Lune.] Dans tout le Diocéfe de Béfiers & peut-eftre dans les Diocéfes voifins c'eft une opinion generale-ment receûë, ou, pour mieux dire, c'eft une erreur univerfellement ré-pandûë qu'il faut avoir égard aux Lunaifons pour femer, pour planter,
pour

pour émonder les arbres, pour tailler les vignes, pour les provigner, pour couper le bois de charpente, &c. C'est sans doute un reste de l'ancienne superstition : on la poussoit mesme autrefois beaucoup plus loin sur ce sujet. Entesté de l'Astrologie judiciaire & des visions d'Hesiode & de Democrite, le Prince des Poëtes Latins ne fait pas difficulté de mettre de la difference entre les jours de la Lune, & de croire les uns plus heureux que les autres, soit pour semer, soit pour planter, soit pour commencer certains ouvrages, qui n'ont mesme aucun rapport avec l'Agriculture, comme pour dompter de jeunes Taureaux, pour mettre une piéce de toile sur le mestier.

Plin. Hist.
nat. L. 18.
c. 32.

>   *Ipsa dies alios alio dedit ordine Luna*
>   *Felices operum. Quintam fuge. . . .*
>   *Septima post decimam felix & ponere vitem*
>   *Et prensos domitare boves & licia telæ*
>   *Addere.*

Virg.
Georg. L. 1.

Hesiode entre mesme dans un plus grand détail, & il marque jusqu'au moment favorable pour prendre une femme

>   *E'n dè tetàrte menòs àgestai és oikon àkoitin:*

Hmèr.

Ce n'est pas tout. On croyoit & biens de gens croyent encore que les Vents, les Pluyes, le beau temps dependent des Phases de la Lune.

Arat.
Phæn.

>   *Atque hæc ut certis possimus discere signis*
>   *Æstusque, pluviasque & agentes frigora ventos:*
>   *Ipse pater statuit, quid menstrua Luna moveret.*

Virg.
Georg. L. 1.

Enfin on s'imaginoit que c'est la Lune qui remplit les Coquillages,

Arist.

>   *Lubrica nascentes implent Conchylia Lunæ.*

Horat.

Que c'est elle qui fait croistre & decroistre la moëlle dans les os des Animaux, qui fait esclorre les Oeufs qu'on met à couver, &c.

Plin.

Les nouveaux Philosophes ont à la verité refuté de pareilles erreurs, & le celebre M. de la Quintinie * n'a pas manqué d'avertir que dans l'Agriculture il ne faut avoir aucun égard à la Lune. Mais les raisons & les experiences de ces grands hommes n'ont pas encore dessillé les yeux de tout le monde. Il y a plus. Bien des gens ignorent encore ces raisons & ces experiences; & l'Académie a creu qu'il estoit de son devoir de leur en faire part. C'est ce qui a determiné M. Caillé à traiter cette matiere & à joindre de nouvelles raisons à celles qu'on avoit desja alleguées pour destruire des prejugés, dont la pluspart peuvent tirer à consequence. Il seroit neantmoins inutile de repeter icy tout ce qu'on trouve sur ce sujet dans les Ouvrages de Rohault * de Bayle * & de M. de la Quintinie. Il suffira d'y renvoyer les Lecteurs, & on nous en croira assés sur nostre parole. Nous n'entrerons pas non plus dans le detail des raisons particulieres à M. Caillé : les Philosophes n'en ont pas besoin, & elles tiennent trop à la Physique & à l'Astronomie pour estre entenduës du Peuple. On adjoustera seulement que si la Lune a quelque vertu, c'est comme le remarque fort bien M. Caillé, ou à raison des rayons du Soleil qu'elle renvoye, ou à raison du poids qu'elle exerce sur la matiere etherée qui luy est soûmise, & auquel on attribuë communément le Flux de la Mer.

* *Traité*
des Jardins
Fruitiers &
Potagers.

* *Physiq.*
Part. 2. ch.
27.

* *Opuscul.*
Probl. 104.

H

Que les rayons de lumiere que la Lune reflechit ayent quelque qualité, cela paroist d'abord affés vray-femblable. Perfonne n'ignore que le Soleil par fa lumiere, ou, pour mieux dire, par la chaleur de fes rayons, ne foit prefque la feule ou du moins la principale caufe de tous les effets qui fe produifent fur la Terre : pourquoy la Lune ne pourroit-elle pas contribuer à ces mefmes effets à proportion de la vivacité des rayons qu'elle renvoye ? Cependant, continuë M. Caillé, fi l'on fait reflexion que les rayons du Soleil dans le Solftice d'Hyver font trop foibles pour faire vegeter les Plantes, pour faire meurir les fruits, & pour une infinité d'autres effets, quoyque leur vivacité ou leur chaleur, à n'y confiderer rien de plus, foit encore à celle des rayons du Soleil dans le Solftice d'Efté comme 2 à 3, on comprendra aifément que les rayons de la Lune à quelque hauteur que foit cette Planette fur noftre Horifon, doivent eftre abfolument inefficaces pour quoy que ce foit, puifque felon les experiences & le calcul d'un habile Phyficien *, la lumiere de la Lune eft 300000 fois plus foible que celle du Soleil prife à mefme hauteur. Il y a plus. On fçait, adjoufte M. Caillé, que les rayons de la Lune * concentrés par un verre ardent ne donnent aucune chaleur fenfible, ce qui eft encore confirmé par des experiences faites * avec le Miroir ardent de l'Obfervatoire Royal de Paris, qui eft de 35 pouces de diametre, & qui raffemble les rayons dans une efpace 306 fois plus petit que leur eftat naturel. Que fi les rayons de la Lune ainfi réünis ne nous montrent aucune chaleur apparente, il fuit bien clairement qu'ils ne fçauroient faire aucune impreffion fenfible fur les corps terreftres.

La pefanteur de la Lune ne paroiftra guere plus propre à produire les effets qu'on attribuë aux influences de cette Planette, fi l'on confidere 1°. Que cette pefanteur n'agit pas du tout fur les Pays fitués au-delà des Tropiques. 2°. Que cette pefanteur ne varie qu'en raifon inverfe des quarrés de diftance de la Lune à la Terre ; ce qui ne produit pas une difference bien confiderable. 3°. Que les divers Phenomenes qu'on rapporte aux influences de la Lune ne refpondent nullement aux differences qu'on remarque dans les Marées. Mais on nous difpenfera fans doute d'entrer dans le detail où cette matiere a conduit M. Caillé. Ce que nous venons de dire fuffit pour faire juger du refte.

Pendant qu'on agitoit cette queftion dans l'Académie, je rapportay deux experiences que j'avois faites autrefois, & qui prouvent bien clairement que la Lune n'eft nullement comptable de tout ce que luy imputent fes plus chers Partifans. Planter un arbre le fecond ou le troifiefme jour de la nouvelle Lune, c'eft, felon quelques-uns de nos Aftrologues, vouloir que cet arbre ne porte du fruit que 13 ou 14 ans après. Cependant des Oliviers que je fis planter exprès le troifiefme jour de la nouvelle Lune en 1714, porterent du fruit deux ans après, & ont continué depuis d'en porter en affés grande quantité eû égard à leur âge & au foin qu'on en a pris.

Il n'eft pas merveille que des Sarments expofés au Soleil, aux Vents, à la Pluye, au Serein & à toutes les injures de l'air, ou enfermés dans quelque lieu humide, fe carient bien-toft ou deviennent vermoulus, & fe reduifent en pouffiere. Des Phyficiens en conviendront, mais les gens de la Campagne diront que ces Sarments ont efté coupés en Lune nouvelle, & ils difent la mefme chofe de tout autre bois. Pour les guerir de ce prejugé, je garday dans mon Cabinet pendant plus de trois ans deux fagots de Sarments coupés exprès l'un en nouvelle & l'autre en pleine Lune. Par précaution j'avois mis une Etiquete fur chacun de ces fagots; mais cette précaution fut tout-à-fait inutile, ils fe conferverent fort bien l'un & l'autre, & je me confirmay de plus en plus dans la croyance où j'eftois que les differentes Phafes de la Lune n'ont aucune part aux effects qu'on leur attribuë. Ce n'eft pas toute fois qu'on doive tailler les Vignes ou couper le bois de Charpente en quelque faifon que ce foit de l'année, il y a des temps propres pour cela, & c'eft felon les plus habiles *dans l'Agriculture après la cheute des feuilles ou vers le Solftice d'Hyver; c'eft-à-dire dans la faifon où les Vignes ny les Arbres ne font pas en Seve.

* Cato. Crefcent.

On pourroit adjoufter icy quelque chofe au fujet des Crifes que quel-ques Medécins après Galien * ont creû eftre gouvernées par la Lune: On pourroit auffy parler de certaines maladies qu'on croyoit * fujettes aux Phafes de cet Aftre; mais après ce que d'habiles Medecins * ont dit là-deffus, nous ne voyons pas jour à de nouvelles reflexions. D'ail-leurs, grace aux lumieres de la nouvelle Philofophie, il n'eft point aujour-d'huy de Medécin qui ne foit convaincu de la vanité de l'Aftrologie ju-diciaire & de l'inefficacité des influences de la Lune.

* Peri Krifim. Hmer. B.g! * Fir-mit. Samo-nic. &c. * Bayle Tauvry &c.

M. Maffip rechercha d'où vient que dans un Feftin on boit à la fanté les uns des autres.] Les ufages les plus communs, dit M. Maffip, ceux qu'on fuit d'ordinaire fans reflexion & fans s'informer ny de leur origine, ny de la fin pour laquelle ils ont efté eftablis: ces ufages font quelquefois pour les Sçavants un digne fujet de meditation & d'eftude. Avides de tout fçavoir, ils ne laiffent rien efchapper à leurs recherches, leur curiofité embraffe tout avec une égale ardeur. Telle eft la difpofition avec laquelle on voit travailler fi utilement l'Académie Royale des Infcriptions & Belles Lettres, dont un des principaux foins eft de percer les efpaiffes tenebres de l'An-tiquité, & d'y repandre de toutes parts les plus vives lumieres.

En effet elle met chaque jour fous les yeux du Public, des faits d'Hif-toire memorables jufqu'alors tout-à-fait inconnus à la multitude; elle rapproche auffi des temps extremement efloignés, pour y debrouiller les veftiges de prefque toutes les couftumes des Anciens, fans en excepter mefme celles qui renferment quelque chofe de bifarre, & dont on igno-roit aupatavant l'origine. L'ingenieux M. Morin nous en donne un bel exemple par un de fes Memoires inferé dans les Ouvrages de cette Aca-démie, où il examine avec beaucoup d'erudition, d'où vient qu'on fait des fouhaits en faveur de ceux qui efternuént: Ce fujet fi peu intereffant en apparence, a merité néanmoins d'occuper la fçavante plume de cet Auteur, & luy a donné lieu de manier delicatement la plus belle litte-rature.

J'avoüe que la singularité de cette question a d'abord offert à mon esprit celle que je me suis proposé de traitter aujourd'huy, & qui ne m'a pas paru moins curieuse : heureux si pour satisfaire vostre bon goust, je pouvois luy donner tous les agréments dont je sens bien qu'elle est susceptible ! A leur defaut, je m'attacheray à parcourir avec quelque ordre une matiere que nul Ecrivain moderne que je sçache, ne s'est pas encore avisé de tirer de l'oubli, & à vous faire voir que l'usage de boire dans un Festin à la santé les uns des autres, se trouve establi dans l'Antiquité la plus reculée ; ensuite je tacheray de decouvrir comment est-ce qu'il a esté introduit.

Mais avant que d'entrer dans le détail des preuves, il ne sera pas hors de propos de faire connoistre en passant la bisarrerie de cet usage, sur laquelle on n'eut pas manqué de se recrier, si depuis long-temps une bien-seance mal entendue, ne luy avoit donné force de loy parmi beaucoup de Nations : je dis *mal entenduë*, car cette coustume dans sa naissance, a eu un fondement raisonnable, comme je l'expliqueray dans la suite de ce Memoire.

Qu'on fasse des Vœux pour des Convives, qu'on les exprime en des termes les plus gracieux & les plus obligeants, jusques-là je ne trouve rien qui ne s'accorde parfaitement avec les plaisirs de la Table, qui forment souvent une espece de liaison mesme entre des inconnus ; mais qu'en imi-
La Fon. tant en quelque sorte la Cicogne * de la Fable, on porte en idée la santé
L. I. Fabl. à un autre, tandis qu'on se la procure réellement à soy-mesme, par
18. une liqueur qui en est comme la source, ce seroit encore un coup un salut hors de saison, des souhaits très mal placés, une derision piquante, si, comme je viens de le dire, l'habitude n'avoit adouci ce qu'il y a de rude ou d'irregulier. Toutefois un grand Personnage, autant distingué par son genie que par son élévation, & qui estoit, il n'y a pas fort long temps, l'ornement de ce Royaume, n'avoit pas fait difficulté de se déclarer contre, & lorsqu'à Table il vouloit favoriser quelqu'un de ses bonnes graces, il luy disoit pour parler plus sincerement, & plus correctement, je bois à ma santé pour vous faire plaisir. Quoy qu'il en soit, nous ne sçaurions disconvenir, que cet usage ne se soit acquis un empire absolu & presqu'universel, & que nous ne le devions regarder comme un indispensable devoir d'honesteté envers certaines personnes.

Pour venir maintenant à l'origine de la coustume dont il s'agit, je remarque d'abord que si pour en fixer précisément l'époque, il ne falloit avoir égard qu'à la Politesse qui paroist l'avoir mise en vogue, nous n'aurions pas sans doutte à remonter fort haut : nous croirions pouvoir en déterminer l'establissement, dans le siécle passé, où regnoit un air de galanterie & d'urbanité, dont toutes les maniéres se ressentoient : nous pourrions dire aussi à la gloire de nostre Nation qu'elle auroit contribué plus qu'aucune autre, à faire passer jusques dans les Festins, ce fond de civilité qui fait son Caractere essentiel, & qui luy donne à juste titre une grande preéminence sur tous les Peuples ; ne cherchons pas neantmoins à nous entester de ces glorieux préjugés ; On sçait à la

verité que nous sommes capables d'inventer toute sorte de Regles de
bien-séance ; mais par malheur nous avons esté prevenus sur celle-cy,
puisque c'est aux anciens Grecs & Romains , peut estre mesme à des
hommes plus anciens que nous la devons.

Au reste gardons nous bien de penser, que cet usage ait commencé
en buvant de l'eau, ce seroit faire injure au bon Vin, à qui seul il
appartient de faire l'honneur de la Table, d'inspirer de la gayeté aux
Conviés , d'échauffer leur imagination , & de reveiller les sentiments les
plus vifs & les plus affectueux.

De-là M. Massip présume assés vray-semblablement que l'usage de
porter des santés commença du temps du Patriarche Noë à qui l'E-
criture Sainte attribuë l'Invention du Vin. Il trouve aussy dans le livre d'Ester & dans les ordres qui furent donnés par le Roy Assuerus,à
l'occasion de ce Grand Festin, qu'il fit préparer pour tout le Peuple dans
sa Ville Capitale : il trouve, dis-je, de quoy fonder ses conjectures sur
l'antiquité de cet usage. Mais il ne conviendroit pas, adjouste-t-il, d'in-
sister beaucoup sur de simples présomptions , tandis que des Preuves solides viennent s'offrir pour mettre ce sujet dans une entiére évidence.

Alexander ab Alexandro nous marque precisément qu'elle estoit la coustume des Grecs, lorsque dans un Festin ils vouloient boire à la santé
des Conviés. Ils se servoient, dit-il, au commencement de petits verres,
mais à la fin du répas, les plus grands qu'on pouvoit trouver , faisoient
mieux leur affaire ; & c'est cequ'on appelloit boire à la maniére des
Grecs. Ils avoient d'ailleurs establi une Loy generalle parmy eux qui
leur imposoit à tous cette alternative, ou de boire dans ces grands
verres, ou de se retirer, s'en trouvoit-il beaucoup qui prissent ce dernier
parti ? le cas n'est pas difficile à décider ; on sçait que ce Peuple aimoit fort
à boire ; cependant , continuë nostre Auteur, plusieurs pretendent que c'estoit veritablement boire à la maniére des Grecs , toutes les fois qu'on saluoit les Dieux & ses amis parmy les verres, & qu'on buvoit autant
de rasades de vin qu'on portoit de santés à chacun d'eux en particulier,
non nulli, dit-il, *Græco more bibere dicunt esse , quoties Deos aut amicos inter
pocula appellarent singulos nominatim, toties haurire & largè merum bibere.*

On pratiquoit encore à-peu-près la mesme chose , lorsqu'on defferoit
à quelqu'un des Conviés les honneurs de la Magistrature de la Table.
Pour celebrer avec dignité cette importante promotion, on servoit
des Coupes pleines de vin, & les Conviés à qui elles estoient presentées,
designoient nommement après les avoir vuidées , ceux qui devoient boire après eux. Dans cette Bachique Cérémonie , chacun buvoit autant de
fois qu'il saluoit les Dieux, & faisoit des vœux pour la santé de ses amis,
pour lesquels il leur demandoit toute sorte de biens. Qu'elle étoit donc
cette Magistrature de la Table, car enfin dans une matiére si interessante,
il ne faut rien négliger ? Je me contenteray de dire pour ne point m'écarter de mon sujet qu'elle consistoit à présider au Festin, à donner des Loys
qui regardoient la Discipline de la Table, à prendre garde que tous les
Conviés beussent également , & à avoir, selon Macrobe, un rolle de

Geniali
Dier. l. v. c.
22.

tous les Mets que ce Magiſtrat faiſoit ſervir à ſon choix. Ciceron nous fournit une preuve de cet uſage dans ſon Livre de *ſeneĉtute*, où il fait parler Caton en ces termes, *me verò & Magiſteria deleĉtant à majoribus inſtituta & is ſermo qui more majorum à ſummo adhibetur in poculo &c.* Le meſme Auteur dans ſon Oraiſon contre Verres, s'exprime encore à cet égard d'une manière bien claire, *Iſte enim prætor ſerverus ac diligens: qui Populi Romani legibus nunquam paruiſſet, illis diligenter legibus, quæ in poculis ponebantur, obtemperabat.*

Je reviens maintenant à ma queſtion & je réprends mes preuves par un beau trait de Plutarque dans ſon Banquet des ſages. Mneſiphilus qui y prend la parolle à ſon tour, eſt d'avis que lorſque des hommes tels que les ſept Sages, que Periander avoit conviés, ſe trouvent aſſemblés dans un meſme Feſtin, ils n'ont beſoin ny de Coupes ny de Verres pour eſtre parfaitement unis, parceque les Muſes apportant au milieu de la Compagnie, comme une Coupe de ſobriété, leurs Diſcours remplis alors d'une profonde érudition font naitre l'amitié & la joye dans leurs cœurs; & ſouvent par les doux charmes de la Converſation on tient le Pot ſur la Taſſe, ſans ſonger à y verſer du Vin; bien differents de ceux, qui au ſentiment d'Homere, ſçavent moins diſcourir que boire, & y provoquer les autres, comme Ajax, qui n'oublioit jamais à Table ceux qui eſtoient à ſes coſtés. Après que Mneſiphilus eut ainſi parlé, je ſerois bien aiſe, luy répondit Cherſias, de ſçavoir ſi Jupiter faiſoit donner à boire aux Dieux par meſure, lorſqu'à Table il beuvoient les uns aux autres de la meſme manière que le pratiquoit Agamemnon, lorſqu'il donnoit quelque Feſtin aux Princes Grecs. J'omets à deſſein pour abbréger, la réponſe que luy fait Cleodeme, parcequ'elle n'a pas beaucoup de rapport à noſtre queſtion; mais je ne puis paſſer ſous ſilence, la ſanté qu'Ulpien porte à ſes amis dans le Banquet des Philoſophes deſcrit par Athenée, & que je citeray icy ſur la verſion Latine de Dalechamp, *Plenam pateram*, dit-il, *amicis meis quos nominatim appellavi totam præbibo, benevolentiæ certum pignus:* ny ce que le meſme Autheur * rapporte d'après Homere, * *Impleta vino paterâ Achillem excepit;* encore moins ce qu'il adjouſte, *Impletis enim poculis invicem præbibebant, ſe mutuò ſalutantes,* & qu'il prend de Pindare * ſelon la note marginale de Dalechamp; car tout cela prouve fort bien l'antiquité de noſtre uſage.

Je trouve un autre exemple dans les Lapithes de Lucien, où il eſt dit que les ſantés couroient à la ronde, dans le Feſtin des Nopces de Cleanthis Fille d'Ariſtenet, ſans qu'elles fuſſent interrompuës par le trouble que cauſa la prompte yvreſſe d'Alcidamas. Xenophon ſi renommé parmy les Hiſtoriens ſe donne auſſi pour garant de l'antiquité de noſtre uſage. En effet lorſqu'il décrit avec quelle politeſſe Seuthés Roy des Thraces accüellit les Grecs, dans l'entreveüe qu'ils eurent, à l'occaſion de l'expedition de Cyrus, il deſcend dans quelques particularités qui ſont merveilleuſement au ſujet que je traitte. Icy M. Maſſip donne un précis de cet endroit de Xenophon, après quoy il adjouſte; Je n'en diray pas d'avantage, pour faire voir que l'uſage dont il s'agit icy, eſtoit fort en vi-

*Deïpnoſ.
l. 11.
*Il. i.
*In Nemæis g. &
Olymp. z.

*Hiſt. L.
§11.

geur chés les anciens Grecs : Les divers traits que je viens de ramasser,
le démontrent d'une manière indubitable ; establissons maintenant que les
premiers Romains ne l'avoient pas aussy en moindre recommandation. Pour
y réussir, je n'aurois besoin que de rappeller dans vostre esprit l'extreme
confusion qui regnoit dans leur Empire sous la domination des Roys :
tout y étoit presque arbitraire, parceque le peu de Loyx sous lesquelles
ils vivoient, n'avoit rien de certain ni de déterminé ; de-là vint sans doutte la grossiereté & l'impolitesse qui accompagnoient toutes leurs actions ;
mais leur humeur brutte & sauvage, s'humanisa bien-tost après la fameu-
se députation qu'ils firent dans les principales Villes de la Grece, pour apprendre d'elles leurs Loix & leurs Coustumes ; & certes cette démar-
che ne fut pas vaine, car elles leur communiquerent avec la sage politique du Gouvernement, l'amour des Sciences, la culture des beaux
Arts, le bon goust dans toute sorte d'ouvrages, la justesse du dicerne-
ment, l'urbanité des mœurs.

Or il est vray semblable que les Romains, qui s'estoient si soigneusement
appliqués à se mouller en tout sur les Grecs, ne dedaignérent pas la coustume dont je parle, capable de fomenter cette union & cette bonne intelligence, qui servirent dans peu à les élever à ce haut degré de gloire, où
depuis ils ont esté un charmant spectacle pour toutes les Nations. Pline
& Horace confirment par leur témoignage une si naturelle conjecture :
Le premier nous asseure, qu'après que les Romains eurent vaincu les Grecs,
& porté ensuite leurs conquestes jusque dans l'Asie mineure, ils se dé-
partirent volontairement de leur anciennes maniéres, & adopterent celles des vaincus. *Asia primum devicta, luxuriam misit in Italiam* ; le second
en parlant de Rome dit à peu-prés la mesme chose *Græcia victa suum*
victorem cepit.

Je ne borne pas neantmoins mes preuves à cette raison de vray-sem-
blance, ny au seul rapport de ces deux Auteurs : Rosine excellent écri-
vain, qui a mis dans un grand jour les Antiquités Romaines, me fournit icy de quoy constater plus seurement nostre usage. Après avoir parlé de la maniére avec laquelle les Romains se mettoient à Table, & comment ils en sortoient, après avoir distingué avec beaucoup de clarté toutes les parties de leurs répas, & fait une exacte enumeration de tous les
genres de Coupes dont ils se servoient, il nous apprend que lorsque
dans leurs Festins, ils vouloient s'exciter mutuellement à boire avec un peu
plus de gayetté qu'à l'ordinaire, par une coustume solennelle qu'ils ne manquoient pas d'observer, ils commençoient par boire à la santé de celuy qui
occupoit la première place de la Table, & il continuoient ainsi de suite
à porter des santés à tous les Conviés, jusqu'à celuy qui estoit placé
le dernier.

Ce seroit icy le lieu de faire la description de leurs Tables, & de
marquer l'ordre avec lequel ils s'y mettoient, & comment ils s'y tenoient ; mais cela me meneroit trop loin : je reserve donc cette matiére pour une autre occasion, où je pourray traiter des Festin des Anciens.

J'ay dit que cette couſtume eſtoit ſolemnelle, & ce n'eſt pas ſans raiſon ;
car avant que de porter des Santés ils faiſoient des libations à quelque
Divinité qu'ils croyoient preſente à leurs Repas, c'eſt à dire qu'ils répan-
doient legerement ſur la Table, ſur la Terre, où ſur quelqu'autre endroit à leur fantaiſie, quelques goutes du Vin de la Coupe qu'ils avoient
entre les mains : puis ils la vuidoient à l'honneur de leurs Maiſtreſſes, ou
de leurs amies qu'ils ne faiſoient pas façon de nommer publiquement.
Plaute nous donne la formule ſous laqu'elle il faiſoient ce ſalut : il fait
parler ainſi Sagarinus.

Stich.
Act.v.ſc.1v.

Benè vos, benè nos, benè te, benè me, benè noſtram etiam Stephanium &c.

C'eſtoit avec ce peu de mots, au ſentiment de Roſine, qu'ils exprimoient leurs ſouhaits, ce qui ſignifioit, dit-il, je vous ſouhaitte une longue & heureuſe vie, une ſanté parfaite, car tout cela revient au meſme
bien plus, adjouſte-t-il, les Romains avoient accouſtumé encore lorſqu'ils
vouloient faire beaucoup d'honneur à un ami ou à une amie, de boire à
leur ſanté, autant de raſades de vin qu'il y avoit de lettres au nom de
celuy où de celle qu'ils vouloient ſaüler. Martial fait mention de cette
Couſtume comme il eſt aiſé de le voir par les vers ſuivants.

L. 1.Epig.
71.

Nævia ſex Cyathis; ſeptem Juſtina bibatur
Quinque Lycas; Lyde quatuor; Ida tribus....
Nunc mihi dic quis erit, cui te Calociſſe Deorum
Sex jubeo Cyathos fundere? Cæſar erit.

L.9. Epig.
94.

Que diray-je de Tibere, qui, à rapport de Suetone, faiſoit un ſi
grand cas des plus grands Beuveurs, qu'il voulut bien honnorer de la
Charge de Queſteur, preferablement à ceux de la Nobleſſe de Rome
qui avoient droit d'y prétendre, un homme abſolument inconnu & qui
ne s'eſtoit rendu recommandable auprés de luy, qu'en buvant à ſa ſanté
une grande bouteille de vin?

Que penſerés vous encore de l'Empereur Commode qui ſelon le meſme Alexandre que j'ay desja cité, ne trouvoit pas de plus douce ſatiſ-
faction, que celle de boire dans la chaleur de ſes débauches dans un
verre d'une énorme grandeur, aux acclamations de *Vive Cæſar* qu'on eſtoit
auſſy attentif à luy donner qu'il eſtoit empreſſé à le rechercher? Il ſemble
que ces deux Empereurs croyoient ne pouvoir mieux meriter l'eſtime du
Peuple, qu'en autoriſant par des récompenſes & par leur exemple de ſi honteux excés: pour en effacer promptement l'idée, je me haſte d'expoſer icy
à vos yeux une nouvelle preuve tirée de la 5. Satire de Juvenal, où ce
Poëte fait une très vive peinture des differents effets, que produit la bonne ou
la mauvaiſe fortune. De quelque naiſſance, dit-il, dont vous puiſſiés vous
glorifier, ſi les richeſſes n'en relevent l'éclat, gardés vous bien de vous
plaindre à Table de ce qu'on vous ſert: vous riſqueriés d'eſprouver le
ſort de Cacus, qu'Hercula traiſna hors de ſa Caverne. A-t-on jamais veu Virron boire à la ſanté de Trebius &. après luy dans la meſme
Coupe? *Quando propinat Vitro tibi, ſumitque tuis contracta Tabellis, pocula,*
Qui de vous ſeroit aſſés hardi pour l'en prier? avec un habit uſé & dé-
chiré qu'on a ſur le corps, oſe-t-on s'expliquer avec luy ſur mille choſes?

ſes? mais la chance tourne-t-elle? Trebius ſe voit-il tout d'un coup élevé à une haute fortune? alors ce n'eſt plus le meſme homme: Virron
n'a pas de plus intime ami que luy: qu'on ſerve à Trebius ce morceau
délicat: Monſieur voulés vous de ce ragouſt? aimables Eſcus, s'écrie
ici Juvenal, ô c'eſt à vous qu'on rend cet honneur? Vous ſeuls eſtes les
freres & les bons amis de Virron,

Nous trouvons encore dans Plaute divers traits qui démontrent viſi-   Curc. Sc
blement que de ſon temps on avoit accouſtumé de porter des ſantés.   3. Act. 2.
Propino, dit-il, *magnum poculum, ille: bibit* . . . *Abs te accipiat, tibi pro-*   Aſin. Sc. 1.
pinet, tu bibas . . . *Propino tibi ſalutem magnis faucibus* . . . .   Act. 2.
Stich.

Si je n'euſſe craint d'abuſer de l'honneur de voſtre attention, que
n'aurois-je pas dit encore ſur cette matiére, qui devient plus fertile à
meſure qu'on fouille dans l'Antiquité; mais il eſt temps de paſſer à la
derniére partie de ce Memoire, & d'examiner en peu de mots comment eſt-ce que l'uſage qui en fait le ſujet, s'eſt introduit parmy les Anciens. Je découvre d'abord deux differents moyens.

Le premier conſiſte dans une certaine maniere de boire, qui n'eſt pas
venuë juſqu'à nous, ou du moins qui ne s'y eſt pas maintenuë, & qui eſt
fort commune en Allemagne, & en pluſieurs autres Païs. Pour l'intelligence de ce point, il eſt bon d'obſerver, qu'avant que les Anciens
portaſſent aucune ſanté, ils premiers un peu
de Vin de leur Coupe, ce que les Auteurs Latins ont appellé *præbibere*,
ou *prælibare*: puis ils faiſoient paſſer cette meſme Coupe avec le reſte du
Vin, à celuy pour la ſanté du quel ils vouloient s'intereſſer, & ce ſalut
ſe faiſoit ſans doute comme aujourd'huy ſur le point de boire; comme
ſi on eut voulu dire, vous pouvés boire de ce vin ſans nulle crainte,
parceque je vais l'éprouver en le gouſtant le premier, qu'il ne puiſſe pas nuire à voſtre ſanté; ou ſi l'on veut encore c'eſtoit une eſpece
d'invitation à boire, qui par ſucceſſion de temps, n'a retenu que l'eſſence
de la formule dont on uſoit autrefois: on dit aujourd'huy, je bois à
voſtre ſanté; ſouvent meſme on dit tout court à voſtre ſanté; & peut-
eſtre qu'anciennement on adjouſtoit avant que de preſenter la Coupe,
buvés à voſtre ſanté comme je vais boire à la mienne.

Voilà ſans doute l'explication la plus naturelle & la plus raiſonnable
qu'on peut donner à cette façon biſarre, ſur laquelle je me ſuis récrié
au commencement de ce Memoire, & qui ſemble revolter le bon ſens,
& c'eſt auſſi dans cette idée, qu'on doit entendre ces vers de l'Eneide.

> Dixit & in menſam laticum libavit honorem
> Primaque libato ſummo tenus attigit ore
> Tum Bitiæ dedit increpitans: ille impiger hauſit
> Spumantem pateram, & pleno ſe proluit auro
> Poſt alii proceres &c.

Le ſecond moyen qui a donné lieu à cet uſage chés les Anciens,
c'eſt la folle opinion dont ils eſtoient imbus, que leurs Divinités pré-
ſidoient touſjours à leurs répas, c'eſt pour celà qu'ils avoient accouſtumé
de placer ſur leur Tables, comme nous l'aſſure Arnobe dans ſon ſecond

I

Liere, le simulachre de quelque Dieu ou de quelque Déesse, auquel ils puissent adresser leurs Vœux pour eux mesmes, ou pour ceux pour qui ils avoient interest de les prier. *Sacras facitis mensas salinorum apposifu & simulacris Deorum.*

Cela s'accorde parfaitement, avec ce que dit Alexandre Jurisconsulte que j'ay deja cité, qui pretend qu'on faisoit des Libations & des Sacrifices à ces Dieux tutelaires de la Table, afin de se les rendre favorables dans les prieres qu'ils leur faisoient pour eux mesmes, ou pour les Convives. *Inter que epulas & pocula, primum libare Diis dapes, & bene precari Convivis, & secundum precationem, dapibus cum modestiâ vesci prisci moris erat haud aliter quam si sacrum epulum esset.* Et quelque lignes plus bas il adjouste. *Utque primus calix Jovi Olimpio misceatur, secundus Heroibus, tertius Servatori Jovi.* Virgile parle aussi de ces libations dans le premier liv. de l'Eneide.

In mensam læti libant divosque precantur. Et dans les Georgiques.

Cui tu lacte favos & miti dilue baccho.

Il y a dans le Banquet des Sages de Plutarque, un entretien de Solon avec Cleodeme, qui éclaircit encore mieux l'opinion des Anciens, touchant la présence de leur Divinités lorsqu'ils estoient à Table : Le premier parlé en ces termes. Il est évident que le souverain bien de l'homme, consisteroit à n'avoir pas besoin de nourriture, ou du moins d'en avoir besoin de bien peu ; je ne conviens pas de cela, luy répond Cleodeme, & je trouve au contraire, qu'il est d'une nécessité absolüe, qu'il y ait des Tables où l'on puisse avoir le plaisir de boire les uns aux autres, & de sacrifier à Cerés & à sa fille Proserpine ; au lieu que si vous les retranchiés vous ruïneriés l'Autel des Dieux protecteurs de l'amitié & de l'hospitalité.

Pour appuyer le sentiment de Cleodeme, Thalés adjouste : Si les Dieux par leur suprême pouvoir, faisoient rentrer toute la Terre dans son premier néant quelle étrange confusion, & quel desordre ne s'en ensuivroit-il pas ? Or dit-il, il en seroit de mesme si l'on vouloit supprimer la Table ; ce seroit renverser totalement la maison, bannir la Divinité tutelaire de Vesta, l'aimable coustume de boire les uns aux autres dans une mesme Coupe, de festiner ses amis, & de recevoir les Estrangers.

Je finis, dit M. Massip, par une reflexion à la quelle je suis assés naturellement ameiné par tout ce que je viens de dire. Il seroit à souhaitter que tous ces vœux qu'on fait pour les autres, quand on a le verre à la main fussent aussi sinceres qu'ils sont frequents. L'abus de cette bienseance a si fort prévalu, qu'elle est aujourd'huy presque de tous les temps, & de toutes les occasions, sans que le cœur generalement parlant, ait plus de part à ces marques exterieures d'amitié. Je demanderois donc, je le répete, plus de sincerité dans ces souhaits ; parce qu'alors, quoy que la santé n'en fût pas pour cela mieux affermie, ni que les Medecins & les remedes n'en feussent pas ensuite moins necessaires, il seroit vray de dire que tout ne se passeroit pas dans le monde en compliments froids, steriles & de pure ceremonie, & qu'il y auroit quelque chose de réel, qui seroit une parfaite cordialité, qui uniroit ensemble tous les hommes, comme dans les premiers siécles.

M. Texier lut l'Eloge de M. Portalon.] Antoine Portalon nacquit vers la fin de l'année 1657 à S. Gervais dans le Diocése de Castres. Ses parents estoient de fort bonne famille, & Jacques Portalon son Pere, qui bien-tost après vint résider à Béfiers, ne tarda guere à se faire connoistre pour un des plus habiles Advocats de son temps. L'amour qu'il avoit pour les Lettres, ne luy permit pas de rien négliger pour l'education de son fils, & les heureuses inclinations qu'il découvroit en luy tous les jours, flatoient trop agréablement ses esperances pour rien esparnier en un point si essentiel. Il luy fit faire ses premiéres éstudes dans le College de cette Ville, où le jeune M. Portalon se distingua sur tout par une noble émulation, par une application des plus assiduës, & par un sacrifice presque continuel des vains amusements de l'enfance.

M. Portalon n'avoit encore que douze ans, dit M. Texier, lorsqu'il prit la Tonsure, & qu'il fut pourveu du Prieuré de S. Estienne de Meursan, mais ne se sentant pas appellé à l'Estat Ecclesiastique il ne se contenta pas de renoncer de bonne heure à ce Benefice, il voulût encore restituer tout ce qu'il en avoit perceu, il le distribua aux Pauvres de Meursan & leur donna mesme dans la suite le revenu d'un petit Domaine qui luy restoit à S. Gervais.

A l'éstude de la Philosophie M. Portalon fit d'abord succeder l'éstude du Droit. Le celebre M. Galtier le vit arriver à Toulouse, & il ne le reçut pas seulement comme son Pensionnaire & son Disciple, il le régarda comme son propre fils, si forte estoit l'amitié qui l'unissoit depuis long-temps avec M. Portalon le Pere. On comprend assés que M. Portalon ne manqua pas de profiter d'une disposition si favorable, il escouta M. Galtier avec toute l'attention, la docilité & la reconnoissance qu'un fils peut avoir pour son Pere, & il fit paroistre un jugement si meur & si solide dans les entretiens qu'il eut avec cet habile Jurisconsulte, qu'il merita bientost d'estre traité comme son ami, il est vray que M. Galtier n'avoit rien de fascheux ny de rebutant dans ses manières, mais il ne falloit pas un naturel moins heureux que celuy de M. Portalon pour les unir si étroitement malgré la disporportion de leur âge.

Ce ne fut pas seulement dans la Jurisprudence que M. Portalon s'exer-ça pendant les trois années de son séjour à Toulouse, il eut encore occasion de s'instruire des plus belles questions de la Physique dans les fréquentes conversations qu'il eut avec le sçavant M. Bayle qui logeoit aussy pour lors dans la maison de M. Galtier. Bientost M. Bayle reconnust les rares & riches talents de son esléve, & il ne manqua pas conjointement avec M. Galtier de le faire connoistre à ceux de leurs amis qui se picquoient d'éstude. M. Portalon soustint parfaitement la haute idée que ces illustres Professeurs avoient donnée de luy, & montra par la superiorité de son genie & par son goust exquis pour toutes les sciences, principalement pour celle des Loix, qu'il seroit un jour le digne héritier du sçavoir & des vertus de son Pere. Le degré de Docteur qu'il reçut avec l'approbation de tous ses Maistres, fut la preuve & la récompense de ses Travaux.

Ce ne fut pas affés pour M. Portalon, d'avoir puifé les premiers principes du Droit dans une Univerfité auffy floriffante que celle de Touloufe, & d'avoir mefme fréquenté le Barreau dans le celebre Parlement de
cette Ville, où il s'eftoit fait recevoir en qualité d'Avocat; il crut que
pour achever de fe perfectionner dans la profeffion qu'il avoit embraffée,
& dans l'éftude des belles Lettres, qui eft prefque inféparable de celle
des Loix, il falloit fe transporter dans la Capitale du Royaume. Là il ne
tarda guere à fe faire un petit nombre d'amis qui peuffent remplacer ceux
qu'il venoit de laiffer en Province. Comme le defir des Charges, des
Richeffes, des Honneurs, qui s'empare ordinairement de ceux qui com-
mençent à entrer dans le monde, ne troubloit point la tranquillité de
fon cœur, & que toute fon ambition eftoit tournée du cofté de l'éftude,
il régarda moins le rang & la naiffance, que le Caractere & l'Erudition
de ceux avec qui il s'affocia : Quels progrès ne fait-on point avec des amis
de cette efpece, furtout dans une Ville comme Paris, qui eftoit alors
comme elle eft aujourd'huy le rendé-vous de tous les beaux Efprits ? &
quel fonds de connoiffances n'en remporta pas M. Portalon dans les deux
années qu'il y refta ?

Il auroit fait fans doute un plus long fejour à Paris, fi des raifons de
famille ne l'avoient demandé ailleurs. Les inftances reiterées d'un Pere
qui fondoit en luy toutes fes efperances, l'emportérent fur fa propre inclination, & il auroit crû marquer de l'ingratitude envers fes Parents qui
luy témoignoient tant de tendreffe, s'il avoit differé davantage à leur
donner la fatisfaction qu'ils défiroient.

De retour en Province dans un tems où la noble profeffion des Armes
occupoit la plus floriffante jeuneffe de l'Eftat, M. Portalon fut affés heureux pour trouver à Béfiers plufieurs perfonnes du caractere qu'il fouhaitoit. C'eftoit pour la plus part des amis de M. Portalon le Pere qui
par leurs emplois & leur âge eftoient difpenfés de marcher à la fuite
de Mars. Comme M. Portalon n'avoit rien de jeune que l'exterieur de fa
perfonne & que tout marquoit en luy un homme confommé dans l'âge,
penfées, fentiments, raifonnements, il ne luy fut pas mal aifé de lier
avec eux un doux commerce d'amitié & d'eftude.

Nous ne diffimulerons pas icy, continuë M. Texier, que le plaifir de la
converfation, & l'amour des belles Lettres luy firent pendant quelque
temps interrompre un peu l'eftude de la Jurifprudence. Ce fut dans cet
intervalle qu'il apprit l'Italien pour goûter mieux les beaux endroits des
Poëtes qui ont efcrit en cette Langue & que par une lecture affiduë des
Orateurs, des Poëtes, des Hiftoriens Latins & François, il eût le fecret
d'acquerir ce riche fond d'érudiction, & de politeffe qui luy faifoit tant
d'honneur dans le monde. Il ne fe bornoit pas mefme là, il embraffoit
l'eftude de la nature, & il lifoit affiduément tous les Journaux qui paroiffoient afin d'eftre inftruit des nouvelles découvertes de la Phyfique & de
tout ce qui fe paffoit dans la République des Lettres : Lecture qu'il a
continuée jufqu'à fa mort. Il ne faut pas croire neantmoins qu'il euft tout-
à-fait abandonné l'eftude des Loix, quoyque fon penchant ne le portaft

pas de ce costé là, il ne laissoit pas de se ménager quelques moments & l'on fait en peu de temps bien du chemin dans une science, quand on est desja fort avancé dans les autres, d'ailleurs il auroit esté difficile à M. Portalon de resister à un exemple aussy puissant que celuy qu'il avoit devant les yeux, & comment n'auroit-il pas esté habile Avocat dans un âge desja meur, luy qui l'estoit, pour ainsy dire de naissance, & par le droit du sang ?

On ne s'attachera pas icy à reléver son desinteressement & les autres qualités de son cœur. On sçait assés qu'il saisissoit avec joye toutes les occasions de faire plaisir, & que lorsqu'il ne pouvoit pas rendre à ses amis des services essentiels, quelque bonne volonté qu'il en eût d'ailleurs, il ne manquoit jamais de compatir à leurs disgraces & de leur faire voir combien il en estoit touché. On sçait qu'il estoit tousjours prest à arrester par sa médiation genéreuse le cours de ces divisions, qui passent souvent des Peres aux Enfants & qui se perpetuent quelquefois dans les Familles, qu'il aidoit de ses conseils tous les pauvres qui s'adressoient à luy, & que par ses manières honnestes & obligeantes il taschoit d'adoucir le chagrin de leur mauvaise fortune.

Avec de pareilles dispositions, il ne fût pas difficile à M. Portalon, de s'attirer l'estime & la confiance du Public, & d'entrer bien avant dans les bonnes graces de l'Illustre Prélat qui gouverne ce Diocese avec tant de zele & de sagesse, & qui se connoist si bien en mérite.

Mais quelque ardeur qu'il eust pour servir ceux qui avoient besoin de son secours, il eust tousjours bien moins à cœur l'interest de ses Clients, que celuy de sa conscience, & rien au monde ne fut jamais capable de luy faire porter un avis contraire à ses lumiéres. Il avoit surtout le don de débrouiller les affaires les plus obscures, nous pourrions le prouver par plusieurs exemples, mais il nous suffira d'en rapporter deux qui seront à jamais des témoignages esclatants de sa considération infinie, & de son attachement inviolable pour deux illustres membres de cette Compagnie. Ce fust sur les Mémoires dressés par M. Portalon que M. nostre Evesque gagna derniérement son procés contre le Domaine, & que M. de Mairan obtint de M. l'Intendant un avis favorable qui luy avoit esté refusé auparavant.

Ce n'estoit pas seulement dans les affaires d'interest que M. Portalon témoignoit à ses amis son bon cœur, il s'interessoit vivement à leur gloire, à leur avancement & à leur fortune. Peut-estre que sans ses pressantes sollicitations M. de Mairan n'auroit pas travaillé sur le sujet qui fut proposé pour la premiére fois, par l'Académie Royale de Bordeaux, peut-estre aussy que M. de Mairan ne seroit pas parti pour Paris, & qu'il ne seroit pas aujourd'huy l'un des principaux membres de l'Académie Royale des sçiences : Aussy quelle reconnoissance M. de Mairan ne luy a-t-il pas tousjours témoigné ? Pouvoit-il la pousser plus loin que de le regarder comme un second Pere, & de l'appeller luy mesme de ce nom dans toutes les occasions, nom extrémement flateur pour M. Portalon qui connoissoit à fond le merite de celuy qui le luy donnoit.

Aprés ce qu'on vient de dire, on ne fera pas furpris que dans la naiffance de noftre Académie M. Portalon fût un des premiers, fur qui M. de
Mairan jetta les yeux. Son erudition & fon zele pour les Lettres exigeoient
cette diftinction, de fon cofté il n'eut pas de peine à juftifier le digne
choix qu'on avoit fait de fa perfonne, il donna bientoft aprés un Memoire
fur la maladie des Moutons appellée vulgairement le *guam*; la grande
mortalité des beftes à laine qui arriva pour lors dans nos contrées, &
la perte qu'il fit luy mefme de prefque tout fon troupeau, l'engagerent
à travailler fur cette matiére, & les Medecins de la Compagnie qui ont
lû fon ouvrage, conviennent qu'il a bien découvert la nature de cette
Maladie, qu'il en a parfaitement defcrit tous les fymptomes, & qu'en
indiquant les Remedes convenables à ce mal, il a rendu fes Obfervations & fes recherches fort utiles au Public.

Je ne parleray point icy des difcours qu'il fit en qualité de Directeur
dans les premiéres Séances publiques de noftre Académie, on les a entendus & on aura peut-eftre dans la fuite occafion de les faire mieux connoiftre; mais je croirois manquer à mon devoir, fi je ne faifois connoiftre fon zele & fon attachement pour cette Compagnie. Non content d'en
prendre la déffenfe dans toutes les occafions, il n'oublioit rien pour luy
procurer tous les avantages poffibles; & il auroit efté à fouhaiter qu'une
vie plus longe & des conjonctures plus heureufes luy euffent permis de
mettre à execution tous les projets qu'il avoit formés pour elle.

Il y a environ deux ans que M. Portalon commença d'eftre malade, juf-
ques-là fa fanté, qui n'eftoit pas des plus robuftes, s'eftoit affés bien foutenuë par le regime de vie uni & reglé qu'il menoit depuis fa plus tendre jeuneffe. D'abord fon mal qui n'eftoit qu'exterieur ne paroiffoit rien moins
que mortel, mais les furieux progrés qu'il fit en moins d'un an, le firent
reconnoiftre pour tout-a-fait incurable. Renfermé dans fa maifon, & privé
long-temps avant fa mort de la douce fatisfaction de voir fes amis, il fup-
porta toutes les amertumes de fa Maladie avec une patience héroïque, &
fentant par fes déffaillances continuelles, qu'il n'avoit que trés-peu à vivre,
il mit ordre à fes affaires domeftiques, fe munit de tous les Sacrements,
& fe prepara à ce moment qui devoit eftre le dernier de fa vie avec un
courage de Philofophe, & d'un Philofophe vrayement Chreftien.

Pendant fa maladie M. Portalon avoit fait quelques Reflexions fur la
caufe des Vents qui regnent dans ce Diocéfe, & il n'auroit pas manqué
de nous les communiquer; mais fa mort arrivée le 15. Mars 1729 nous
a privés de cet ouvrage, & de quelques autres recherches qu'il meditoit.
On comprend affés, dit M. Texier en finiffant, fur quoy elles pouvoient
rouler. Il avoit fort à cœur la gloire de cette Ville, & il nous auroit fans
doute appris bien des particularités fur la vie, les actions, & les efcrits
de nos illuftres ayeulx.

M. Racolis fit valoir les avantages de la Poëfie fur la Profe] M. Racolis ne
donna alos que la premiere partie de fon Memoire, il doit donner bien
toft la feconde, & l'on ne manquera pas d'en parler.

M. Cros tafcha de faire connoiftre les Bains de la Malou.] On a donné * ailleurs
une idée de ce Memoire.

M. Lautrec le Pere esbaucha l'Histoire de la Ville & du Diocése de Béfiers.]
On donnera bien-tost un précis de ce Memoire, & de celuy que leût en
1726 feu M. Portalon, où pour faire voir que les Sciences & les Lettres
avoient esté toûjours cultivées dans la Ville de Béfiers, il touche bien des
points de nostre Histoire.

*Je parlay sur les champignons, sur les mauvais effets qu'ils produisent quel-
quefois, & sur les moyens d'y remedier.*] Les Champignons font un genre de
plante sans fleurs & sans semences apparentes : Je dis *un genre de plante,*
en effet ceux là se trompent lourdement, qui croyent que les Champignons
ne sont que des excroiflances de quelques plantes ou de quelque arbre,
comme les gommes, ce font des corps organisés & parfaits en leur espece
comme les autres plantes : Je dis *fans femences apparentes*, car quoyqu'on
n'ait pas découvert encore les semences des Champignons, peut-estre à
cause de leur petiteffe qui nous les rend invisibles, on ne peut pas douter
néantmoins que cette plante ne vienne comme toutes les autres de quelque graine, la constance de la Nature dans ses productions ne permet
pas de le penser autrement. Mais ce qui prouve encore mieux que les
Champignons naiffent de graine, c'est la maniére dont on les éleve à
Paris : M. de Tournefort nous en a appris le secret *, il rapporte mesme   * Mem. de
à ce propos quelques experiences de Dioscoride & de Ruel, & ce qu'il a   l'Acad.
observé luy mesme ; & tout cela prouve non seulement que les semences   1707. p. 58.
des plantes ne se desveloppent que lorsqu'elles trouvent dans la Terre ou
ailleurs un suc nourricier qui leur convienne, mais encore que la graine
d'un des meilleurs Champignons qu'on puise manger, se trouve enfer-
mée, & fructifie dans le fumier des chevaux : ce qui ne paroistra pas
surprenant à ceux qui ont rémarqué des grains d'Orge & d'Avoine sortis
du ventre d'un Cheval, pouffer dans le fumier l'herbe qu'ils contiennent. J'adjoustay que la maniére dont on cultive aujourd'huy les Champignons a esté connuë en quelque façon par Nicander Medécin & Poëte
Grec, qui vivoit peu de tems aprés Hippocrate, & qui avoit composé des
Georgiques. Quelques vers cités par Athenée * nous portent affés à le   * Deipno-
croire. Ce Poëte Medécin dit, que si on enfonce bien avant dans la Terre   fophist. l. 2.
le tronc d'un Figuier, qu'on le couvre avec du fumier & qu'on l'arrose fouvent avec de l'eau, on en verra naître de Champignons bons à manger.

Je ne fis point la description botanique des Champignons, je n'en
rapportay pas les différentes especes, & je ne m'arrestay point à les faire
connoistre par les caracteres qui les distinguent. Cela auroit esté trop
long & inintelligible pour ceux qui ne font pas Botanistes de profeffion :
Je me contentay de dire que de tout temps on a reconnu en gros qu'il
y avoit des Champignons bons à manger, & d'autres nuifibles ou mesme
veneneux : que Dioscoride, Pline, Galien, Paul d'Egine, & ceux qui font
venus aprés, ont tous suivi cette division; que Clusius dans son Histoire des Plantes a compté jusqu'à vingt-six genres de Champignons nuifibles, lesquels renferment chacun plusieurs especes, & vingt un genres de
Champignons dont on peut user, qui renferment auffy plusieurs especes :
qu'on trouve mesme dans des Auteurs plus anciens des preuves qu'on con-

noissoit la mauvaise qualité des Champignons : qu'Hippocrate, comme on le verra cy-aprés, rapporte un exemple de leurs mauvais effets : qu'on lit aussi * dans Athenée une Epigramme, qu'Euripide avoit composée pour déplorer la mort precipitée de sa Femme, de sa fille, & de ses deux Fils, qui avoient mangé des Champignons veneneux : qu'on trouve encore dans le mesme Athenée * que Nicander, dont on a desjà parlé, designe ainsy les mauvais Champignons dans ses Georgiques.

* Deipnos. l. 2.

* Ibid.

Echthrà d'elaies
Rhoiës tè prinon tè drúos t'apopémata Keitai
Oidaléa sukolla bare pnigonta muketon.

C'est-à-dire que les Champignons qui croissent auprés des Oliviers, des Grenadiers, des Chesnes, des Yeuses sont très dangereux, & capables d'empoisonner, aussy bien que ceux qui sont bouffis ou gonflés extraordinairement, ou qui contiennent un suc qui ressemble à de la colle.

Mais il est, continuay-je, assés inutile de s'estendre davantage pour prouver qu'il y a des Champignons venimeux & capables d'estouffer ceux qui auroient la temerité d'en manger. On sçait fort bien qu'il y a eu à Rome des familles entiéres qui ont esté autre fois les victimes de cette sorte d'aliment : qu'Anneus Serenus Capitaine des Gardes de Neron & quelques autres Officiers furent de ce nombre. Suidas nous apprend aussy que l'Empereur Jovien allant en Cilicie, mourut aprés avoir mangé un Champignon venimeux. J'adjousay seulement que l'usage trop fréquent des Champignons mesme les moins dangereux peut à la fin donner la mort. Bruyerinus ne fait pas difficulté d'attribuer la mort anticipée de Clement VII. au mauvais régime de ce souverain Pontife, qui aimoit si fort certains Champignons printaniers, qu'il en mangeoit tout seul chaque jour un plat à son souper, & qu'il avoit déffendu que dans toutes ses Terres, on en amassast pour tout autre que pour luy. *Fungos,* dit ce Medecin, * *qui vere nascuntur tam avidè expetebat Clemens VII. Pontifex ut solus patinas ex iis cænaret nullo non die. Edixerat iis in terris que ditioni parebant né cui alteri demeterentur. Ecce immatura ejus mors indicio fuit quantum intemperata vivendi ratio homini ad vitam breviandam valeret.*

* l. 9. Dere cibar.c.10.

Je ne rapportay point d'exemples pour prouver qu'il y a des Champignons bons à manger : On n'en est que trop convaincu ; mais je crus estre obligé d'indiquer ceux dont on a le moins à craindre, car le Proverbe qui dit que les meilleurs Champignons ne valent rien, se verifie encore assés souvent, & ce n'est pas sans raison que Pline les plaçoit entre les aliments dont on ne peut se nourrir sans temerité, *inter ea que temerè manduntur.*

Ceux dont on peut user avec moins de danger, sont la *Morille, Boletus,* le *Mousseron, fungus pileolo rotundiori,* & le Champignon qui croist sur la racine de l'Eryngium, appellé vulgairement *Brigoule.* * Il y a neantmoins certaines précautions à garder, ainsy qu'on verra cy-aprés, parceque ces aliments sont très indigestes.

Inst. rei herb.

Botan. Monsp.

De tous les Champignons, dit Galien, * les morilles sont les moins nuisibles :

nuiſibles : il adjouſte * meſme qu'on n'a jamais dit que perſonne fut mort uniquement pour avoir mangé de cette eſpece de Champignon, quoy-qu'il advouë, que toute cruë elle ait cauſé quelquefois le Cholera-morbus. Que ſi l'Empereur Claude mourut pour avoir mangé des Morilles, dont il eſtoit fort friand, ce qui donna occaſion à Seneque * de les appeller voluptarium venenum, & à Pline * de s'écrier, quæ voluptas tanta ancipitis cibi ? ce fut parcequ'Agrippine femme de cet Empereur y avoit meſlé du Poiſon, comme l'ont fort bien remarqué le meſme Pline, & après luy Suetone & Tacite qui appellent le Champignon que Claude mangea la veille de ſa mort, Boletum medicatum ; & c'eſt à quoy Juvenal faiſoit ſans doute alluſion lorſqu'il dit.

*Dealim. facult. l. 2. c. 69.
* De pro-bis pravisq. alim. ſucc.
* Epiſt. 95.
* Hiſt. nat. l.

Vilibus ancipites fungi ponentur amicis
Boletus domino, ſed quale m Claudius edit.

Satyr. v.

C'eſt ſans doute auſſi ce qu'avoit en veuë Martial dans ſon Epigramme à Cæcilianus, lorſqu'il luy ſouhaite un ſort pareil à celuy de Claude, pour le punir de ce qu'il ne donnoit à ſes Convives, que ce qu'il y avoit de plus mauvais ſur ſa Table, & qu'il goboit tout ſeul ce qu'il y avoit de plus ex-quis, entr'autres les Morilles.

L. I. Epig. 21.

Boletum, quale m Claudius edit., edus.

Je creus encore ne pouvoir me diſpenſer d'advertir que dans le choix des Champignons appellés vulgairement Boulets, il ne faut pas s'en rap-porter uniquement à leur couleur, à leur odeur & à quelques autres mar-ques, par leſquelles preſque tous les Autheurs * pretendent diſtinguer les bons d'avec les mauvais, parceque toutes ces marques peuvent eſtre trés équivoques, ainſy, quoyqu'on uſe communément des Champignons qui croiſſent dans les Prés,

* Dioſc. diphil. in Athen. Plin. Avic.

Pratenſibus optima fungis
Natura eſt.

Horat.

auſſi bien que de ceux qui naiſſent dans des Terres bien fumées, ou auprés des Peupliers, & qui ſont ou blancs pardeſſus & rouges en deſſous fungus campeſtris albus ſuperné, inſerné rubens, ou blancs en deſſous & un peu roux pardeſſus fungus exalbidus cum pauca flavitie, vulgairement Pivoulade : quoyqu'on uſe, dis-je, communément de ces Champignons, ſur tout ſi on a ſoin de les faire boüillir dans trois ou quatre eaux, ou de les laiſſer ſécher avant que de les mettre en uſage, afin de les dépoüiller d'une humidité viſqueuſe & ſaline qui pourroit les rendre nuiſibles ; neantmoins, comme on peut ſe méprendre, & qu'on a veû dans cette Ville & dans pluſieurs Villages voiſins des Familles entie-res tomber dans de funeſtes accidents pour avoir mangé de ces ſortes de Champignons, le plus ſeur eſt de n'en point uſer du tout.

* V. Inſt. rei herb.

On dira peut-eſtre qu'à Paris on mange toute l'année de ces Cham-pignons & meſme ſans danger, lorſqu'on n'en uſe pas avec excés ; mais cela ne paroiſtra pas eſtonnant, ſi l'on fait reflexion qu'on les cultive dans des Jardins ; & qu'on eſt aſſeuré qu'ils ne viennent que du crotin de Cheval, qui ne renferme que des ſemences de Champignon de bonne eſpéce, au lieu qu'icy dans nos Prés & dans nos Champs, des ſemences de mauvais

V. Hiſt. & Mem. de l'Acad. 1707.

K

Champignons peuvent efclorre conjointemeut avec celles qui en renferment de bons, & dans des endroits mefme où en d'autres faifons on en avoit cuëilli d'excellents.

Aprés ces remarques genérales, je rapportay les principaux accidens caufés par l'ufage indifcret des Champignons, je commençay par ceux dont Hippocrate & Galien ont fait mention, & je vins enfuite à ceux dont parlent les Medécins qui font venus aprés ces grands maiftres. La Fille de Paufanias, dit Hippocrate, ayant mangé un Champignon crud, fut faifie d'une douleur de ventre, accompagnée d'inquietude & de difficulté de refpirer, en forte, qu'elle alloit fuffoquer. *Té Paufaniou Koûre, mukêta ômôn phagoufe afe efche pnigmòs òdùne gaftros.* J'ay connu, dit Galien *, un homme qui aprés avoir mangé un peu trop de Champignons, de ceux mefmes qui paffent pour les meilleurs, mais qui n'eftoient pas affés cuits, fentit une pefanteur d'eftomach & un refferrement qui luy ofta la refpiration, le fit tomber en foibleffe & le jetta dans une fueur froide, enforte qu'on eut de la peine à le garantir. *Egò oïda tina, kaì tôn boletôn &c.* Vidus Vidius rapporte qu'un jeune homme de Pife ayant mangé imprudemment certains Champignons appellés par les gens du Pays *Stiparioli*, fut attaqué de nau- fées fuivies de vomiffement, & tomba dans un delire joyeux & badin. Cardan, Botallus, Foreftus & Ferdinandi, rapportent des Obfervations qui prouvent, que les Champignons pris en trop grande quantité jettent quel- quefois dans le delire & caufent mefme la mort.

On lit auffi dans Fabricius Hildanus * qu'une grande Princeffe, *Princeps quædam magni nominis*, ayant un jour mangé des Champignons à fon difner, fut attaquée le foir d'une grande douleur de ventre & d'eftomach, & bien-toft aprés d'un devoyement par en haut & par embas, qu'elle fe vuida d'abord de beaucoup de matiéres, rendit les Champignons, & peu de temps aprés le mucus inteftinal meflé avec du fang. Tous ces Symp- tomes eftoient, dit-il, accompagnés de frequentes défaillances, d'un grand abbattement, de dejections involontaires, de fueurs froides, & malgré tout le fecours qu'on peut luy donner, elle paffa toute la nuit dans cette efpece d'agonie.

A tous ces fymptomes, fi l'on adjoufte le hocquet & les mouvemens convulfifs qu'on a quelquefois remarqués dans ces fortes d'occafions, on aura une connoiffance fuffifante des mauvais effets dont les Champignons font capables.

Cela pofé, je dis que la caufe prochaine & immediate de tous ces fymptomes ne pouvoit eftre qu'une impreffion vive & douloureufe faite fur les tuniques de l'eftomach & des inteftins; & qu'il falloit que les Champignons fiffent quelquefois par leur maffe ou par le fuc qu'ils ren- ferment, cette impreffion fafcheufe fur les tuniques de ces parties.

Ceux qui fçavent tant foit peu d'Anatomie, ou qui font inftruits de la fenfibilité de nos fibres nerveufes, & des liaifons qu'ont enfemble toutes les parties de noftre Corps par l'entremife de ces fibres, n'auront pas de peine à comprendre que l'irritation violente des tuniques de l'eftomach & des boyaux foit promptement fuivie de douleur, d'anxietés, de naufées, de

Epid. z.
* Peri
tropon
Dùnam.
bibl. b.

*. Obf. 34.
ce nt. 4.

devoyements par haut & par bas, de deffaillances, de sueurs froides: car les secousses violentes des fibres, dont ces tuniques sont composées, ne peuvent se transmettre au cerveau, que la douleur & les angoisses ne s'en ensuivent; & les fibres des parties voisines, je veux, dire du diaphragme & des muscles du bas ventre, aussy bien que celles du cœur, du poulmon & de toutes les autres parties du corps, estant à cette occasion mises en jeu, fortement esbranlées & agitées, le hocquet doit survenir, les matiéres contenuës dans les premieres voyes doivent estre chassées par enhaut & par embas aprés de violents efforts, des nausées, des tremblements, ou des mouvements convulsifs; le cœur & le poulmon doivent se resserrer, toute l'habitude du Corps doit se froncer, le sang doit se coaguler & la circulation des humeurs doit estre presqu'interceptée. Delà ces defaillances continuelles, ces sueurs froides. Enfin les fibres du cerveau irregulierement secouées doivent comprimer inégalemeut le Corps calleux, & donner occasion à des idées bizarres & ridicules; delà le délire, la folie, ou cette espece d'yvresse, où tombent ceux qui ont mangé de certains Champignons.

Il n'est donc question que de voir si les Champignons peuvent par leur masse ou par le suc qu'ils renferment, causer quelquefois une forte irritation sur les tuniques de l'Estomach & des Intestins, & cela ne sera pas bien difficille à quiconque voudra faire reflexion. 1°. Que les Champignons sont des especes d'esponges, qui prises en trop grande quantité & imbibées de quelques mauvais sucs, soit propres soit estrangers, peuvent en se gonflant remplir tellement la capacité de l'estomach, en distendre si fort les parois par leur volume, & par ce moyen comprimer le diaphragme avec tant de force, que le malade paroistra prest à suffoquer, & en sera mesme suffoqué en effet, si on ne luy donne un prompt secours. 2°. Si on prend garde au peu de temps que les Champignons employent à croistre & à se passer, ou combien est court l'intervalle entre leur naissance & leur maturité, entre leur maturité & leur putrefaction, on reconnoistra aisément que le suc qu'ils renferment, doit estre mal affiné, mal digeré & capable par consequent de causer de violentes irritations, de ronger nos parties solides & de corrompre nos humeurs. 3°. Les vers, qu'on voit fourmiller dans les meilleurs Champignons, des qu'on les garde quelques jours sans les eschauder ou les faire secher au feu, ne peuvent que donner une fort mauvaise idée de leur suc. Aussy Nicander * ne feignoit pas d'appeller les Champignons un levain pernicieux, un mauvais excrement de la Terre *zumoma. Kakon Chthonos.*

*In alexi ph.

Ce n'est pas tout. On peut s'asseurer par des experiences de la nature du suc renfermé dans les Champignons, on n'a qu'à mettre une certaine quantité de Champignons sous le pressoir, on verra la peine qu'il y aura d'en tirer le suc, & combien la quantité qu'on en tirera, sera petite, preuve manifeste de son extrême viscosité. Si l'on verse ensuite quelques goutes de ce suc sur de l'eau commune, on le verra d'abord aller au fond, d'où l'on peut juger de sa grossiereté ou de sa terrestreïté. Si on mesle avec ce suc quelques goutes d'esprit de Vitriol, il s'en laisse penetrer peu à peu & il devient plus fluide, ce qui monstre qu'il contient un sel analogue. Si on verfe fur ce fuc de l'efprit de vin, il s'en laiffe auffy penetrer, quoyque plus lentement, & il fe reduit en filaments ; ce qui demonftre l'exiftence d'un foulphre efpais & terreftre. Enfin fi on garde quelque temps ce fuc, il fe corrompt bien-toft & s'empuantit ; ce qui marque la prefence d'un acide corrofif & d'un fel acre, qui fe fermentent entr'eux & avec le foulphre qu'on y a reconnu, & qui s'entre deftruifent. Mais en voilà affés fur la nature du fuc que renferment les Champignons : Maintenant on n'aura pas peine à comprendre que ceux mefmes qui paffent pour bons, foyent fi indigeftes, & qu'ils caufent quelquefois de fi vives impreffions fur les parois de l'Eftomach & des Inteftins.

On ne parlera pas icy des Champignons reconnus pour veneneux, parcequ'il eft naturel de penfer qu'ils agiffent comme les autres venins ou poifons, qu'ils rongent & deftruifent le tiffu de nos parties interieures, folides & liquides, & qu'ils portent par tout la mortification & la corruption.

Aprés ce que je viens de dire, on fera peut-eftre forcé de convenir que le plus feûr eft, comme on l'a desja remarqué, de ne point ufer de Champignons, de ceux mefmes qui paffent pour les meilleurs, ou du moins qu'on n'en doit manger que rarement, peu à la fois, bien efchaudés ou féchés au feu, bien cuits & bien affaifonnés. J'adjouftay enfuite que fi malgré ces précautions, on tombe dans quelqu'un des accidents qu'on a rapportés cy-deffus, on tafchera de vomir inceffamment par le moyen de l'eau tiede toute feule, ou meflée avec de l'huile d'Olives ou d'Amandes douces, ou dans laquelle on aura delayé quelques grains de tartre émetique pour la rendre plus efficace. Hippocrate donna à la fille de Paufanias, dont on a parlé cy-deffus de l'eau chaude emmiellée, qui luy fit rendre le Champignon crud qu'elle avoit mangé. Galien ordonne ou l'Oximel fimple, qui eft une efpece de fyrop fait avec le Miel & le Vinaigre, ou l'Oximel compofé avec l'Yffope & l'Origan, à quoy il adjoufte l'Efcume de nitre ; le tout en veûë de brifer & d'attenuër les humeurs vifqueufes & groffieres & d'en procurer l'évacuation par le vomiffement. En mefme temps pour détremper & corriger les humeurs que le fuc des Champignons peut avoir corrompuës ou coagulées, on boira du meilleur vin qu'on pourra trouver, on prendra de la Theriaque ou du Diafcordium, de la Confection Alkermes &c. Si l'on fe trouve furpris d'un devoyement par enhaut & par embas avec des fueurs froides, des mouvements convulfifs & des fyncopes, on tafchera d'adoucir l'acreté des humeurs, & de calmer l'irritation des fibres nerveufes qui caufent ces accidents, par des boüillons de poulet pris en grande quantité, par des emulfions dans lefquelles on délayera des poudres abforbantes, par des confections cardiaques & alexitaires, par des liqueurs fpiritueufes & Aromatiques. Le Vin, l'huile d'Olives ou d'Amandes douces, pourront auffi eftre employés. Enfin on fe gouvernera à peu, prés comme des perfonnes qui auroient avalé du poifon.

Fabricius Hildanus dit que cette Princeffe, dont on a parlé cy-deffus, qui avoit efté reduite à l'Agonie par des Champignons qu'elle avoit mangé, reprit l'ufage de fes fens aprés avoir avalé dans du Vin blanc 40 grains de Bezoard Oriental. Au defaut de ce remede on pourroit fe fervir du fel volatil de Vipere, de l'Elixir de Paracelfe, du Lilium ou d'autres remedes femblables, deftinés à reftablir les forces en procurant la circulation du fang & des autres humeurs, & en remettant dans l'ordre le mouvement des parties folides.

Page 21. *M. Troüillet leut l'Eloge de M. Valadon.*] Loüis Valadon, nacquit à Béfiers le 18. d'Avril 1678 de Paul Valadon. trés-habile Medécin, qui luy fit donner une folide éducation.

Dés fes premieres années, M. Valadon fit paroiftre de trés-heureufes difpofitions, & à mefure que ces talents fe defveloppoient, il les faifoit valoir par une ferieufe occupation; adjouftons avec M. Troüillet, que fon amour conftant pour l'eftude le fit bien-toft cherir de fes maiftres, & qu'une penetration peu commune dans un âge fi tendre luy fit de tous les compaguons de fes Claffes autant de rivaux.

Son inclination particuliére & le defir qu'il avoit de fe rendre un jour utile au Public, le tournerent du cofté de la Medécine; & à l'âge de vingt ans il fut receu Docteur en la fameufe Univerfité de Montpellier.

A peine fut-il Docteur, qu'il vint à Béfiers partager avec fon Pere les fatigues infeparables de la pratique de la Medécine: dans peu, felon M. Troüillet, il en partagea la gloire. Leur plaifir eftoit des plus parfaits, mais il fut peu durable. Dans le cours de trois années la mort enleva M. Valadon le Pere.

Aprés ce malheur, M. Valadon s'attacha encore plus à fa Profeffion, & bien-toft il fut en eftat de foutenir feul & d'augmenter mefme fa réputation encore naiffante.

L'eftude de l'Anatomie qu'il avoit fort cultivée, le meina à une Théorie de Medecine claire & fimple; & cette connoiffance, qui le mit en eftat de foulager & de prévenir mefme les differentes Maladies, qui peuvent affliger le corps humain, luy attira malgré l'habileté de fes concurrents, la confiance du Public à un âge, où il ne luy eftoit pas permis d'y afpirer.

Après fon Mariage M. Valadon abandonna fans aucune peine les plaifirs les plus ordinaires & les plus innocents de la jeuneffe, pour fe donner entiérement à Dieu, au Public & à fa Famille.

Ce fut dans les fuites, l'objet de toute fon attention. Tousjours occupé de fa fin, fon cœur ne fut plus rempli que de fentiments de Réligion, & malgré l'affiduité au travail qu'exigeoit fa Profeffion, on l'a tousjours veû pratiquer, avec autant d'édification que de zele, les differentes vertus qui caracterifent le vray Chreftien.

La charité eftoit, felon M. Troüillet, la vertu qui le diftinguoit le plus. Il donnoit le fecours de fon Art aux grands & aux petits fans aucune predilection; & fon cœur fenfible & compatiffant aux miferes des autres, luy faifoit fouvent penetrer les retraites les plus obfcures de l'indigence, pour y refpandre fes confolations & fes liberalités: Liberalités, d'autant plus loüables, qu'il s'eftoit fait une loy de les tenir tousjours fecretes, & qu'il accompaguoit tousjours d'un air gracieux & d'une complaifance peu commune.

58

Je ne dois pas oublier, adjouste-t-il, que cet air diſtrait qu'on remarquoit en M. Valadon, & que bien des gens blaſmoient, n'eſtoit que l'effet de cette attention continuelle, qu'il donnoit aux maladies les plus dangereuſes qu'il avoit à traiter ; Qui l'eut dit, que ce qui paroiſſoit un defaut en luy, eut fourni un nouveau trait à ſon Eloge ?

Au reſte, cette attention n'empeſchoit pas M. Valadon de donner quelques moments à la lecture des Poëtes. Il ſçavoit que la Poëſie ſert à inſtruire auſſi bien qu'à plaire, & il avoit eû toujours beaucoup de gouſt pour Horace. On comprend aſſés qu'il ne négligeoit pas la lecture des Auteurs de ſa Profeſſion.

S'il avoit ſuivi ſon inclination, il auroit eſté plus aſſidu à nos Aſſemblées ; Mais il eſcoutoit moins ſon inclination que ſon devoir, qui dans ces moments-là l'appelloit ſouvent auprés de ſes malades.

Ce qui l'eſloignoit de nous, le rendoit de jour en jour plus digne d'y tenir ſa place, il travailloit à ſe faire un fonds d'obſervations & de connoiſſances qu'il n'euſt pas manqué de nous communiquer, ſi ſon deſſein n'euſt eſté malheureuſement renverſé par une longue & cruelle maladie, qui ne prit fin que par ſa mort.

M. Troüillet finit en faiſant remarquer, que c'eſt icy où M. Valadon eſt plus digne de nos admirations & de nos regrets. Eſcoutons, dit-il, ceux qui avoient le bonheur de le voir touſjours & de l'entendre, ou pluſtoſt arreſtons nous au teſmoignage reſpectable de ceux qui l'ont conduit dans les routes de la pieté : Nous verrons que ſes vertus ont augmenté au milieu de ſes ſouffrances, que ſon merite a receû un nouveau luſtre dans le fort de ſes douleurs : que cette pieté courageuſe, qu'on avoit touſjours admiré en luy, ne s'eſt jamais dementie ; & que continuellement occupé des maximes de noſtre religion, il ne ceſſoit de reflechir ſur cette ſalutaire penſée de S. Bernard, qu'il ne pouvoit vivre ſans bleſſure tandiſque ſon Divin maiſtre en eſtoit tout convert.

Enfin aprés avoir offert à Dieu le ſacrifice de ſa vie, & d'une famille qu'il avoit cheri avec la plus vive tendreſſe, il a veû finir ſes jours au milieu de ſa carriére avec beaucoup de fermeté, il a veû arriver ce dernier moment ſans aucun de ces troubles ſi naturels à l'homme dans une ſi douloureuſe ſeparation : il eſt mort comme il avoit veſcu, je veux dire en vray Chreſtien.

* Le 15. Sept. 1730.

Si l'on n'a pas parlé dans ces Additions de tous les autres Mémoires qui ont eſté leus, c'eſt ou parcequ'ils ont eu plus de rapport avec l'Eloquence qu'avec la Litterature & les Sciences, ou parceque les Autheurs ont voulu les retoucher, ou enfin parcequ'ils ne nous ont pas eſté remis.

A BE'SIERS,
Chez ESTIENNE BARBUT, Imprimeur du Roy,
& de l'Académie des Sciences & Belles-Lettres
de cette Ville. 1734. Avec Permiſſion.

FAUTES ET OMISSIONS.

PAG. 3. l. 14. & 33. *lifés* M. de Mairan.

Pag. 4. l. 16. *lifés* on a mefme trouvé

Pag. 7. l. 29. obligé, *lifés*, obligée.

Pag. 11. l. 11. nouvellés *lifés* nouvelles

Ibid. l. 18. *aprés* Académies, *adjouftés*, le P. Dufefc propofa de nouvelles conjectures fur la nature de l'Air.

Pag. 13. l. 9. *lifés* je garderay & l. 33. *effacés* feu.

Pag. 14. l. penult. à Amfterdam, *lifés*, à Leyde.

Pag. 15. l. 23. *effacés*, feu.

Pag. 28. l. 27. aye, *lifés*, ay.

Pag. 33. l. 18 *lifés* onxx = mmyy — nnyy.

Pag. 34. à la marge, *lifés*, Difc. du Mouv: loc. §. 16. & 31. & Statiq: §. 52. & 53.

Pag. 38. l. 23. *lifés*, & qu'afin que.

Pag. 39. l. 17. *lifés*, lorfqu'il, & à la marge, l. 15. *lifés*; Epitom. Aftron: Copern. l. 4. p. 511. & feq.

Pag. 42. l. 23. Enfin il foupçonne, *lifés*, Enfin il fait femblant de foup-çonner &c. *Car ce n'eft que pour mieux garder la forme analytique, que M. de Mairan feint de fe prefler pour un moment à ce foupçon. Du refte on ne doit nullement inferer de là, que dans le fonds M. de Mairan ait jamais efté du fentiment de M. Leibnitz: Il confte au contraire bien poffi-tivement par l'Hift. de 1721. qu'il a efté des premiers à le combatire dans l'Académie.*

Pag. 47. l. 30. ce que nous apprend, *lifés*, ce que nous en apprend

Pag. 49. l. penult. 8. *lifés*, 7. & au lieu de 128. *lifés*, 112.

Pag. 50. l. 25. & ils n'occupent, *lifés*, & ils ne fappent, ou bien, & ils ne fondent que fur une, &c.

Pag. 59. à la marge, lifés, Mem. de Litterat. T. 4.

Pag. 63. l. 24. leur, *lifés*, leurs, l. 39. il, *lifés*, ils. & l. penult. *lifés*, des Feftins.

Pag. 64. l. 8. *lifés*, fous laquelle. l. 17. faüler, *lifés*, falüer. & l. antepenult. *lifés*, contacta Labellis, & effacés les deux dernieres lignes de cette page & les fix premieres de la fuivante.

Pag. 68. l. 29. *lifés*, & par leur âge.

Pag. 71. l. 34. de Champignons, *lifés*, des Champignons.

SUR
LA LATITUDE
ET
LA LONGITUDE
DE
LA VILLE DE BEZIERS.

POUR déterminer la veritable poſition d'une Ville ſur le Globe de la Terre, il faut bien connoiſtre ſa Latitude & ſa Longitude, ou, ce qui eſt le meſme, il faut ſçavoir exactement à quelle diſtance elle eſt de l'Equateur Terreſtre vers l'un ou l'autre Pole , & quel eſt ſon eſloignement d'un Meridien desja eſtabli, en allant vers l'Orient ou vers l'Occident ; car ce n'eſt que par le moyen des Cercles & des Points qu'on imagine ſur la ſurface de la Terre, que l'on peut fixer la ſituation d'un Lieu par rapport à un autre. Une Ville placée ſur l'Equateur, ou ſur un Cercle également eſloigné des extremités de l'Aſe de la Terre, qu'on appelle Poles, n'a point de Latitude. Elle ſera cenſée auſſi n'avoir point de Longitude, ſi l'on ſe repreſente

Regiſt. 17. Juin & 1. Juil. 1728.

A

son Meridien; ou le Cercle qui passe par son Zenith
en allant d'un Pole à l'autre, comme le Premier *, ou
comme celuy auquel tous les autres Meridiens doivent
se rapporter, soit qu'on les prenne *b* du costé de l'O-
rient, soit qu'on les compte du costé de l'Occident.

Mais si cette mesme Ville, ou toute autre qu'on voudra se representer, est placée sur un Parallele, ou sur un
Cercle distant de l'Equateur d'un certain intervalle, en
allant par ex. vers le Pole septentrional, & que son Meridien soit esloigné aussi de quelque Meridien fameux
d'un autre certain intervalle, en allant vers l'Orient ou
vers l'Occident: Cette Ville sera dite avoir une Latitude septentrionnale, & une Longitude Orientale ou
Occidentale. Et au contraire on dira qu'une Ville a
une Latitude Meridionale & une Longitude Orientale
ou Occidentale, si elle est entre l'Equateur & le Pole
Austral, & à l'Est ou à l'Ouest d'un Meridien desja fixé
& reconnu comme le Premier.

Pour mesurer ces intervalles & avoir les distances
d'un Lieu à un autre, on est convenu de regarder l'E-
quateur & tous les Meridiens, comme divisés en 360
parties égales, que l'on appelle Degrés. On est convenu aussi de compter les degrés de Latitude sur les
Meridiens depuis l'Equateur jusqu'à l'un ou l'autre Pole,
& ceux de Longitude sur l'Equateur en allant vers l'O-
rient ou vers l'Occident *c*. D'où l'on void que la

a La Terre estant ronde, & n'ayant aucun point fixe de l'Occident à l'Orient, il est libre de prendre pour Premier Meridien celuy
que l'on veut & d'y rapporter tous les autres.

b Dans les Globes, dans les Mappemondes & dans toutes les Cartes
Geographiques, on compte les Meridiens de l'Occident vers l'Orient. Dans
la *Connoissance des Temps* on les prend de part & d'autre du Meridien
de l'Observatoire de Paris. Cela est arbitraire.

c J'ay desja dit qu'il estoit d'usage de marquer les degrés de Longitude de l'Occident vers l'Orient; mais il seroit mieux de les prendre
de part & d'autre du Premier Meridien. *Ricciol. Alm. n. t. 1. p. 17.*

Latitude ne peut pas passer le 90. degré où le Quart de
la circonference d'un Meridien, qui est la distance de l'E-
quateur au Pole ; mais que la Longitude peut aller jufqu'à 360 degrés *, ou faire le tour entier de l'Equateur
exclusivement.

Cela posé, on comprend aisément que les Poles d'un
Globe artificiel estant une fois déterminés, aussi bien
que son Equateur, ses Paralleles & ses Meridiens, on
a bien-tost la Position *b* d'une Ville dont on connoist
la Latitude & la Longitude. Mais tout le monde ne
void pas d'abord de quelle maniere les premiers Geographes ont peû déterminer les deux Poles de la Terre,
son Equateur, ses Paralleles & ses Meridiens ; & il ne
sera peut-estre pas tout-à-fait inutile *c* d'adjouster icy que
l'Astronomie leur en a donné l'idée & leur en a fourni
le moyen. Elle leur apprit d'abord qu'il y avoit dans
le Ciel, ou dumoins qu'on y devoit concevoir deux Poles, ou deux points fixes diametralement opposés, sur
lesquels toute la Machine du Monde se meut continuellement, qu'il y falloit encore imaginer un Equateur,
ou un grand Cercle également distant de ces deux points,
& une infinité de Meridiens ou de grands Cercles cou-
pant l'Equateur à angles droits & passant par l'un &
l'autre Pole, & que toute proportion gardée ces mesmes Points & Cercles devoient estre conceûs sur la
Terre placée au centre du Globe Celeste.

Ce n'est pas tout. L'Astronomie leur apprit encore
à déterminer le Meridien de chaque Lieu en particulier

---

a Si on prend les degrés de Longitude tant du costé de l'Occident
que du costé de l'Orient, ils n'iront de part & d'autre qu'à 180.

b L'intersection du Parallele & du Meridien d'une Ville, marque sa
position.

c On nous pardonnera sans doute ces Preliminaires & les Nottes
qu'on y a jointes en faveur de ceux qui ne sont pas encore initiés
dans les principes de la Geographie, & qui ne connoissent point la de-
pendance où elle est de l'Astronomie & de la Geometrie practique.

A.j

6

par l'obfervation du Soleil & des Eftoiles *, & à marquer fa Latitude par la hauteur du Pole b. Enfin elle
leur apprit à comparer le Meridien d'un Lieu avec celuy
d'un autre pour fçavoir de combien de degrés l'un eft
plus Oriental que l'autre c, &c.

C'eft donc à la faveur de l'Aftronomie que les premiers
Geographes entreprirent de fixer la pofition de quelques Villes principales, & qu'ils oferent déterminer leur
fituation les unes par rapport aux autres.

Enfuite on convint d'un premier Meridien d, & l'on
plaça tous les Lieux de la Terre felon leur degré de
Latitude, & felon qu'ils eftoient plus ou moins efloignés de ce premier Meridien, ou felon leur degré
de Longitude: en un mot, on fit des Globes Terreftres, & des Cartes Geographiques generales & particulieres. On les a mefme rectifiés de temps en temps,
ces Globes & ces Cartes, fur de nouvelles Obfervations.

Cependant quelque foin que l'on ait pris, fur tout
dans ces derniers temps, à perfectionner la Geographie,
on peut affeûrer, qu'à quelques Lieux prés, où les
Obfervations Aftronomiques ont efté fouvent reïte
rées, les meilleures Cartes e ne donnent guere la vraye

a Il feroit trop long de dire icy de quelle maniere on tire une Meridienne, & de quelle maniere on la prolonge. Ceux qui voudront s'inftruire à fond fur cet article, n'auront qu'à lire le celebre Traité *de la
grandeur & de la figure de la Terre* que nous citerons icy fouvent fous le
Titre de *fuite des Mem. de l'Acad. R. des Sc.* 1718.

b On eft d'autant plus efloigné de l'Equateur, qu'on eft plus prés
du Pole ou qu'on a le Pole Celefte plus eflevé fur l'Horifon; & il eft
demonftré que la Latitude eft tousjours égale à l'Eflevation du Pole.

c On verra cy-aprés de quelle maniere on fait cette comparaifon
par les Eclipfes de Soleil & de Lune, & furtout par celles des Satellites de
Jupiter.

d Ce n'eft que chez les Geographes d'une mefme Nation que le
premier Meridien eft tousjours le mefme. Les François le font paffer par
l'Ifle de Fer. D'autres Geographes le font paffer par le Pic de Teneriffe, &c.

e On peut voir dans les Mem. de l'Acad. R. des Sc. & dans les Journaux de Fance & des Pays eftrangers, combien peu font fideles les Cartes
mefme les plus eftimées.

poſition des autres. Ce n'eſt pas qu'en meſurant Geometriquement ou par des Operations Trigonometriques * les Arcs des Cercles compris entre les Meridiens & les Paralleles de divers lieux, on n'euſt peû
déterminer exactement leurs Latitudes & leurs Longitudes reſpectives, & qu'en prennant pour point fixe la
poſition d'un Lieu déterminée exactement par des Obſervations Aſtronomiques, on n'euſt peû fixer la poſition des autres Lieux, dont les diſtances *b* au premier
auroient eſté connuës tant en latitude qu'en longitude.
Mais la pluſpart de ceux qui nous ont donné des Cartes Geographiques, ou n'eſtoient pas capables d'operations ſi penibles & ſi delicates, ou n'avoient ny le
temps, ny les ſecours neceſſaires pour des travaux *c*
de cette importance; & nous ne rapporterons pas icy
par quels moyens ils pretendoient ſuppléer aux Obſervations Aſtronomiques & aux Operations Trigonometriques, puiſque l'on convient aujourd'huy que tous ces
moyens ſont inſuffiſants & ſujets à erreur.

On ne connoiſt encore rien d'exact en ce genre que la
celebre Meſure de la France depuis l'Obſervatoire Royal
de Paris juſqu'aux deux extremités Nord & Sud du
Royaume, qui eſt le plus grand & le plus magnifique
Ouvrage *d* de Geometrie practique, qui ait eſté entre-

V. Suite des Mem. de l'Acad. R. des Sc. 1718.

a On meſure les arcs des Meridiens & des Paralleles par le moyen
des Triangles dont on prend les Angles & dont on meſure actuellement
un coſté qui ſert de baſe à tous les autres. *Suite des Mem.* 1718.

b J'appelle *diſtance en Latitude*, l'arc du Meridien compris entre l'E-
quateur & le Parallele du Lieu propoſé ; & *diſtance en Longitude*, l'arc
du Parallele compris entre le premier Meridien & le Meridien de ce Lieu.

c Pour tirer des concluſions juſtes des meſures terreſtres par rapport aux Latitudes & aux Longitudes, il faut connoiſtre la valeur exacte
d'un degré de la circonference de la Terre; ce qui demande des Inſtruments d'une grandeur & d'une juſteſſe non mediocres, beaucoup de travail & un temps trés conſiderable. *Suite des Mem.* 1718.

d On verra bientoſt un ſecond Ouvrage dans le meſme gouſt, ſi on
execute la deliberation de Noſſeigneurs des Eſtats au ſujet de la Carte
generale de la Province de Languedoc.

pris jufqu'icy, & qui fervira, deformais de modelle &
de bafe à toutes les Cartes Geographiques que l'on
voudra lever exactement.

Maintenant pour avoir la pofition jufte de la Ville de
Beziers, il eft vifible qu'il n'y a qu'à obferver immediatement la hauteur du Pole de cette Ville, & déterminer
Aftronomiquement fa Longitude, ou bien, il n'y a qu'à
mefurer Geometriquement fa diftance à l'Obfervatoire
Royal tant en Latitude qu'en Longitude, ou puifqu'on
a actuellement cette mefure en toifes du Chaftelet de
Paris dans le Livre que l'on vient de citer, il n'y a
qu'à faire les calculs * neceffaires pour cette détermination.

Dés la naiffance de noftre Academie, M. de Clapiés
fe fervit de ce dernier moyen, en attendant que nous euf-
fions des occafions favorables & les Inftruments neceffaires pour faire des Obfervations Aftronomiques. Il
divifa donc l'arc du Meridien intercepté entre le Parallele de l'Obfervatoire de Paris & celuy de Beziers, c'eft-
à-dire 314100 toifes, diftance de l'Obfervatoire de Paris
à la perpendiculaire tirée de la Tour de la Cathedrale
de Beziers fur la Meridienne de cet Obfervatoire; par
57097 toifes, grandeur moyenne d'un degré de la circonference de la Terre, ce qui luy donna 5 degrés,
30 minutes, 4 fecondes; & retranchant ces 5.d 30'.
4". de 48. d 50'. 10". Eflevation du Pole de l'Obfervatoire, à caufe que Beziers eft au Sud de Paris, il
eut 43d. 20'. 6". pour la hauteur approchée du Pole
de Beziers à la Tour de la Cathedrale. Puis divifant

Suite des
Mem. 1718.
p. 138.

Regift. 16.
Aouft 1723.

Suite des
Mem. 1718.
p. 138.

Ibid p.
142.

---

* La Latitude d'un Lieu eftant connuë, on connoift celle d'un autre Lieu par la mefure de l'arc du Meridien intercepté entre leurs paralleles, en reduifant les toifes en degrés, & retranchant ces degrés, de la
Latitude connuë pour les Lieux Meridionaux, & les adjouftant pour les
Lieux Septentrionaux. on expliquera cy aprés de quelle maniere fe conclud la Longitude.

9

de nouveau la mesme distance de 314100, toises par 57151 toises grandeur d'un degré du Meridien à 43ᵈ. 20'. de Latitude, il eut pour la hauteur vraye du Pole de Beziers 43ᵈ. 20'. 25". Nord.

Ibid. p. 245.

M. de Clapiés ne se contenra point de cette détermination. Il craignit que dans la multitude des Operations necessaires pour mesurer une si grande distance, il ne se fust glissé quelque erreur, ou qu'on n'eust pas fait assés attention aux inégalités du terrein *a* mesuré, ou à l'inégalité mesme des degrés *b* compris entre les Paralleles de Paris & de Beziers. C'est pourquoy il chercha le Lieu le plus prés de Beziers, où l'Academie Royale des sciences eust fait des Observations Astronomiques, & dont la distance fust connuë, afin de s'en servir comme d'un terme pour fixer la Latitude de cette Ville. Plusieurs raisons l'obligerent à prendre ce party. Une petite distance se mesure plus aisément & avec plus d'exactitude: les petits arcs de cercle, soit des Meridiens, soit des Paralleles peuvent avec beaucoup moins d'erreur estre considerés comme des lignes droites; & l'inégalité des degrés d'un mesme Meridien en est bien moins sensible.

M. de Clapiés choisit donc Sette, dont la Latitude & la Longitude avoient esté autrefois déterminées par M. l'Abbé Picard, & où Mrs. Cassini & Maraldi dans leur voyage pour la prolongation de la Meridienne avoient fait plusieurs autres Observations, quoy qu'en differents endroits. Il reduisit *c* toutes les stations

a Mrs. Cassini & Maraldi ont trouvé qu'en reduisant leurs mesures au niveau de la Mer, il n'y avoit que 34 toises à retrancher de la difference entre le Parallele de Paris & celuy de Collioure. *Suite des Mem. 718. p. 148.*

b Dans l'estenduë de la France la grandeur du degré diminuë d'environ 31 toises, en s'approchant du Pole, & augmente à peu prés de la mesme quantité en s'en esloignant. *Ibid. p. 241.*

c V. La maniere de faire cette reduction dans la suite des Mem. 1718. p. 139.

de ces illuſtres Academiciens à une ſeule , & aprés
avoir déterminé dans toute la précifion geometrique
la hauteur du Pole de la Chapelle de S. Clair ſur le
Mont de Sette, il trouva par la reſolution des Triangles rapportés dans le Livre *de la Grandeur & de la*
figure de la Terre, de combien la Tour de la Cathedrale de Beziers eſtoit plus Meridionale que la Chapelle de S. Clair ; ce qui luy donna la Latitude de cette
meſme Tour , differente ſeulement de 2 ou 3 ſecondes
de celle qu'il avoit trouvée par la premiere Methode.
Une ſi grande juſteſſe dans un ſi grand nombre d'operations Geometriques , & une conformité ſi parfaite
entre differentes methodes auroient de quoy eſtonner ,
ſi on ne voyoit dans le meſme Livre avec quelles precautions & avec quelle exactitude Mrs. les Aſtronomes
de l'Academie Royale des ſciences ont accouſtumé de
travailler.

Enfin pour avoir la difference des Meridiens *entre Beziers & l'Obſervatoire Royal , M. de Clapiés
diviſa 36035 toiſes, diſtance de la Tour de la Cathedrale de Beziers à la Meridienne de l'Obſervatoire , par
la valeur d'un degré de grand Cercle , ou par 57097
toiſes; & les 37'. 52". qui lui vinrent pour quotient,
il les reduiſit au Parallele de cette Tour : ce qui luy fit
connoiſtre qu'elle eſtoit plus Orientale que l'Obſervatoire de 52'. 3". de degré , ou de 3'. 28". 12'''. de temps *b*.
Et adjouſtant ces 52'. 3". à 20*d*. Longitude de l'Obſervatoire

a La Longitude d'un lieu depuis l'Iſle de Fer eſtant connuë, on
trouve celle d'un autre lieu par la meſure de l'arc du Parallele intercepté
entre ces deux lieux , ſi on reduit les degrés de grand Cercle au Parallele du lieu propoſé par cette analogie , comme le Sinus complement
de la Latitude du lieu propoſé , eſt au Sinus total, ainſi l'arc d'un grand
Cercle , eſt à l'arc du Parallele de ce lieu ; & ſi on ajouſte ou ſi on retranche ces degrés , ſelon que ce lieu eſt ou plus Oriental ou plus Occidental.

b Les 360 degrés de l'Equateur eſtant parcourus en 24 heures , 15 degrés de Longitude valént 1 heure. Par ce moyen, on reduit aiſément en
temps la difference des Meridiens connuë en degrés, & reciproquement.

fervatoire depuis le Meridien de l'Ifle de Fer, d'où les Geogrophes François ont couftume de compter, M. de Clapiés trouva 20ᵈ. 52′. 3″. pour la Longitude de Beziers vers l'Orient.

Certainement on auroit peû fe repofer fur ces déterminations, & l'on en auroit efté bien fatisfait autrefois. Mais nous vivons dans un fiécle, où l'on ne fe contente pas quelquefois de l'accord de deux methodes, & où l'on eft tousjours bien aife d'employer toutes celles qui vont au mefme but. D'ailleurs il eftoit de l'honneur & de l'intereft de noftre Academie, d'avoir par des obfervations immediates la Longitude & la Latitude de la Ville où elle tenoit fes Séances, afin de pouvoir fe fervir des Tables Aftronomiques dreffées pour d'autres Meridiens, & de pouvoir profiter des Obfervations faites ailleurs. Et c'eft principalement ce qui engagea Mrs. Andoque, Boüillet, Caillé, de Guibal, Aftier l'Aifné & Aftier le Cadet à faire diverfes Obfervations Aftronomiques, dés que M. de Clapiés leur euft prefté une bonne partie de fes Inftruments, & qu'il euft fait en leur prefence le calcul & la figure de l'Eclipfe de Soleil du 25. Septembre 1726, pour le Parallele de Beziers.

On obferva bien-toft aprés cette Eclipfe. On obferva auffy l'Eclipfe de Lune du 11. Octobre de la mefme année, dont M. Boüillet avoit fait le calcul: Mais ces Eclipfes ne peurent point eftre obfervées à Paris comme on l'a appris de M. Caffini, & quoy qu'elles ayent efté obfervées trés exactement à Montpellier & en quelques autres Villes du Royaume; on n'en fera pas icy la comparaifon, parce qu'on ne compte pas affés fur l'exactitude de ces deux Obfervations, & qu'on en a fait depuis beaucoup d'autres qu'on eftime bien plus feûres. On ne laiffera pas toutefois de rapporter icy quelques Phafes de ces Eclipfes, tant parce qu'il ne

Reg. 16. Sept. 11. Oct. 1726.

B

peut y avoir que quelques fecondes d'erreur dans leur
détermination, que parceque dans la comparaifon qu'on
en pourra faire avec les mefmes obfervations faites dans
des Lieux fort efloignés, cette petite erreur deviendra
prefque infenfible. On comparera mefme comme par
maniere d'effay quelques Phafes de l'Eclipfe de Lune
avec de pareilles Phafes obfervées à Toulon par le R.
P. Laval J. & rapportées dans les Mem. de Trevoux
P. 681. du mois d'Avril 1727. *

OBSERVATION de l'Eclipfe de Soleil du 25.
Septembre 1726, faite à la Tour de l'Evefché de
Beziers, avec un Tambour placé au foyer d'un
Objectif de 21 pieds.

À 4h. 49'. 0". foir Le bord de l'image du Soleil paroift un peu entamé.

55.	23.	Un doigt eft éclipfé.
5 h. 1.	34.	Deux doigts.
7.	38.	Trois doigts.
15.	15.	Quatre doigts.
22.	6.	Cinq doigts.
29.	41.	Six doigts.

On ne marqua point le moment auquel le feptiefme
doigt fut éclipfé : On jugea feulement par eftime que
la grandeur de l'Eclipfe avoit efté d'un peu plus de fept
doigts. Au refte on ne fit point de correction à ces
Phafes, parcequ'on n'eut pas le temps de refaire la figure de l'Eclipfe, & que l'obfervation ne differa que fort
peu du calcul. Pour la Pendule, on l'avoit reglée par des
hauteurs du Soleil prifes après midy.

COMPARAISON DES OBSERVATIONS
de l'Eclipse de Lune du 11. Octobre 1726, faites à Toulon & à Beziers.

à 4.ʰ 0ˢ 15ᵗ'ᵐ. à Toulon } Commencement de l'Eclipse.
3. 49. 38. à Beziers.

   10. 37. Difference des Meridiens.

4. 10. 10. à Toulon, } L'Ombre au bord de Mare Humorum.
3. 58. 50. à Beziers.

   11. 20. Difference des Meridiens.

4. 22. 9. à Toulon, } Tout Tycho dans l'ombre.
4. 10. 34. à Beziers.

   11. 35. Difference des Meridiens.

5. 23. 55. à Toulon, } Grimaldus hors de l'ombre.
5. 12. 0. à Beziers.

   11. 55. Difference des Meridiens.

Si l'on prend 11'. 20". pour la difference moyenne des Meridiens entre Toulon & Beziers, & qu'on les retranche de 14'. 48". difference des Meridiens * entre Paris & Toulon, on aura 3'. 28". pour la difference des Meridiens entre Paris & Beziers.

* Mem. de Trev. Dec. 1727.

COMPARAISON DES OBSERVATIONS
de l'Eclipse de Soleil du 15. Septembre 1727, faites à Montpellier, à Thury & à Beziers.

On n'eut pas pluſtot receu les Obſervations de cette Eclipse faites à Montpellier par M. de Plantade, que M. Boüillet en fit la Comparaiſon avec celles ᵃ qui

ᵃ L'Obſervation de cette Eclipſe, dont M. Boüillet avoit donné le Calcul dans ſa Lettre imprimée, fut faite dans le meſme endroit & avec les meſmes Inſtruments que celle de l'année précedente; mais avec un peu plus d'exactitude. On n'en donnera pas icy toutes les Phaſes, parce-qu'elles ont eſté desja communiquées à l'Academie Royale des Sciences.

B ij

* Hift. de
l'Acad. R.
des S. 1700.
p. 103. &f.
* Tabul.
Aftronom.
D. de la
Hire.
p. 53 &f.

avoient esté faites à Beziers. Il se servit à cette fin non seulement de la figure selon la Methode * du Pere de M. Cassini, mais encore du Calcul * des Angles Parallactiques. Peu de jours après M. Cassini nous fit l'honneur de nous communiquer l'Observation qu'il avoit faite de cette Eclipse à Thury, & de nous marquer que ce Chasteau estoit plus Occidental que l'Observatoire de Paris de 6" $\frac{1}{2}$ de temps & plus Septentrional de 31'. 23". de degré. M. Boüillet en fit aussy la Comparaison tant par la Figure, que par le Calcul des Angles Parallactiques, & toutes reductions * faites il trouva 3'. 34". de difference moyenne des Meridiens entre l'Observatoire de Paris & Beziers. Voicy les Observations du commencement & de la fin de cette Eclipse.

Montpellier.	Beziers.	Thury.
Temps vray.	Temps vray.	Temps vray.
6.h 21'. 45". matin	6.h 18'. 40".	6.h 26'. 4". commencem.t
8. 3. 44.	8. 0. 50.	7. 48 . 59. fin.

COMPARAISON DES ECLIPSES DES
Satellites de Jupiter observées à Montpellier & à Beziers

On sçait assés que les Observations reïterées des Eclipses des Satellites de Jupiter sont ce qu'il y a de

α Connoissant la difference des Meridiens entre l'Observatoire de Paris & Montpellier qu'on a fixée à 6'. 10". de temps vers l'Orient, ou celle du mesme Observatoire à Thury, estimée 6" & demy vers l'Occident, & ayant par Observation la difference des Meridiens entre Beziers & Montpellier, ou entre Beziers & Thury, on connoistra aisément la difference des Meridiens entre Paris & Beziers; car si de 6'. 10". diff. entre Paris & Montpellier on oste 2'. 36". diff. entre Montpellier & Beziers, ou si de 3'. 41". diff. entre Beziers & Thury, on oste 6". & demy, diff. entre Paris & Thury, on aura 3'. 34". entre Paris & Beziers. Les Lieux où l'on compte plus d'heures sont Orientaux à l'égard de ceux où l'on en compte moins & au contraire; & c'est sur quoy l'on se regle pour faire ces reductions.

plus feûr dans l'Aftronomie pour déterminer les Longitudes ou la difference des Meridiens. Auffy n'avons-nous rien negligé pour faire ces Obfervations, toutes les fois que le temps nous l'a permis. Il auroit efté à fouhaiter qu'on en euft peû faire de femblables à Paris; mais le Ciel n'y a pas efté favorable; c'eft pourquoy nous nous contenterons de comparer les Obfervations faites à Beziers avec le Calcul fait pour le Meridien de Paris, & avec les Obfervations correfpondantes faites à Montpellier par M. de Plantade; fans obmettre pourtant une Obfervation faite à Paris par M. Caffini, qui peut eftre comparée avec une autre faite à Beziers quelques jours auparavant.

Connoiff.
des Temps
1727.

Le 22. Aouft 1727. Immerfion du 1. Satellite dans l'ombre de Jupiter.

à 1.^{h} 0'. 54". mat. à Beziers

0. 58. 0. à Paris par le Calcul de la connoiffance des temps.

2. 54. Differ. des Meridiens entre Paris & Beziers.

Le 22. Septembre. Imm. du 1. Satell.

à 9.^{h} 43'. 50". foir à Beziers

9. 41. 0. à Paris par le calcul

2. 50. Diff. des Meridiens.

Le 29. Septembre. Imm. du 1. Satell.

à 11^h. 40'. 38". foir à Beziers

11. 37. 0. à Paris par le calcul

3. 38. Diff. des Meridiens

11. 43. 16. à Montpellier.

2. 38. Diff. des Meridiens obfervée entre Montpellier & Beziers.

6. 10. Diff. obfervée entre Paris & Montpellier

3. 32. Diff. conclue entre Paris & Beziers.

B iij

Le 5. Novembre   Imm. du 2. Satell. de Jupiter.
à 8.h 31'. o". foir. à Beziers; & adjouftant 7 jours
   2. 37. 44.   pour deux revolutions du mefme Sa-
                     tell. on aura

Le 12. Novembre. Immerfion du 2. Satell.
à 11.h 8'. 44".   à Beziers
   11. 5. 10.   à Paris
        3. 34.   Diff. des Merid. entre Paris & Be-
                   ziers.

Nous pourrions adjoufter icy quelques autres Obfervations faites les 9. 17. 18. Septembre & 30. Novembre 1727, les 8. 12. & 19. Avril 1728, foit des Satellites de Jupiter, foit d'une Eclipfe de Venus par la Lune, foit d'une Occultation d'une Eftoile fixe auffy par
la Lune; mais nous croyons cela d'autant plus inutile,
que nous n'avons point d'Obfervations correfpondantes
pour les comparer enfemble; & que les Obfervations
que nous avons défja rapportées s'accordent affés dans
la difference des Meridiens qu'elles donnent pour ne
nous laiffer aucun fcrupule là deffus. Et cette difference
nous l'eftablirons aujourd'huy à 3'. 32". de temps à l'O-
rient de l'Obfervatoire Royal de Paris, à 4" prés de la
détermination fondée fur les Triangles de la Meridienne.

OBSERVATIONS DE L'ESTOILE POLAIRE
*& du Soleil, faites à la Tour de l'Evefché de Beziers
pour en déterminer immediatement la hauteur du Pole.*

Avant que d'entreprendre ces Obfervations, nous
n'avons rien oublié pour nous affeûrer de la juftefse de
noftre Quart de Cercle, & nous l'avons fi bien recti-
fié qu'il ne pouvoit errer tout au plus que de 10 fecondes, ce qui eft tout ce qu'on peut efperer d'un Quart
de Cercle de 39 pouces de rayon. Aprés cela nous
avons eû foin de le placer exactement dans le plan du
Meridien : enfin nous avons eû la precaution de le caller

ſi finement toutes les fois que nous avons voulu obſerver, que quoy que les ſecondes ne ſoient point mar-
quées ſur ſon limbe, nous ne pouvions guere nous tromper de plus de dix en les prennant par eſtime. Et comme par la plus grande & la moindre hauteur de l'Eſtoile Polaire obſervée ſix fois vers la fin de l'année 1727
ou le commencement de 1728, nous avons trouvé que
la diſtance de cette Eſtoile au Pole eſtoit telle qu'elle
devoit eſtre maintenant ſuivant les Obſervations *a* de
M. le Chevalier de Louville faittes vers la fin de l'année 1720, nous avons creû devoir eſtre ſatisfaits de nos
Obſervations.

Mem. de
l'Ac. 1721.
Pag. 170,
171.

Hauteur Meridienne apparente de l'Eſtoile Polaire
dans la partie ſuperieure de ſon Cercle, 45°. 30'. 40".
Refraction ſelon la Table de M. de la Hire, 1. 10.
Hauteur vraye . . . 45. 29. 30.
    Hauteur apparente de la meſme
Eſtoile dans la partie infer. de ſon Cer. 41. 12. 40.
Refraction ſelon la meſme Table. . . 1. 18.
Hauteur vraye. . . . . 41. 11. 21.
Difference des Hauteurs. . . . 4. 18. 8.
Diſtance de l'Eſtoile au Pole. . . 2. 9. 4.
    Hauteur vraye du Pole de Beziers
à la Tour de l'Eveſché. . . . 43. 20. 25.

Obſervat.
de l'Eſtoile
Polaire.

Cette détermination s'accorde dans la ſeconde avec
la Latitude concluë des Triangles de la Meridienne,
& prouve en meſme temps la bonté des Inſtruments
employés de part & d'autre. Il eſt vray que ſi on s'eſtoit ſervi de la Table des Refractions inſerée dans
la Connoiſſance des Temps, on auroit trouvé quelques
ſecondes de plus; mais la comparaiſon que nous avons

Pag. 92.

a Selon les obſervations de feu M. Caſſini, l'Eſtoile Polaire s'appro-
che du Pole de 19" par année, & par conſequent de 2'. 13". en 7 ans;
ſi donc on retranche ces 2'. 13". de 2°. 11. 19". Diſtance de cette Eſtoile obſervée à la fin de 1720, on aura 2°. 9'. 4". pour la diſtance de
la meſme Eſtoile à la fin de 1727, telle que nous l'avons trouvée.

Tabul. Af-
tronom. D.
de la Hire.
Pag. 96.
& f.

faite depuis peu de la Hauteur meridienne apparente de l'*Efpy de la Vierge*, avec celle de la *Polaire* prife le mefme foir dans la partie inferieure de fon Cercle, nous a determinés à prendre cette quantité de refraction.

Obferv. du Soleil.

Hauteur Meridienne apparente du bord fuperieur du Soleil au folftice d'Hyver, concluë des hauteurs prifes avec la derniere exactitude les 21. & 22. Decembre.

1727.	23°.	29'. 55".
Refraction diminuée de la Parallaxe	2.	18.
Demy Diametre du Soleil	16.	22.

Haut. vraye du Centre du Soleil & du Tropique du Capricorne : 23. 11. 15.

Haut. Merid. app. du bord Sup. du Soleil au folftice d'Efté, concluë des hauteurs du mefme bord prifes fort exactement les 20 & 21 Juin 1728. 70. 24. 5.

Refraction	0. 0.	25.
Demy Diametre	15.	49.

Haut. vraye du Centre du Soleil & du Tropique du Cancer 70. 7. 51.

Diftance des Tropiques	46. 56.	36.
Obliquité de l'Ecliptique en 1728.	23. 28.	18.
Haut. de l'Equateur.	46. 39.	33.
Hauteur du Pole de Beziers.	43. 20.	27.

Les Obfervations des Hauteurs Meridiennes du Soleil prifes avec la mefme circonfpection le 31. Decembre 1727, & le 11. Juin dernier, au quel temps les Tables de M. de la Hire donnent *a* la mefme Declinaifon à 2" prés, & monftrent que le Soleil parcouroit ces jours-là des Paralleles efgalement diftants de l'Equateur:

a Vray lieu du Soleil le 31 Dec. 1727, à midy à Beziers. 9 f. 9°. 22'. 45". Declinaifon Meridionale, en fuppofant avec M. de la Hire, l'obliquité de l'Ecliptique de 23°. 29'. 23°. 9'. 4".
Vray lieu du Soleil le 11. Juin 1728. 2 f. 20. 36. 35.
Declinaifon Septentrionale. 23. 9. 2.

quateur : Ces Observations, dis-je, comparées enfemble, donnant à la mefme Hauteur de l'Equateur que celle
qu'on vient de trouver par la comparaison des Hauteurs
folftitiales, fe fervent reciproquement de preuve, &
confirment en mefme temps la Latitude concluë des
Obfervations de l'Eftoile Polaire, à laquelle nous nous
arrefterons d'autant plus volontiers, qu'elle s'accorde
dans la feconde avec les Operations de la Meridienne,
& qu'elle ne differe des Obfervations Solaires que d'une
feconde & demie.

De tout ce qu'on vient de dire, il refulte que Beziers eft plus Oriental que Paris de 3' 32" de temps, &
qu'il eft moins Septentrional de 5 d. 29'. 45". La Longitude de Beziers fera donc de 20 d. 53'. fi celle de Paris
depuis l'Ifle de Fer eft de 20 d; & fa Latitude Septentrionale de 43 d. 20'. 25".

La pofition de la Ville de Beziers une fois fixée par
rapport à l'Obfervatoire Royal de Paris, & la Meridienne b qui paffe par le Milieu de la Tour de l'Evefché, pro-
longée, on pourra trés-aifément déterminer par des

a Haut. Merid. app. du bord Sup. du Sol.

le 31. Dec. 1727.	23°.	50'.	0".
Refract. diminuée de la Parall.		2.	16.
Demy-Diametre		16.	22.
Haut. vraye du Centre	23.	31.	22.
Haut. Merid. app. du bord Sup. du Sol.			
Le 11. Juin 1728.	50.	4.	0.
Refraction			26.
Demy-Diametre		15.	50.
Haut. vraye du Centre	69.	47.	44.
Diftance des Paralleles	46.	16.	22.
Decl. Obf. de part & d'autre de l'Equateur	23.	8.	11.
Haut. de l'Equateur à Beziers	46.	39.	33.
Haut. du Pole	43.	20.	27.

b On a verifié encore cette année-cy noftre Meridienne & on en
a tiré une nouvelle qui va d'une Feneftre de la Tour de l'Evefché qui
regarde le Sud, à l'autre Feneftre qui regarde le Nord; On a mefme

Operations Trigonometriques les Latitudes & les Longitudes de tous les Lieux circonvoifins, qui font ou fur le mefme Meridien, ou à l'Orient ou au Couchant de noftre Obfervatoire; & cela en mefurant trés-exactement fur nos Coftes une bafe d'une eftenduë fuffifante, ou bien en fe fervant de quelqu'un *a* des coftés des Triangles de la Meridienne de la France, qui aboutiffent à la Tour de la Cathedrale de cette Ville; ce qui eft un avantage trés-confiderable qu'on peut tirer de nos Obfervations.

marqué les points de l'Horifon où cette Meridienne fe termine de part & d'autre; & l'on a pris la Declinaifon de tous les Objets remarquables, qu'on a peû appercevoir de cette Tour.

a La diftance de la Tour de la Cathedrale de Beziers à la Chapelle de S. Loup fur le Sommet du Mont d'Agde, eft connuë de 12428 Toifes; on connoift auffy la diftance de cette Tour à la Chapelle de S. Clair fur le Mont de Sette de 20031 Toifes. *Suite des Mem.* 1728. P. 121.

F I N.

SUR LA CARTE DU DIOCESE
DE BEZIERS.

AUTREFOIS on ne pouvoit pas faire de *Regiſt.* 18. bonnes Cartes de Geographie. On n'avoit ni *Nov.* 1728. les Inſtruments, ni les connoiſſances neceſſaires pour cela. Mais aujourd'huy, grace aux travaux de l'Academie Royale des Sciences, & à la protection dont elle a eſté honorée, on peut ſe flatter d'un heureux ſuccés dans ces ſortes d'Ouvrages. On trouve dans le Livre *de la Grandeur & de la figure de la Terre*, que M. Caſſini a mis à la ſuite des Memoires de la meſme Academie pour l'année 1718, non ſeulement des Methodes trés-ſeûres pour décrire & prolonger une Meridienne, pour placer chaque Lieu ſelon l'angle de poſition qu'il fait, & ſelon ſa diſtance à l'égard de cette Meridienne, & pour reduire à un meſme plan les angles obſervés dans des plans differens, mais encore la deſcription des Inſtruments propres pour ces Operations, avec la maniere de les rectifier & de s'en ſervir. On y trouve non-ſeulement des Obſervations faites pour determiner la grandeur de la circonference de la Terre, & la valeur de chaque degré en toiſes du Chaſtelet de Paris, mais encore des Baſes actuellement meſurées & des diſtances trés-exactement calculées, qui peuvent auſſi ſervir de Baſe à de nouveaux triangles, tous Elements neceſſaires à des Cartes exactes. Enfin on y trouve & des Obſervations faites pour déterminer la ſcituation des principaux endroits de la Coſte du Languedoc & de diverſes Villes de cette Province, & des exemples pour prouver la bonté des Operations Geometriques, & leur accord avec les obſervations Aſtronomiques. Nous avons nous-meſmes fait voir cy-deſſus*, que la poſition de la Ville de Beziers * P. 17.

deduite des Triangles de la Meridienne de Paris par M.
de Clapiés s'accorde parfaitement bien avec les observations Astronomiques faites dans nostre Observatoire. On
ne peut donc desirer plus de facilités en cette matiere,
qui d'elle mesme est trés-delicate, & ne peut estre maniée
que par des mains habiles, par des Astronomes de Pro-
fession.

Toutes ces considerations ont encouragé Mrs. Boüillet
& Astier l'Aisné à entreprendre la Carte du Diocese de
Beziers. Aprés avoir déterminé Astronomiquement la position de la Tour de l'Evesché, laquelle est presque contiguë à la Tour de la Cathedrale, ils ont déterminé Geometriquement la position de tous les Lieux circonvoisins:
Et quoyque cet Ouvrage ne soit pas encore parfait, en
ce qu'il ne donne pas la position de tous les Lieux de ce
Diocese, toutefois comme il est un des premiers où
l'on ait suivi exactement les Regles prescrites dans le
Livre qui vient d'estre cité, qu'il prouve manifestement
la defectuosité de la Carte de ce mesme Diocese dres-
sée en 1708 par le Sr. Gautier, & qu'il entre assés naturellement dans le dessein qu'ont formé NOSSEI-
GNEURS DES ESTATS de faire lever Astronomiquement & Geometriquement la Carte de cette Province, on
a esté bien aise d'en donner d'avance une idée pour faire
voir que nostre Academie tasche de se rendre utile au
Des Lettres Public, & de meriter, autant qu'il est en elle, la grace
Patentes. qu'elle ose esperer de la bonté du Roy.

Mrs. Boüillet & Astier avoient resolu de mesurer exactement la longueur du terroin qui est entre le Grau de
Serignan & celuy de Vendres, & de faire porter aux
deux extremités de cette Base, un Quart de Cercle de
trois pieds de rayon, garni de deux Lunettes pour prendre leurs alignemens, & former les Triangles necessaires pour déterminer la Position de tous les Lieux de
ce Diocese par rapport à leur Observatoire. Ils avoient

mefme à cette fin efcrit à M. de Mairan pour le prier
de leur achepter une Verge de fer divifée en pieds &
pouces, & eftallonnée fur la Toife du Chaftelet de Paris; mais cette mefure n'eftant pas arrivée dans la faifon
convenable, ils refolurent de profiter de la diftance entre la Chapelle de S. Loup fur le Mont d'Agde, & la
Tour de la Cathedrale de Beziers, qui eft évaluée à
12428 Toifes dans le Livre *de la Grandeur & de la Fi-*
gure de la Terre, & de fe fervir de cette diftance comme
d'une Bafe actuellement mefurée. Ils auroient peû pa-
reillement fe fervir de la diftance de cette mefme Tour
à la Chapelle de S. Clair fur le Mont de Sette, qu'on
fçait eftre de 20031 Toifes; mais ils préfererent la premiere, & ils fe contenterent d'employer quelquefois la
feconde pour la verification de leurs Calculs.

Dans cette veûë Mrs. Boüillet & Aftier firent porter
d'abord fur la Tour de la Cathedrale de cette Ville,
le Quart de Cercle dont ils s'eftoient fervis pour leurs
Obfervations Aftronomiques. Ils furent mefme obligés
de monter fouvent fur le haut de cette Tour, tant pour
rectifier l'Inftrument, & prendre les angles de pofition
de tous les Lieux qu'ils peurent appercevoir, que pour
déterminer par des Obfervations du lever & coucher du
Soleil la declinaifon de ces mefmes Lieux à l'égard de
la Meridienne de cette Tour; & ils eurent le plaifir d'a-
voir pour témoin & compagnon de quelques unes de
leurs Obfervations M. de Clapiés qui malgré les importantes occupations dont il eft chargé, & dont il
s'acquitte avec tant de zele & de fuffifance, ne laiffe
pas de prendre beaucoup de part aux travaux de noftre
Academie.

Enfuite on fe tranfporta à la Chapelle de S. Chriftophle fur le Mont de Puifferguier, d'où l'on void non feulement la Chapelle de S. Loup, mais encore celle de
S. Clair, Narbone, Beziers, Agde & beaucoup d'autres

Lieux. M. le Marquis de Puifferguier en qualité d'Academicien voulut affifter à toutes les obfervations qu'on
fit à cette Station, & à quelques autres qu'on fit dans
une des Chambres de fon Chafteau, & qui pourront fervir un jour à dreffer un Plan exact de la Ville de Beziers. Enfin on monta fur le haut du Clocher de la
Collegialle de cette Ville appellée S. Aphrodife, pour
prendre les angles de pofition de quelques Lieux, qu'on
n'avoit pas peû bien diftinguer de la Chapelle de Saint
Chriftophle, & de quelques autres qu'on n'avoit pas
veûs du tout.

On choifit ces deux Stations, quoyque les moins
avantageufes, pour plufieurs raifons inferées dans nos
Regiftres, & qu'on nous difpenfera de rapporter icy.
D'ailleurs on avoit refolu de faire une quatrième Station à la Tour de Valros, qui eft le Lieu le plus commode qu'on puiffe choifir entre S. Loup & la Tour
de la Cathedrale de cette Ville, & de corriger par ce
moyen de petites erreurs, s'il s'en eftoit gliffé dans les
obfervations precedentes. On auroit mefme déterminé
la pofition de Pezenas, comme on a fait celle de Narbonne; mais M. de Clapiés ayant eû befoin de fon
Quart de cercle, on a efté obligé de differer l'execution
de ce projet, jufqu'à ce que nous ayons, ou un autre
Quart de cercle, ou une bonne Planchette.

Pour rendre un compte exact du travail de Mrs. Bouillet
& Aftier, il faudroit donner à ce Memoire plus d'eftenduë qu'on ne s'eft propofé, & tracer mefme plufieurs
figures, ce qu'on n'a nullement deffein de faire. Ainfy
on fe contentera de rapporter quelques-unes de leurs
Operations & de donner le refultat de leurs Calculs.

I.

Angle de pofition que fait la Tour de la Cathedrale de
Beziers entre S. Loup fur le Mont d'Agde & la Chapelle
de S. Chriftophle fur le Mont de Puifferguier 172° 10' 0"

Angle de pofition que fait S. Chriftophle entre S. Loup & la Tour de la Cathedrale de Beziers 4   50   0

On connoît la diftance de la Chapelle de S. Loup à la Tour de la Cathedrale de Beziers de 12428 Toifes.

Donc la diftance de cette Tour à la Chapelle de S. Chriftophle fur le Mont de Puifferguier, eft de 7685 Toifes

I I.

Angle de pofition que fait la Tour de la Cathedrale de Beziers entre le Clocher de S. Aphrodife & la Chapelle de S. Loup fur le Mont d'Agde   68   28   20

Angle de pofition que fait le Clocher de S. Aphrodife entre la Tour de la Cathedrale de Beziers & Saint Loup   109   53   0

Donc la diftance de la Tour de la Cathedrale de Beziers au Clocher de S. Aphrodife eft de 379 Toifes 3 Pieds.

I I I.

Par le Calcul Aftronomique fondé fur les Obfervations du lever & du coucher du Soleil faites du haut de la Tour de la Cathedrale de Beziers le 21 Aouft, le 7, le 20 & le 25 Septembre de cette année, & corrigées les unes par les autres, on trouve que la Meridienne de cette Tour, qui paffe par le Nord, decline à l'égard de la Chapelle de S. Chriftophle fur le Mont de Puiffer-guier de 70^d 41' 50" vers l'Orient.

I V.

Diftances entre Beziers & quelques Lieux circonvoifins
Toifes.

10883   De la Tour de la Cathedrale de Beziers à
          la Tour de la Cathedrale d'Agde.

12951   De la Tour de Beziers au Fort de Brefcou.

8725   De la Tour de Beziers au Clocher de Vias.

5628   De Beziers au Clocher de Portiragnes.

3268   De Beziers au Chafteau de Villeneuve.

4275   De Beziers au Clocher de Cers.

4632	De Beziers au Clocher de Serignan.
3504	De Beziers au Chasteau de Sauvian.
2140	De Beziers à Nostre-Dame de Consolation.
5802	De la Tour de Beziers au Clocher de Vendres.
4731	De la Tour de Beziers au Clocher de Nisse.
3434	De Beziers au Chasteau de Colombiés.
3894	De la Tour de Beziers à la Tour de Montady.
7330	De Beziers au Clocher de Puisserguier.
4064	De Beziers au Chasteau de Maureillan.
6116	De la Tour de Beziers au Clocher de Cazouls.
2824	De Beziers à l'Eglise de Maraussan.
3122	De Beziers au Chasteau de Lignan.
9300	De la Tour de Beziers au Clocher de Causse.
6710	De la Tour de Beziers au Clocher de Murviel.
4848	De la Tour de Beziers au Clocher de Thesan.
3464	De Beziers au Clocher de Corneillan.
5216	De la Tour de Beziers au Clocher de Paillés.
13316	De la Tour de Beziers aux trois petites Tours qui sont sur le Mont de Faugeres.
6993	De Beziers au Chasteau de Puissalicon.
8959	De la Tour de Beziers au Clocher de Nezignan de l'Evesque.

V.

Distances de quelques Lieux à la Meridienne de la Tour de la Cathedrale de Beziers		Distance de la Tour de Beziers à la perpendiculaire tirée de quelques Lieux sur la Meridienne.	
	Toises	*Toises*	
La Chapelle de S. Christophle	7253 occ.	2541	Sept.
Le Chasteau de Lignan	1870 occ.	2499	Sept.
Le Clocher de Murviel	2937 occ.	6033	Sept.
Les Tours de Faugeres	1044 occ.	13274	Sept.
Le Chasteau de Villeneuve	2936 ori.	1556	Merid.

Le Clocher de Vendres	887 ori.	5734	Merid.
Le Clocher de Niſſe	3669 occ.	2987	Merid.
La Tour de Montady	3836 occ.	677	Merid.

Ce ſeroit icy le Lieu de montrer l'uſage qu'on fera
de toutes ces déterminations pour la Carte du Dioceſe
de Beziers ; mais outre qu'on a expliqué cy-deſſus * de
quelle maniere on deduit les Latitudes & les Longitudes des meſures Geometriques, & qu'il n'eſt pas bien
difficile de placer ſur une Carte les Lieux dont on connoiſt les Latitudes & les Longitudes, on croit que ce
detail conviendra mieux au Memoire que l'on fera imprimer lorſque cette Carte ſera achevée. C'eſt par cette
raiſon, & pour n'eſtre pas ſi longs, qu'on a ſupprimé icy
les diſtances des Lieux desja determinés les uns à l'égard
des autres & les diſtances de quelques-uns par rapport
au Parallele & au Meridien de Beziers, & qu'on ne parle
point de la maniere dont on pretend s'y prendre pour
deſcrire les grands Chemins, pour tracer le cours des
Rivieres & des Canaux, pour marquer la ſcituation des
Ponts, pour diſtinguer les Montagnes d'avec le Plat-
Pays, & pour meſurer l'aire ou le ſol de tout ce Dioceſe. C'eſt enfin par cette raiſon que l'on ne dit rien icy
de tout ce que le Dioceſe de Beziers produit de particulier ſoit pour la ſanté ſoit pour les beſoins de la vie
civile. On adjouſtera ſeulement qu'un Ouvrage de cette
nature demande quelques ſecours, & qu'on oſe les eſpe-
rer, ces ſecours, ſous un Regne ſi floriſſant, ſous un Mi-
niſtre qui nous honore d'une Protection ſi ſinguliere,
& dans une Province dont les Chefs également zelés
pour le bien de l'Eſtat, & pour la gloire de leur Patrie,
ſe font un plaiſir de favoriſer les Sciences & d'aider les
Sçavants dans leurs entrepriſes.

* Pag. 8.
& ſuiv,

SUR LA POSITION DE LA VILLE

DE NARBONNE

IL auroit esté facile de déterminer la situation de Narbonne par rapport à la Meridienne de la Cathedrale
de Beziers, si on avoit rapporté dans le Livre *de la Grandeur & de la Figure de la Terre*, les Triangles dont on
s'est servi pour trouver la distance de cette Ville à Nis-
mes de 67500 Toises; mais on a supprimé ce detail, &
l'on s'est contenté d'y marquer que la hauteur du Pole
de Narbonne est de 43° 10' 13." Pour trouver donc
la Position de cette Ville, il falloit observer de l'une de
nos Stations, l'angle qu'elle fait avec la Tour de Beziers; & c'est ce que M. Bouiller fit de la Chapelle de
S. Christophle sur le Mont de Puisserguier. Il trouva
que la plus haute Tour de la Cathedrale de Narbonne
fait avec la Tour de la Cathedrale de Beziers un angle de 77° 59.' Aprés quoy reduisant en Toises 10' 12"
de degré, difference entre le Parallele de Narbonne &
celuy de Beziers, & adjoustant 9700 Toises que vaut
cette difference à 2541 Toises, difference entre le Parallele de Beziers & celuy de la Chapelle de S. Christophle, il eût 12241 Toises pour la difference entre le
Parallele de Narbonne & celuy de cette Chapelle. Ensuite il retrancha de l'angle observé entre Beziers &
Narbonne, l'angle de declinaison de la Chapelle de
S. Christophle à l'égard du Meridien de Beziers, & il
trouva que Narbonne decline du Meridien de cette Chapelle qui passe par le Sud de 7° 17' 10" vers l'Oüest;
ce qui luy donna par les Regles de la Trigonometrie
1565 Toises pour la difference entre le Meridien de Narbonne & celuy de S. Christophle, & 8818 Toises pour
la difference des Meridiens entre Narbonne & Beziers.

D'où

D'où il resulte que Narbonne est plus Occidentale que Beziers de 12' 45" de degré ou de 51" de temps, & qu'elle est plus Orientale que l'Observatoire Royal de Paris de 40' 15" de degré ou de 2' 41" de temps.

Par une Methode pareille à celle dont on s'est servi cy-dessus on trouve 13108 Toises pour la distance entre la Tour de Narbonne & celle de Beziers, ce qui revient, en donnant 3000 Toises à la Lieuë de Languedoc, à quatre Lieuës un tiers un peu plus.

Pour la distance entre la Tour de la Cathedrale de Beziers, & la Tour de Nostre-Dame de Montpellier, on l'a trouvée en se servant des Triangles de la Meridienne de Paris, de 31722 Toises 3 Pieds. On a calculé aussy les distances de Beziers à divers Lieux determinés par ces mesmes Triangles, & que l'on a accoustumé de comprendre dans la Carte du Diocese de Beziers, quoyque situés dans celuy d'Agde, ou de Montpellier, comme Marseillan, Maize, Bouzigues, Balaruc, Frontignan, &c. Enfin on a déterminé les distances de Beziers à Carcassonne & à Castres; mais on a creu que sans entrer dans un plus grand detail, ce qu'on avoit dit jusqu'icy suffisoit pour donner une idée de la maniere d'observer & de calculer de Mrs. Boüillet & Astier.

D

SUR LES EAUX MINERALES
DE CASTELNAU

appellées communement, Eaux de Vendres.

Nous pouvons desja annoncer, quoyqu'un peu par avance, une Hiſtoire generale du Dioceſe de Beziers, & une Hiſtoire exacte, fidélle, bien circonſtanciée, telle enfin qu'une Compagnie qui eſt eſtablie ſur les Lieux & qui joint l'eſtude des *Sciences* à celle des *Belles-Lettres* eſt en droit de promettre. On ramaſſe du moins chaque jour des Materiaux pour la compoſition de cet Ouvrage.

Aſſemblée publique du 29. Aouſt 1726

M. Portalon leut dernierement un Diſcours ſur le Genie, le Caractere, les Mœurs des anciens Habitants de ce Pays : & de ceux qui l'habitent aujourd'huy, & il n'oublia pas ceux qui aprés y avoir pris naiſſance, ſe ſont diſtingués ou ſe diſtinguent encore ailleurs par des talents ſinguliers. Il avoit leu auparavant un Memoire ſur la maladie des Moutons, dont on a parlé ailleurs *.

* Lettre ſur l'Origine de l'Acad. de Beziers.

Quelques autres Academiciens travaillent à des recherches ſur la Religion, les Feſtes, les Loyx, les Couſtumes de nos Peres, ſur les Revolutions que la Ville de Beziers a eſſuyées, ſur ſes Droits Seigneuriaux, ſes Privileges, &c.

Mrs. Andoque Boüiller & Caillé obſervent les Meteores qui paroiſſent ſous ce Climat: ils meſurent la quantité de pluye qui tombe icy chaque année, & ils tiennent un Journal exact de tous les changements de noſtre Athmoſphere.

Nos Medecins obſervent tout ce qui arrive a icy de

a On a desja envoyé à l'Academie Royale des Sciences pluſieurs Obſervations Anatomiques, & entre-autres, qu'une femme avoit accouché icy vers le quatriéme mois de ſa groſſeſſe de 18 Fœtus mal conformés & de differente groſſeur. C'eſtoit dans le mois de Decembre de l'année 1717.

particulier qui a rapport à leur Art ; & ils ne manquent pas d'en enrichir nos Regiſtres. M. Texier a commencé de travailler à une Liſte des Morts & des Baptefmes de cette Ville depuis le commencement de ce Siecle. D'autres enfin eſclairciſſent des uſages qui nous ſont communs avec preſque tous les peuples de la Terre.

On vient d'eſtablir Geometriquement & Aſtronomiquement la poſition de cette Ville, & de donner le projet d'une Carte exacte du Dioceſe de Beziers d'après Mrs. de Clapiés, Boüillet, &c. M. Aſtier le Cadet donnera inceſſamment toutes les dimenſions de cette Ville, & en dreſſera le plan geometrique ſur les obſervations faites à l'occaſion de la Carte dont on vient de parler.

M. Cros d'après lequel on va traiter icy des Eaux minerales de Caſtelnau, a promis d'examiner les Bains de la Malou & toutes les autres ſources Medicinales de ce Dioceſe : & on ne manquera pas en meſme-temps d'examiner les autres productions de la Nature & de l'Art, qu'on admire dans ce Pays. Toutes ces pieces raſſemblées, feront comme on l'eſpere, quelque plaiſir aux curieux, & à tous ceux qui s'intereſſent aux progrés des Sciences & des Beaux Arts, & à la gloire de cette Ville. Mais il eſt temps d'entrer en matiere.

Pour examiner avec plus d'exactitude les Eaux de Vendres, & en découvrir plus feurement la nature & les proprietés, M. Cros ſe transporta exprès à leur Source, & pria meſme le Secretaire de cette Compagnie de l'y accompagner pour eſtre le teſmoin & le juge de ſes experiences. Il s'eſtoit muni de tout ce qu'on a accouſtumé d'uſer en pareil cas ; c'eſtoit dans le mois de Juillet dernier, & comme il faiſoit alors bien chaud, on avoit porté un Thermometre, dont la liqueur deſcendit dans la Source d'environ dix degrés dans moins d'une minute, malgré boüillonnement apparent & continuel de l'Eau.

Aſſemblée publique du 2 Septemb. 1718.

M. Cros tafche de concilier ce boüillonnement avec la fraifcheur de cette Source, de rendre raifon de toutes les autres experiences qu'on fit alors, & qu'on reitera enfuite fur ces mefmes Eaux tranfportées, & d'expliquer tout ce qu'il defcouvrit par l'Analyfe chymique : il donne mefme la defcription de cette Fontaine, & avance quelques conjectures fur fon antiquité, fur l'eftat où elle étoit autrefois, & fur les ufages à quoy elle eftoit employée, & il indique en peu de mots les reparations dont elle auroit befoin.

Mais on fe contentera de rapporter icy en peu de mots ce qu'il penfe de la nature & de la vertu de ces Eaux, & d'enfeigner en quel temps & de quelle maniere on doit les prendre.

L'Eau minerale de Vendres eft onctueufe, rouffatre d'un gouft picquant & aigrelet : elle eft fraifche à la Source, quoy-qu'elle femble boüillonner avec violence ; & elle repand une odeur fulphureufe & bitumineufe. De là & par toutes les efpreuves qui ont efté faites, M. Cros conjecture que cette Eau eft impregnée d'un fel acide volatil & nitreux, d'un alkali auffy volatil, d'un foulphre delié, & d'une terre tres fine qui concourt avec l'acide & le foulphre à compofer un peu de fel alkali fixe.

Toutes ces fubftances rendent l'Eau de Vendres tres utile dans tous les cas où l'on employe avec fuccés les Eaux minerales acidules, & qu'on nous difpenfera par confequent de rapporter icy ; mais elles luy procurent encore l'avantage, de reüffir merveilleufement dans bien des occafions où les Eaux acidules ordinaires, ou ne feroient que blanchir, ou ne conviendroient nullement, comme dans les reftes des gonorrhées, dans les hemorroïdes inveterées, dans les fleurs blanches des femmes, &c. On comprend affés que c'eft à raifon du foulphre ou du beaume particulier qu'elle contient, & qu'on peut fort bien comparer aux Beaumes naturels les plus eftimés,

On verra fur ce point dans les Memoires que M. Cros publiera dans la fuite, des obfervations & des inftructions tres-intereffantes pour cette Ville qui a le bonheur d'avoir prefque à fes portes une Fontaine fi faluraire.

On prend les Eaux de Vendres dans le mois d'Aouft & au commencement de Septembre, on en boit le matin à jeun environ trois pintes chaque jour, & l'on en continuë l'ufage pendant huit à neuf jours en obfervant telles précautions qu'un Medecin prudent juge neceffaires. Dans tout autre temps & pour des eftomachs foibles, on les fait dégourdir au Bain-Marie.

On ne doute nullement que le Bain de ces Eaux ne fuft tres-propre à de certaines maladies; mais il n'y a point d'apparence qu'on mette ce Bain en ufage jufqu'à ce qu'on ait executé le deffein qu'à formé à ce fujet M. le Marquis de Cailus Seigneur de Caftelnau, qui n'a en cela d'autre veûë que le bien du Public.

Au deffaud des Bains, on peut employer utilement les Bouës de cette Source, elles font émollientes, refolutives, & conviennent fort bien dans toutes les maladies externes, qui dépendent d'une trop grande tenfion des parties folides, d'une tranfpiration retenuë, d'une lymphe aigrie & coagulée, &c. L'analyfe que M. Cros a faite de ces Bouës ne permet pas de douter des vertus qu'on vient de leur attribüer.

Quoyque les Eaux de Vendres foient affés eftimées dans ce Diocefe, elles ne le font pas neanmoins autant qu'elles meritent de l'eftre. C'eft le fort ordinaire des chofes communes. S'il en couftoit davantage pour les avoir, on en feroit fans doute bien plus de cas. Maintenant, qu'elles feront mieux connuës, on les recherchera peut-eftre avec plus d'empreffement.

SUR LA RHEUBARBE DU PAYS

nommée vulgairement Rhapontic des Montagnes.

COmme la Rheûbarbe de Levant eſt encore aujour-d'huy fort rare & fort chere, il ne ſera peut-eſtre pas inutile de repeter icy, ce qui a eſté desja dit ailleurs*, qu'on peut fort bien ou ſe paſſer de ce remede, ou le remplacer par *le Rhapontic des Montagnes*. Les experien-ces que M. Cros fit dernierement à cette occaſion, & qu'il rapporta dans une de nos Aſſemblées publiques, ayant prouvé & la faculté purgative de la Rheûbarbe du Pays, & la maniere douce avec laquelle elle agit, on a creû devoir en quelque ſorte tirer de l'oubli une Racine qui croiſt * dans noſtre Voiſinage, & aſſeûrer en meſme temps les malades, qu'il n'y a aucun danger à en uſer. Diſons plus, on a creû devoir les avertir que depuis long-temps quel-ques Eſculapes s'en ſervent ſecretement à la Campagne, par une ſupercherie en quelque ſorte pardonnable, puiſ-qu'elle ne fait tort qu'à la bourſe de ceux qui croyant avoir pris de la Rheûbarbe de Levant, payent chere-ment une Drogue que la Nature nous donne icy gra-tuitement & en abondance.

On renvoye au Memoire de M. Cros pour la deſcrip-tion & l'analyſe de cette Plante. On adjouſtera ſeule-ment qu'on peut employer la Rheûbarbe du Pays de tou-tes les manieres & dans tous les cas qu'on a accouſtumé d'employer la Rheûbarbe de Levant.

* *Lettre ſur la Rheû-barbe.*

Regiſt. 28 *Aouſt* 1727

* *Sur les Pyrenées.*

SUR LES ECLIPSES
DE L'ANNE'E M. DCC. XXIX.

Depuis la naiſſance de l'Academie, on a calculé ſur les Tables de M. de la Hire deux Eclipſes de Soleil & une de Lune, & il n'y a jamais eû guere plus de trois ou quatre minutes de difference entre l'Obſervation & le Calcul.

M. Aſtier l'Aiſné, qui depuis environ trois ans travaille de concert avec M. Boüillet à des Tables du Soleil pour le Meridien de Beziers, en veûë de les joindre à la Traduction de l'Aſtronomie du P. Tacquet, à laquelle M. de Guibal va mettre inceſſâmment la derniere main : M. Aſtier, dis-je, s'eſt ſervi de ces meſmes Tables pour calculer les deux Eclipſes de Lune qui arriveront en 1729. *Regiſt.* 25. *Nov.* 1728.

La Premiere arrivera le 13 de Fevrier, elle ſera totale & commencera à Beziers à 7 h 6' 38" du ſoir. L'Immerſion ſera à 8 h 6' 11" Le milieu à 8 h 55' 54". L'Emerſion à 9 h 45' 37". La fin à 10 h 45' 10". La durée ſera de 3 heures 38' 32". La demeure dans l'ombre d'une heure 39' 26". La grandeur de l'Eclipſe ſera de 20 doigt 2 minutes.

La Seconde arrivera le 8 d'Aouſt. Elle ſera auſſy totale, & ſon commencement à Beziers ſera à 11 h 35' 26". L'Immerſion à minuit 34' 22". Le milieu à 1 h 23' 32". L'Emerſion à 2 h 12' 42". La fin à 3 h 11' 38". La durée de 3 heures 36' 12". La demeure dans l'ombre de 1 h 38 20". La grandeur de l'Eclipſe ſera de 19 doigts 46 minutes.

On ne manquera pas d'obſerver ces Eclipſes & d'en tirer quelque avantage pour la perfection des Tables de la Lune, à quoy M. Aſtier a auſſy deſſein de travailler dans la ſuite. Il ſeroit honteux aux Aſtronomes de la Compagnie de reſter dans l'oiſiveté. La ſerenité du Climat, la ſcituation heureuſe *a* de leur Obſervatoire, les grands exemples *b* qu'ils ont devant les yeux, tout les invite à travailler avec aſſiduité, &, ſi je l'oſe dire, avec quelque eſperance de ſuccés.

Il y aura encore l'année prochaine trois Eclipſes de Soleil ; mais elles ne ſeront pas viſibles ſur noſtre Horiſon.

a On ſçait * desja depuis quelque temps, que M. l'Eveſque de Beziers par zele pour les Sciençes & par amour pour noſtre Academie dont il eſt le Préſident né, & pour laquelle il s'intereſſe ſi efficacement dans toutes les occaſions, nous permet de faire nos Obſervations Aſtronomiques dans la Tour de ſon Palais ; mais nous ne ſçaurions luy en marquer aſſés ſouvent noſtre reconnoiſſance. Cette Tour eſt haute, ſpacieuſe, tres-bien percée, & ſemble faite exprés pour cet uſage. De là, on void la Mer, ce qui eſt encore un avantage aſſés conſiderable.

b Mrs. les Aſtronomes de l'Academie Royale des Sciences de Paris ne ſe contentent pas de travailler ſans relaſche, ils forcent meſme en quelque ſorte les autres à travailler, en communiquant genereuſement leurs Methodes, & en donnant la deſcription des Machines & des Inſtruments dont ils ſe ſervent. V. *les Memoires de cette Academie depuis* 1666, *juſqu'en* 1725 *incluſivement.*

RELATION

DE

L'ASSEMBLÉE PUBLIQUE

DE L'ACADEMIE

DES SCIENCES
ET BELLES LETTRES.

DU JEUDY DOUZIESME AVRIL
mil sept cens trente-un.

A BEZIERS,

Chés ESTIENNE BARBUT, Imprimeur du Roy,
& de l'Academie des Sciences & Belles Lettres.

M. DCC. XXXI.
AVEC PERMISSION.

RELATION

DE L'ASSEMBLE'E PUBLIQUE
de l'Academie des Sciences & Belles Lettres.

Tenuë le 12. d'Avril 1731 dans la Salle du Palais Episcopal de la Ville de Beziers, M. l'Evesque present.

CAILLE' Directeur ouvrit la seance par un Discours sur les devoirs d'un Academicien. Dés l'entrée il advertit qu'il ne parleroit que des devoirs d'un Academicien qui se devoüe uniquement aux sciences, & qu'il laissoit à une plume plus delicate que la sienne à traiter des devoirs d'un Academicien qui fait sa principale occupation des Belles Lettres. Mais ces devoirs ont entre eux une si estroite liaison, qu'il n'a peû descrire les uns sans faire connoistre les autres. Rechercher la verité, combattre l'erreur, préferer le travail & l'estude à une vie molle & oisive, quelquefois mesme à d'autres occupations que bien des gens regardent comme plus importantes, sacrifier les biens, la santé pour acquerir de nouvelles connoissances; tous ces devoirs sont communs à l'un & à l'autre Academicien. Adjoustons que si l'un est obligé de perfectionner les Sciences, l'au-

A

tre n'eft pas moins obligé de cultiver & d'enrichir les
Belles Lettres. Veut-on des raifons & des exemples ?
On n'a qu'à lire les Hiftoires & les Memoires de l'A-
cademie Royale des Sciences, & de l'Academie Royale
des Infcriptions. M. Caillé emprunta de l'Hift. & des
Mem. de l'Academie Royale des Sciences, des traits
vifs & frappants dont il fçeût parfaitement bien em-
bellir fon Difcours: On pourroit tirer de l'Hift. & des
Mem. de l'Academie Royale des Infcriptions , de
quoy inftruire ceux qui fe deftinent aux Belles Lettres ; mais il vaut encore mieux renvoyer les uns & les
autres à ces grands & rares modelles que nous nous
ferons tousjours gloire d'imiter, & que tous ceux
qui veulent faire quelques progrés dans les Sciences
& dans les Belles Lettres doivent fans ceffe avoir devant
les yeux.

Aprés que M. Caillé eut fini fon Difcours, on leût
deux Memoires de Phyfique & deux Memoires de Litterature, qu'on eut foin d'entremefler, afin de reveiller
par cette varieté l'attention de la Compagnie. On va
garder icy le mefme ordre.

SUR LA CAUSE DE LA FERTILITÉ
des Terres.

PErfonne n'ignore les moyens dont il faut fe fervir
pour rendre les Terres fertiles. On convient mefme affés unanimement que le principal ou le plus neceffaire de tous ces moyens, c'eft le *Labourage*. Mais
comment le Labourage rend-il les Terres fertiles ? ou,
ce qui revient au mefme, quel eft le principe general
de la fertilité des Terres, & comment le Labourage le
met-il en jeu ? Jufqu'icy on n'a cherché ce principe
que dans le *nitre de l'air*, ou dans *l'air* mefme. Mais

M. Aftier le Cadet a creû devoir s'eſlever plus haut &
remonter juſqu'à la *matiere Etherée*. Il s'eſt contenté
de ſuppoſer cette matiere, & pourquoy ne la ſuppoſe-
roit-il pas? la plus ſaine partie des Philoſophes l'admet
aujourd'huy, comme la ſource de tous les mouvemens,
& par là de toutes les productions de la nature, ainſy
que l'a fort bien remarqué M. *De Mairan* * dans ſa Diſſertation ſur la Glace.

* p. 3;
Sec. Edit.

M. Aftier eſt convenu d'abord avec l'Autheur d'un
Memoire * publié en 1722, que le ſyſtême qui a eu le
plus de partiſans a eſté celuy du nitre de l'air, qui s'in-
ſinuë, dit-on, dans les terres que la charruë a ouver-
tes & miſes en eſtat d'eſtre facilement penetrées; que
ce ſyſtême ne s'eſt pas meſme borné aux Vegetaux, qu'il
a embraſſé les Animaux & les Mineraux: Mais il n'a peû
s'empeſcher de rendre juſtice aux *Borelli*, aux *Bellini*,
aux *Pitcarne*, & à un ſçavant diſciple * de l'Illuſtre M.
Chirac, qui long temps avant l'impreſſion de ce Memoire avoient deſtruit cette Idole, & depoüillé la Phyſique de ce faux bien. Il a ſouſcrit ſans peine aux preuves qui avoient eſté alleguées contre ce ſyſteme, & il
a fait voir qu'elles pouvoient eſtre reduites à deux,
qu'on ne rapportera pas meſme icy, tant elles ſont
connuës.

* V. journ.
de Trevoux
Mars 1722.
art. XXV.

* M. Aftruc
Tractat. de
Motûs ferm.
cauſa.

M. Aftier eſt entré enſuite dans le detail du ſyſtême qui
attribuë à la ſeule force d'expanſion de l'air, à ſon ſeul
reſſort, ce que les partiſans de *Vvillis*, de *Mayovv*, at-
tribuoient au nitre aërien. Pour expoſer ce ſyſteme, il
a creû ne pouvoir mieux faire que de ſe ſervir des propres termes de l'Auteur du Memoire desja cité.

p. 514

,, En labourant ou en bechant la Terre, on fait la
,, meſme choſe, *dit cet habile Phyſicien*, que font les
,, Potiers de terre en battant la terre glaiſe, ou les
,, Boulangers en paiſtriſſant le pain, on introduit beau-

,, coup d'air dans la terre, & on le mesle bien avec
,, elle. Le procedé du Boulanger & du Potier pro-
,, cure à la paste & à la terre glaise une grande visco-
,, sité ; le procedé du Laboureur dispose la terre à se
,, resoudre par le moyen des pluyes en un suc vis-
p. 516. ,, queux qui fait toute sa fertilité. Car enfin, *adjouste-*
,, *t-il*, qu'est ce que cette fertilité ? Ce n'est à le bien
,, prendre qu'une terre disposée à se gonfler & à sor-
,, tir en quelque sorte hors d'elle mesme.

Mais qu'est-ce qui donne à la terre cette disposition ?
le mesme Autheur respond, que ,, c'est l'air, parce qu'il
,, tend tousjours en en haut, à mesure que la terre
,, qui tend en embas s'affaisse sur luy & le presse.

M. Astier auroit souhaité pouvoir adopter ce systê-
Tract. de me. L'authorité de *Borelli* qui a pretendu que l'air est
Motu anim. la principale cause de la vegetation des Plantes, celle
part.2.prop. de M. *Astruc* qui a avancé que le seul ressort de l'air
CLXXXI. est la cause efficiente de la fermentation qui arrive au
Tract. de suc nourricier des Vegetaux, l'y auroient determiné, si
Mot. ferm. en matiere de Physique l'authorité devoit l'emporter.
causa p.125 Mais M. Astier a fait voir que l'air n'estoit icy qu'une
& s. cause particuliere & non un principe general.

L'air contribuë à faire gonfler & fermenter la paste
qu'on paistrit, M. Astier en tombe d'accord; mais il
adjouste qu'il y a une cause plus generale, qu'on doit
regarder comme la cause efficiente de cette fermentation; c'est la *matiere Etherée*, ainsy que l'a prouvé M.
* p. 5. *Boüillet* dans sa Dissertation * sur les Ferments réimpri-
mée à Beziers en 1720. M. Astier convient aussy que
l'air contribuë à la fertilité des Terres, mais en mesme
temps il pretend par bien des raisons qu'on nous dis-
pensera de rapporter icy, que c'est la matiere Etherée
qui est le principe general de cet effect.

C'est cette matiere que les diverses façons qu'on donne à la terre mettent en jeu, & determinent à prépa-

5

rer, à digerer, à affiner le suc nourricier des plantes par l'agitation qu'elle communique aux particules de sel, de soulphre, d'eau, de terre, dont ce suc est composé. C'est elle qui rend ce suc coulant & propre à s'insinuer dans les vaisseaux dont les plantes sont composées. C'est elle qui dispose ce suc à s'unir aux parois de ces mesmes vaisseaux, à les estendre, à les faire croistre, à desvelopper leur germes. C'est elle enfin qui doit estre regardée comme la cause generale de la vegetation & de la multiplication des Plantes.

Cela posé. M. Astier rend aisément raison de tout ce qui a rapport à cette matiere. Il explique d'où vient qu'on laboure diverses fois & dans differentes saisons, les champs que l'on veut semer : pourquoy l'on seme toutes les années certaines terres, & qu'on laisse reposer les autres : pourquoy les terres nouvellement essartées rapportent beaucoup la premiere année : d'où vient qu'on brusle le chaume des terres qu'on seme toutes les années, & qu'on fume ou qu'on marne tant celleslà que celles qu'on laisse reposer : d'où vient que toutes sortes de semences ne levent ou ne fructifient point dans toutes sortes de terres : enfin pourquoy l'on change de temps en temps de semence mesme dans les meilleures terres. Tout cela forme une espece de Commentaire Physique sur le premier livre des Georgiques de Virgile, dont on pourra faire usage un jour, mais qui seroit icy hors de sa place.

M. Astier n'en demeure pas là. Il se propose de rechercher des moyens pour empescher la generation d'un petit ver * qui ronge interieurement les jeunes plantes de bled, & qui par les ravages qu'il fait depuis quelque temps, rend nos recoltes fort mauvaises. Il essayera les remedes que Virgile & d'autres Autheurs enseignent pour faire fructifier les grains, ceux dont parle M. de Reaumur * pour tuer le *charanson*, il taschera

A iij

* Vulgairement *Babote.*

* Mem. de l'Acad. 1728 p. 311.

mefme d'en inventer de nouveaux, & s'il eft affés heureux pour y réüffir, il ne manquera pas de faire part
au public de fes experiences.

SUR L'ORIGINE DES PROVERBES.

ON ne peut pas douter que l'ufage des Proverbes
ne foit trés ancien. Les premiers Efcrivains, ou
ceux que nous regardons comme les premiers, ont cité
des Proverbes, tantoft pour orner leurs Ouvrages, tantoft pour eftablir des faits, fur lefquels ils n'avoient à
donner aucune preuve efcrite. De là M. Mainy prefu-
me que l'ufage des Proverbes a précedé de beaucoup
celuy de l'Efcriture. Du moins eft-il certain que les
Proverbes eftoient en vogue long temps avant Moyfe,
puifque les guerres du Seigneur entre les Ifraelites &
les autres habitants d'Egypte, avoient efté mifes en
Cantiques Proverbiaux, dont on trouve plufieurs Ver-
Chi 21. fets dans le Livre des Nombres.

Mais en quel temps les Proverbes ont-ils commencé
d'avoir cours, & à qui en devons-nous l'invention ?
C'eft ce que perfonne n'a encore déterminé précife-
ment : car on compte pour rien l'opinion de quelques
anciens qui ont regardé les Proverbes, comme un prefent du Ciel, comme les oracles des Dieux. Au defaut des monuments qui puiffent fervir de guide dans
cette recherche, M. Mainy a recours aux conjectures,
& par les feules lumieres de la raifon il tafche de dé-
terrer l'origine des Proverbes dans ces anciens temps,
où les hommes peu differents des beftes fauvages ne
fuivoient que le penchant de la nature, & ne recon-
noiffoient d'autre loy que celle du plus fort.

Il fuppofe qu'au milieu de ces hommes groffiers &

farouches, il s'en trouva qui eurènt affés de naturel pour fentir qu'ils eftoient faits pour la focieté, & affés de genie pour trouver les moyens d'en eftablir une.

Ces moyens deûrent eftre courts & faciles pour ne pas rebuter des gens plus attentifs aux befoins du corps qu'à ceux de l'efprit, & par là peu capables de reflexion. Ils deûrent eftre puifés dans la nature mefme, afin que tout le monde en reconnuft l'importance & la neceffité.

Ce fut alors fans doute que fut propofée cette Regle, que chacun fent gravée au fond du cœur, qu'il ne faut faire à autruy, que ce que nous voudrions que l'on nous fift à nous-mefmes. De cette maxime generale on en tira plufieurs particulieres, à qui on donna le nom de Proverbe, parce qu'eftant naturelles, conceûës en peu de paroles & aifées à retenir, elles devinrent bien-toft populaires. *Proverbium, quafi probatum verbum, quafi commune omnium verbum.* Car c'eft ainfy que les Latins expliquent le mot de Proverbe: & c'eft auffy de cette maniere qu'ils interpretent celuy d'Adage qui luy eft fynonime. *Adagium, quafi circumagium, quod paffim per omnium ora obambulet.*

D'où il eft aifé de voir que M. Mainy tire l'origine des Proverbes de ces regles naturelles ou de ces maximes courtes & precifes qui furent inventées par les premiers Sages du monde pour civilifer les hommes & pour regler & polir leurs mœurs. Cette conjecture eft fondée fur la definition mefme du Proverbe, qui eft appellé par les Autheurs Grecs, un Difcours qui fous une certaine obfcurité, renferme des regles trés-utiles pour la conduite de la vie ; *Parhoimia èftì lógos ôphélimos èn tô biô, èpicrhúpfei metrhía polù tò chrêfimon èchôn èn éautŏ*: ou plus generalement par les Latins, une Sentence propre à former les mœurs. *Proverbium eft fententia ad vitam inftituendam conducibilis.* Et c'eft principalement fous cette derniere idée que M. Mainy

confidere les Proverbes, car il ne faut pas croire que les
Proverbes foient réellement differents des Sentences,
quoyqu'ils foient plus generalement repandus, & qu'ils
foient ordinairement conceûs en termes plus vulgaires :
il fuffit qu'ils ayent les qualités effentielles aux Sentences, qui font la verité, la brieveté & l'utilité. D'ailleurs
peut-on ne pas regarder les Proverbes comme des Sentences, aprés que Salomon, le fage Salomon n'a pas
fait difficulté de donner fous le nom de Proverbes, les
Sentences ou les Leçons de fageffe, qu'il avoit apprifes
luy-mefme de la Sageffe Eternelle ?

Or fi les Proverbes ne font autre chofe que des Sentences, des maximes qu'une approbation generale a rendu populaires, ne doit-on pas conclure, que les premiers
Proverbes ne font que les premieres Sentences, les
premieres regles qui furent inventées dans ces temps
de barbarie & d'ignorance, où les hommes n'eftoient
encore affujettis à aucunes loix ?

Il y a plus. *Ariftote* au rapport de *Synefius* dans
fon Encomium, nous apprend que les Proverbes font
les reftes & les monuments de la Philofophie la plus
ancienne, que leur brieveté & leur élegance ont fait
paffer jufqu'à nous. Que conclure de là ? Sinon que
les Proverbes doivent avoir pris leur naiffance dans
ces premiers temps où les premiers Philofophes, c'eft-
à-dire, les premiers Sages commencerent d'eftablir des
regles pour ramener les peuples feroces à la connoiffance de la verité & de l'équité naturelle, & pour les
difpofer à la Société civile.

Pour rendre la chofe plus fenfible, remontons jufqu'à
l'origine des Proverbes qui nous font les plus connus.
Ce n'eftoit d'abord qu'un bon mot fondé fur le bon
fens, qu'une refponfe fage & prudente, qu'un évenement remarquable exprimé d'une maniere précife &
à la portée de tout le monde, qu'une maxime utile

&

& profitable renfermée en peu de paroles. Cette maxime, cette response, ce fait, ce bon mot ont passé de bouche en bouche, ils ont esté generalement approuvés : les voilà devenus Proverbes. M. Mainy cite quelques exemples ; mais on se contentera d'observer avec luy que si nos Proverbes particuliers sont des maximes populaires, des Sentences qu'une expression courte & energique a rendeû sensibles & familieres, des regles aisées de Politique & de Morale, on peut bien par une raison d'analogie avancer, que les premiers Proverbes sont les premieres maximes qui furent inventées par ces hommes Sages, qui travaillerent les premiers à l'establissement de la Societé civile.

En suivant la mesme analogie, M. Mainy juge des effects que les premiers Proverbes deûrent produire, par ceux que nos Proverbes operent encore chaque jour. Rien ne touche plus efficacement, rien ne persuade plus promptement qu'un Proverbe cité à propos. Soit qu'on veüille inspirer de l'amour pour la vertu, soit qu'on veüille donner de l'horreur pour le vice, rien n'est plus propre à cela que quelque exemple ou quelque maxime passée en Proverbe. On estoit autrefois si persuadé de cette verité, qu'on gravoit des Proverbes sur les portes des Temples & sur les Colonnes des Places publiques, & que les Empereurs Romains consultés sur les affaires les plus importantes, ne dedaignoient point de respondre par des Proverbes. V. Erasm. Adag. p. 6.

M. Mainy finit en remarquant que c'est sans doute sur le modelle des premiers Proverbes que les verités les plus essentielles de l'Evangile se sont, si on l'ose dire, popularisées, & qu'une infinité de loix & de principes de droit se sont rendeûs familiers à ceux qui sans autres connoissances, que celles que donne l'usage du monde, decident souvent avec autant de facilité & de confiance que les Theologiens & les Jurisconsultes mesmes.

B

Il eſt vray que l'on peut ſe tromper , & qu'on ſe trompe meſme quelquefois dans les deciſions que l'on donne ſur la foy des Proverbes ; & cela, ou parce qu'on les applique mal à propos , ou parce qu'on ne les diſtingue pas ſouvent de certaines expreſſions vulgaires qui en ont la fauſſe apparence : que l'on prend pour Proverbes , tantoſt des équivoques, tantoſt des quolibets, qui par leur faux brillant ont fait quelque fortune dans le public, tantoſt certains dictons, qui plaiſent par leur nouveauté , mais qui dans le fond n'ont ny le merite ny le caractere des veritables Proverbes. M. Mainy dans un autre Memoire, taſchera de prévenir cet abus en diſtinguant exactement ce qui eſt Proverbe, d'avec ce qui n'en a que l'apparence.

SUR LES REMEDES TOPIQUES.

IL ne ſuffit pas que les Medecins ſçachent ce qu'on doit penſer des Remedes que l'on applique exterieurement : il eſt neceſſaire encore que le Peuple, (& l'on peut dire que bien des gens ſont peuple à cet égard :) il eſt neceſſaire, dis-je, que le Peuple ſoit deſabuſé de la prévention où il eſt au ſujet de ces Remedes.

C'eſt une fonction dont M. Boüillet a bien voulû ſe charger. Il a veû perir quelques perſonnes par l'indeûë application des Topiques, il en a veû bien d'autres que ces Remedes avoient mis en danger de mort, & il n'a peû s'empeſcher de faire voir qu'on ſe trompe également, ſoit qu'on regarde ces Remedes comme un ſecours trés-efficace, ſoit qu'on les conſidere comme des choſes indifferentes qui ne peuvent faire ny bien ny mal.

Il n'a garde pourtant de diſſimuler qu'il y a des occaſions, où il faut de toute neceſſité uſer de Topiques, comme lorfqu'il s'agit de faire refoudre ou meurir une tumeur, de panfer un ulcere, une playe, d'humecter & de ramollir la peau; d'attirer vers l'habitude du corps quelque humeur vitieufe, &c. Mais fi on excepte ces cas-là, & quelques autres que les habiles Medecins & les Chirurgiens experimentés fçavent fort bien diftinguer, M. Boüillet fouftient que dans bien des Maladies internes & externes où l'on a accouftumé d'employer de Topiques, ces Remedes font ou infuffifants ou pernicieux.

Pour prouver l'infuffifance des Topiques dans toutes les Maladies internes, il n'y auroit qu'à les parcourir les unes après les autres; mais comme ce détail meneroit trop loin, on s'arreftera aux Maladies-de la poitrine & du bas ventre qui font accompagnées de douleur, & pour lefquelles les pauvres gens n'efpargnent pas ordinairement les Topiques.

Dans toutes ces Maladies, il y a un trés-grand abord de fang dans les vaiffeaux des vifceres renfermés dans la poitrine & dans le bas ventre : les parois de ces vaiffeaux en font diftenduës & tiraillées, leurs fibres nerveufes violemment fecoüées ; de-là l'inflammation, la douleur, la fievre & les autres Symptomes. Cela eftant ainfy, que peuvent faire alors les Topiques? rendre le fang plus fluide, raffermir le tiffu des vaiffeaux: c'eft certainement tout ce qu'on peut dire en leur faveur. Mais n'eft-il pas vifible que la fievre ardente qui accompagne ordinairement ces Maladies, donne à tout le fang plus de confiftence que les Topiques les plus appropriés n'en fçauroient deftruire, & plus de force pour dilater & diftendre les vaiffeaux que ces Remedes n'en ont pour les refferrer & les raffermir ? Ce n'eft pas tout. L'experience fait voir chaque jour qu'il faut neceffairement avoir recours aux Saignées & aux autres Remedes qui diminuent la quantité & le volume du fang, qui rabbattent fon moûvement, qui luy donnent de la fluidité, & qui oftent les caufes antecedentes & conjointes de la fievre, fi on ne veut que le mal empire, & qu'il devienne bien-toft mortel: ou du moins, fi on ne veut expofer ces malades à des fuppurations, à des abfcés, à des fievres lentes, qui termineront toft ou tard leur vie languiffante.

Mais, dira-t-on, lorfque ces maladies font caufées par quelque exercice violent, par quelque grand effort, n'eft-il pas neceffaire d'appliquer une Emplaftre fur l'endroit où fe fait fentir la douleur? A cela M. Boüillet refpond par un fait tiré des Oeuvres d'*Hippocrate*.

* Os tòn 'ònon érben, Qui afinum fuftulit, &c. l. 4. popul. ,, Un homme * *dit Hippocrate*, fit un grand effort & ,, fur le champ il fut furpris de la fievre; le troifiefme ,, jour il eut une hemorrhagie, qui continua le qua- ,, triefme, le cinquiefme, & revint le feptiefme & le ,, huitiefme. Cela fut fuivi d'un cours de ventre qui ,, tira d'affaire le Malade.

De là M. Boüillet prend occafion de faire connoiftre les Remedes qui conviennent dans les cas dont on vient de parler. La nature, dit-il, eft un grand Maiftre dans l'Art de guerir. Elle nous monftre ordinairement le chemin que nous dévons fuivre. Mais qu'eft-ce qu'elle fuggere dans le Malade dont parle *Hippocrate*? eft-ce une Emplaftre ou de frequentes Saignées, qu'authorife le fang, qui coula plufieurs jours de fuitte? eft-ce une Emplaftre, ou des Lavements & des Medecines qui font indiquées par le cours de ventre qui termina la Maladie? c'eft aux Lecteurs à decider; on adjouftera feulement que par le moyen des Saignées & des Evacuations réïterées, M. Boüillet a gueri depuis peu deux perfonnes, qui à l'occafion de quelque grand effort, fe plaignoient d'une douleur au bas ventre, accompagnée de fievre & d'inflammation, & qui avoient employé inutilement bien des Remedes exterieurs.

On nous difpenfera d'entrer dans le détail des raifons qu'allegue M. Boüiller. Mais nous ne devons pas
oublier une circonftance qu'il rapporte: c'eft qu'ayant
efté appellé un peu trop tard, il ne peut empefcher
qu'il ne fe formaft des abfcés dans le bas ventre, ce
qui fut caufe que ces Malades ne furent parfaitement
gueris qu'aprés avoir rendu beaucoup de matiere pu-
rulente par les felles.

Il affigne la fource de cette matiere; mais ceux qui
ont leû l'obfervation qui eft rapportée dans l'Hift. de
l'Acad. R. des Sciences 1727 * n'auront pas de peine à
la trouver: ils jugeront mefme que le Malade dont on
y parle, & qui tomba dans la fievre lente à l'occafion
d'un effort qu'il avoit fait pour fouflever un fardeau: ils
jugeront, dis-je, que ce Malade ne feroit peut-eftre
pas mort, fi la matiere qui s'eftoit arreftée dans les
glandes de l'Inteftin Colon, avoit peû fuppurer &
fortir par les voyes ordinaires.

* p. 18,
& fuiv,

Jufqu'icy on n'a confideré les Topiques que comme
des Remedes infuffifants ou incapables de guerir les
maux pour lefquels on les applique, dans la fuppofi-
tion tousjours que c'eftoient de Topiques doux & appropriés. Refte à faire voir que parmy ces Remedes, il
y en a de pernicieux ou qui peuvent par eux-mefmes
produire de mauvais effects. Car on ne croit pas qu'il
foit neceffaire de prouver que les meilleurs Topiques
appliqués mal à propos, mefme dans les Maladies externes, peuvent eftre trés-nuifibles : cette verité n'ayant
efté que trop fouvent confirmée par l'experience.

Parmy les Remedes exterieurs qui peuvent par eux-
mefmes caufer de funeftes accidents, M. Boüillet compte principalement les Emplaftres, les Onguents, les
Liniments, où entrent le Mercure, les Cantharides, le
Tabac; à quoy il adjoufte quelques Eaux préparées,
le Vinaigre, &c.

B iij

14

On ne parlera pas icy des Onguents faits avec du Mercure, tout le monde est assé en garde contre ces Remedes. Pour ce qui est des Vesicatoires, ou des Emplastres où l'on mesle des Cantharides, il suffira de dire qu'il est bien peu de cas, où ces Topiques soient de quelque utilité, & qu'il en est une infinité où ces Remedes sont très-pernicieux.

A l'égard des Liniments où l'on fait entrer du Tabac, l'experience a fait voir qu'ils donnent des inquietudes horribles, qu'ils provoquent des devoyements par en haut & par embas, & qu'ils causent mesme la mort.

Les Eaux préparées, dont les Charlatans font un secret, ne sont pas moins à craindre, soit que l'on s'en serve pour les Maladies des yeux, soit qu'on en frotte la peau pour la Gale, les Dartres, &c. Car outre que ces Eaux peuvent nuire par elles-mesmes, elles jettent souvant dans des Maladies plus fascheuses que celles à quoy elles estoient destinées.

Quant au Vinaigre, peu de gens le regarderont peut-estre comme un Remede suspect : Cependant, si on l'applique sur quelque partie enflammée ou Eresypelateuse, il ne manque guere d'y attirer la gangreine ; & M. Boüillet a veû perir un homme bien vigoureux & bien robuste, par un Eresypele, qu'on avoit traité au commencement avec de l'Oxicrat.

Delà il conclud que ceux qui employent de Topiques sans les connoistre, s'exposent à un trés-grand danger. Il dit plus. Le mal que ces Remedes ne peuvent pas faire quelquefois par eux-mesmes, il croit qu'ils le font infailliblement par la securité qu'ils inspirent aux malades, securité qui les met souvent hors de ressource, en les empeschant d'avoir recours à d'autres Remedes qui leur seroient absolument necessaires.

ASSEMBLÉE PUBLIQUE

DE L'ACADEMIE DES SCIENCES

ET BELLES LETTRES,

Tenuë le 6. Décembre 1731, en presence de M. l'Evesque & de MM. les Consuls de la Ville de Beziers.

APRÈS que M. Andoque Directeur eût fait valoir ce beau conseil d'Horace, *Tu nihil invitâ dices, faciesve Minervâ*, qu'il eût prouvé par bien des exemples qu'on ne ré-üssit jamais dans ce qu'on entreprend, lors-que l'on force son genie, & qu'on réüssit tousjours lors-qu'on s'abandonne à son talent, qu'il eût fait remarquer que les progrés qu'ont desja faits les Academies, qui travaillent depuis long temps, & ceux qu'on a lieu d'at-tendre des Academies nouvellement establies, ne sont deûs qu'à la sage precaution que chacun prend de se renfermer dans sa sphere, & qu'il eût exhorté les uns à suivre les heureuses dispositions qu'ils ont pour les sciences, les autres à cultiver le rare talent que la na-ture leur a donné pour les belles Lettres :

De Arte Poëtica.

On leût les Discours suivants, ausquels M. Andoque respondit avec beaucoup d'esprit & de politesse.

SUR LES TACHES DU SOLEIL.

LES Taches du Soleil obfervées dès le commencement du fiécle dernier par le P. *Scheiner* Jefuite Allemand, & enfuite par *Galilée*, ont un mouvement fi reglé & une declinaifon fi conftante à l'efgard de l'Ecliptique, & d'ailleurs elles font quelque-fois en fi grand nombre, quelque-fois elles font fi rares, tantoft elles naiffent, tantoft elles difparoiffent fi brufquement, qu'il faut qu'elles foient, ou des parties mélmes * du Globe du Soleil qui perdent leur lumiere, & qui la recouvrent enfuite, ou des Montagnes * qui occupent quelques parties de fa furface, qui s'entrouvrent quelque-fois & laiffent efchaper des fumées, ou des Corps naturellement opaques & fixes * en certains endroits de ce mefme Globe, qui tantoft s'élevent au deffus de fa furface confiderée comme une Mer immenfe, & tantoft s'abbaiffent au deffous, ou bien qu'elles foient des Planettes * qui circulent autour du Soleil, & qui nous en cachent neceffairement quelque partie en tournant leur moitié obfcure vers nous. Que les Taches du Soleil foient des Corps opaques, des Montagnes qui jettent des fumées, ou des parties mefmes du Soleil, qui ont perdu leur lumiere, c'eft ce qu'on ne déterminera pas icy. Seulement on veut faire voir d'après M. Boüillet, que ce ne font point des Planettes; & fi on le démonftre comme on l'efpere, ce fera un pas de fait en cette matiere. Après qu'on fe fera affeûré de ce que les Taches du Soleil ne font point, on parviendra plus aifément à connoiftre ce qu'elles font.

Deux raifons femblent prouver que les Taches du Soleil font inhérentes à la furface de cet Aftre, & qu'ainfy elles ne fçauroient eftre des Planettes, 1°. Elles vont plus vifte vers le milieu du Difque que vers les

* V. Les Princip. de la Philof. de *Defcartes.* part. 3, Art. 94. & S.
* V. le Jour. des Sçavans 1688.
* V. Hift. de l'Acad. R. des Sc. 1701. p. 118. & 1707. p. 11.
* V. Entret. fur la plur. des Mond. 4. foir pag. 167.

bords. 2°. Elles paroiſſent plus grandes, en meſme temps qu'elles paroiſſent aller plus viſte. Mais ces raiſons ceſſent d'avoir lieu, ſi on ſuppoſe avec un de nos Academiciens, 1°. Que les Planettes qui forment ces Taches ſont ſi petites, qu'elles ne deviennent viſibles, que lorſqu'elles ſe rencontrent pluſieurs enſemble, ou qu'elles ſont en conjonction. 2°. Que ces Planettes, quoyque fort voiſines du Soleil, en ſont neantmoins à des diſtances inégales, & ont des viſteſſes réellement inégales; car il s'enſuit de là, que les Planettes qui vont plus viſte, doivent en atteindre d'autres qui les precedoient, ou ſe ſéparer de celles qui les ſuivoient, & qui alloient plus lentement: ce qui doit faire varier la figure, la grandeur & la viſteſſe des Taches qu'elles compoſent.

On n'examinera point ces ſuppoſitions, non plus que bien d'autres que cet ingenieux Academicien eſt forcé d'admettre. On ſe contentera de faire remarquer, que toutes ces petites Planettes doivent avoir chacune leur tourbillon, pour ſe deffendre les unes contre les autres & ne pas tomber peſle & meſle ſur le Soleil. Et cela poſé, il ſera aiſé de faire voir l'impoſſibilité de cette hypotheſe. Faiſons auparavant une petite digreſſion.

Le Soleil, dit-on, n'eſt pas de moindre condition que Jupiter & Saturne: il peut avoir des Satellites auſſy bien qu'eux; & ſes Satellites ſont les Planettes qui forment ſes Taches. Certainement perſonne n'oſeroit aujoud'hui conteſter au Soleil cette prerogative; mais ſi l'on veut y faire reflexion, on verra que cela ne conclud rien en faveur des petites Planettes qu'on ſuppoſe. Car enfin, ſi Saturne, Jupiter, la Terre ont leurs Satellites, le Soleil à auſſy les ſiens. Saturne, Jupiter, Mars, la Terre, Venus & Mercure ne ſont-ils pas de l'adveû de tous les nouveaux Aſtronomes les Satellites du Soleil? Par là de combien cet Aſtre ne l'emporte-t-il pas ſur les autres Planettes, ſans qu'il ſoit beſoin d'avoir recours à de nouveaux Satellites?

4

On conviendra fans doute que l'hypothefe que M. Boüiller combat, eft mal fondée, fi toutes les Planettes qui feroient neceffaires pour former les Taches du Soleil, ne peuvent fe loger entre cet Aftre & Mercure. Mais comment voudroit-on dans un efpace de 6754 demy diametres terreftres qui eft la plus petite diftance de Mercure au Soleil, comment voudroit-on, dis-je, ranger plus de 3600 Planettes 27 fois plus petites que Mercure? Car on va voir qu'il n'en faut pas moins; & qu'il faut par confequent, ou reconnoiftre de bonne grace une Garde fi nombreufe autour du Soleil, ou abandonner l'hypothefe.

On connoift le diametre du Soleil, celuy de la Terre & celuy de Mercure, il ne s'agit que de fçavoir quel eft le diametre de chaque petite Planette, qui circule autour du Soleil, & qui en fe joignant avec d'autres, doit nous cacher quelque partie de fon Difque, & former ce qu'on appelle des Taches. Sera-ce trop, ou trop peu de luy donner 2" de dregré, ou de le fuppofer le tiers du diametre de Mercure? fi on luy en donne moins, il faudra un plus grand nombre de Planettes, fi on luy en donne davantage, il en faudra moins à la verité : mais il faudra leur donner à toutes de plus grands tourbillons; ce qui dans le fond reviendra au mefme. On fuppofera donc ce diametre de 2". On fuppofera auffi que le diametre du Soleil paffant par le Meridien en 128" de temps à peu prés, il y a eû des amas de Taches * qui ont efté plus de 16" à y paffer. Mais on veut, continuë M. Boüiller, qu'un de ces gros amas n'euft mis que 12", fi toutes les Taches, dont il eftoit formé, euffent efté contiguës & fans aucun vuide entre elles, ou mefme qu'il n'euft mis que 10", fi fa furface, qu'on va fuppofer plane, euft efté parfaitement circulaire, ou enfin qu'il n'euft mis que 8", pour évaluer tout fur le plus bas pied, on aura alors fon diametre de 120" de degré.

* V. Hift. de l'Acad. R. des fc. 1706 p. 123.

Enfuite pour fçavoir combien de petites Planettes il auroit fallu pour occuper fur le Difque du Soleil un efpace circulaire pareil à celuy, qu'occupoit l'amas des Taches dont on vient de parler, on n'a qu'à comparer le quarré du diametre de ces petites Planettes avec le quarré du diametre de cet amas, ou divifer l'un par l'autre, le quotient donnera le nombre cherché de ces petites Planettes. Or leur diametre eftant 2, leur quarré fera 4, & le diametre de cet amas eftant 120, fon quarré fera 14400, qui divifé par 4 donne 3600. Donc, &c.

Mais il eft impoffible de placer un fi grand nombre de Planettes entre le Soleil & Mercure : car à ne leur donner mefme que deux demi-diametres terreftres de diftance de l'une à l'autre, & du Soleil à celle, qui en feroit la plus proche, laquelle diftance ne fuffiroit pas affeûrément, à caufe des tourbillons, dont on les fuppofe invefties chacune en particulier, il y auroit encore 7200 demy diametres terreftres de diftance entre le Soleil & la derniere de ces Planettes, ce qui furpaffe de beaucoup la moindre diftance de Mercure au Soleil ; donc il eft impoffible que cet amas de Taches fuft formé par de petites Planettes.

Il feroit inutile de faire remarquer qu'on auroit peû conclure un plus grand nombre de ces Planettes, fi on avoit fuppofé que dans la conjonction les Superieures doivent cacher une partie de la furface des Inferieures, & qu'il y avoit alors d'autres Taches tant fur l'Hemifphere vifible que fur l'Hemifphere caché du Soleil ; cela faute affés aux yeux de quiconque eft Aftronome & Geometre.

Enfin, s'il eft vray, comme on a lieu de le foupçonner, que le Globe du Soleil foit quelquefois environné d'une ceinture de Taches, quel nombre de Planettes ne faudroit-il pas alors ? l'imagination la plus hardie en feroit effrayée.

V. Hift. de l'Academie R. des fc. 1714. p. 75.

V. Mem. de l'Acad. R. des Inscrip. tions T.III. p. 8. & s.

V. l'Assem- blée publ. d'après Paf- ques p. 2.

ON ne feindra pas de dire que la Differtation de M. *l'Abbé Massieu* sur les Graces, a fait naistre à M. Troüillet l'envie de parler sur les Muses, qu'elle luy a mesme servi de modelle pour l'ordre & l'arrangement des matieres ; & pour quoy le diffimuleroit-on ? n'avons- nous pas affés expliqué d'avance les obligations que nous nous eftions impofées ? Apres cet adveû, on fera remar- quer, que quoyque la Mythologie, ou, ce qui eft la mefme chofe, la Theologie payenne, ne foit qu'un amas de Fables, un affemblage de differentes fictions; & que par cette raifon on ne fe picque guere aujourd'huy d'en acquerir une parfaite connoiffance, on ne peut pas dif- convenir neantmoins que cette connoiffance ne foit trés necefaire pour l'intelligence des Poëtes, furtout des anciens Poëtes : & que parmy ces Fables, il n'y en ait plufieurs, qui fous l'apparence du menfonge, cachent de grandes verités, & qui par les exemples qu'elles nous mettent devant les yeux, nous donnent des regles de conduite qui ne quadrent pas mal avec la plus faine morale. C'eft ce que M. Troüillet a fait voir dans fes Recherches fur les Mufes : & c'eft à quoy l'on aura prin- cipalement efgard dans ce Précis.

De l'origi- ne des Mu- fes. Lib. 3. de. Nat. Deor.

V. Ovid. Metam. l. v

V. Cal.Rho- dig. Lect. Ant.p.1107

Il refute d'abord *Ciceron*, qui donne à ces Déeffes plufieurs peres & plufieurs meres ; & il croit que leurs differents noms ont fans doute jetté l'Orateur romain dans l'ereur : mais qui ne fçait, par exemple, que les Mufes ne furent appellées *Pierides*, qu'à caufe de la victoire qu'elles remporterent fur les neuf filles d'un riche Macedonien, nommé Pierus ? &c.

Il refute encore l'opinion d'un ancien Poëte nom- mé *Alcmæon*, qui faifoit ces Déeffes Filles du Ciel & de la Terre, & il adopte celle *d'Héfiode*, ce fameux généalogiſte de l'Olympe, qui nous apprend qu'elles furent le fruit des amours de Jupiter & de la Nymphe Mnemoſyne; & ce qui doit rendre, adjouſte-t-il, cette opinion plus vrayſemblable que les autres, c'eſt qu'elle s'accorde parfaitement auec le caractere & les attributs de ces Divinités; car elles tenoient de Jupiter, comme l'Autheur de toutes choſes, & le diſpenſateur de tous les biens, la connoiſſance des ſciences & des beaux Arts, & de la Nymphe Mnemoſyne, le moyen d'acquerir cette connoiſſance, & de la communiquer aux autres, c'eſt-à dire, la memoire.

V. Heſiod. Theogon.

Pour ce qui eſt du nombre des Muſes, on n'en reconnut d'abord que trois au rapport de Plutarque, car comme les anciens reduiſoient toutes les ſciences à trois differents genres, ſçavoir la Philoſophie, la Rethorique, & les Mathematiques, ils croyoient qu'ils ne pouvoient tenir ces trois dons, que de trois differentes Divinités, qu'ils appellerent Muſes.

Du nombre des Muſes & de leurs noms

Bientoſt après on en reconnut une quatrieſme ſous le nom de Thelxiope, à la quelle on donna enſuite une cinquieſme Sœur, qui fut ſuivie de deux autres. Enfin, s'il en faut croire Plutarque, le nombre en fut fixé à neuf du temps d'Heſiode, qui fut ſurnommé le Preſtre & le Favori des Muſes.

Elles furent engendrées en neuf nuits differentes, & on les honora ſous les noms de Melpomene, Thalie, Euterpe, Terpſichore, Erato, Calliope, Vranie, Clio & Polihymnie; noms, qui ſelon quelques Etymologiſtes, exprimoient le genre de Litterature, ou l'Art auquel chaque Muſe préſidoit.

M. Troüillet ne s'arreſte pas à reſoudre une difficulté, qu'on pourroit former ſur ce que Thalie eſt encore le nom d'une des Graces, car comme l'a très bien remarqué M. l'Abbé Maſſieu, il n'y à point d'inconvenient qu'une Muſe & une Grace ayent porté le meſme nom.

V. Mem. de Litter. T. III. p. 14

8

Ces neuf Déeſſes ne reſterent pas long-temps ſans avoir de nouvelles Sœurs, Sapho fut la premiere à qui l'on donna le nom de dixieſme Muſe, & nous l'avons vû donner de nos jours à une fille ſçavante, qui n'avoit ny moins d'eſprit ny moins de delicateſſe, que cette Dame Grecque à laquelle l'antiquité a donné tant d'eloges.

Symboles & attributs des Muſes. Aprés avoir parlé du nom & du nombre des Muſes, M. Troüillet entre dans le detail de leurs ſymboles & de leurs attributs : On nous les repreſente d'abord fort Jeunes, pour nous marquer, dit-il, que la jeuneſſe eſt le veritable temps qu'il faut conſacrer à l'eſtude, ſoit par-ce qu'on a dans cet aage l'imagination plus vive & la memoire plus heureuſe, ſoit parceque les infirmités qui ſont, pour ainſi dire, l'appanage de la vieilleſſe, rendent l'homme incapable d'une application ſerieuſe.

On nous les repreſente encore fort Belles, pour nous faire comprendre qu'il n'eſt rien de plus beau que les ſciences, & que les Muſes ont eu dans tous les temps un grand nombre d'Adorateurs.

On croyoit communément, qu'elles eſtoient Vierges, & par là on entendoit, 1°. qu'il eſt difficille de réüſſir dans tout genre de littérature parmy les embarras du mariage. 2°. on vouloit advertir les jeunes gens, qui s'appli-quent à la Poëſie, que c'eſt en quelque maniere proſti-tuer cet heureux talent, que de l'employer à compoſer des vers licentieux, & qu'à l'exemple des veritables Muſes, les Poëtes doivent purger leurs eſcrits, non ſeu-lement de tout ce qui ſent l'impieté, mais encore de tout ce qui peut ſalir l'imagination.

La plûſpart des Poëtes aureſte, ceux meſmes qui font aux autres des leçons de ſageſſe & de modeſtie, ſont ſujets à donner dans cet eſcueil, & ce n'eſt pas ſans rai-ſon qu'on reproche à *Juvenal*, de reprendre le vice avec des termes qui font rougir la vertu.

On repreſentoit ces Déeſſes dans l'attitude des perſonnes

fonnes qui danfent fous la conduitte d'Apollon, pour nous marquer que les gens de Lettres ne doivent pas fe refuſer quelquefois des plaifirs innocents, qui contribuënt également à rendre le corps plus fouple, plus difpos & plus vigoureux, & à delaſſer l'efprit qui ne peut pas eſtre tousjours tendu, & qui de temps en temps a befoin d'un peu de relafche.

Elles fe tenoient par la main les unes avec les autres ; ce qui exprime non feulement la liaifon & la connexité qu'il y a entre toutes les fciences, mais encore l'union qui doit regner parmy les Sçavants, union qui n'eſt pas incompatible avec les difputes, efpece de guerre litteraire fi neceſſaire pour la defcouverte de la verité.

Apollon n'eſtoit pas le feul conducteur des Mufes, elles avoient fouvent pour guide, s'il en faut croire certains Poëtes, le Dieu Bacchus ; mais, quoy qu'on ait tousjours entendu par Bacchus le Dieu du vin, il ne faut pas s'imaginer que les Poëtes ayent jamais prétendu que ce Dieu préfidaſt à l'yvrognerie & à la crapule. On fçait que fi le vin, lorfqu'il eſt pris avec excés, rend les hommes ſtupides ou furieux, felon que leur temperament eſt plus ou moins vif & ardent, il les rend au contraire doux, gays & agréables, lorfqu'il eſt pris moderément ; delà ces faillies heureufes qui font, pour ainfy dire, des eſtincelles de l'efprit : delà ces agréables *impromptu*, que produit une imagination legerement efchauffée par le vin ; c'eſt dans ce fens fans doute que les Poëtes ont feint, que le Dieu Bacchus eſtoit quelquefois le conducteur des Mufes.

On a feint encore qu'elles eſtoient eſtroitement unies avec le Dieu du fommeil & qu'elles eſtoient infeparables des Graces : il n'eſt pas mal-aifé, continuë M. Troüiller, de rendre raifon de cette double liaifon. On a voulu nous marquer par là que les favoris des Mufes

B.

preferoient les charmes de la folitude & d'une douce
oifiveté , aux embarras d'une vie tumultueufe; c'eft ce

Sermon. l.
2. Sat. vi.

qu'*Horace* a fort bien exprimé par ces Vers.

O rus quando ego te afpiciam? &c.

On a voulu nous monftrer encore que la politeffe &
l'élegance doivent accompagner l'Erudition , qu'il n'eft
point de genre d'efcrire, où un Autheur ne puiffe mefler
l'agréable avec l'utile , & qu'enfin les plus belles penfées
perdent beaucoup de leur beauté , fi elles ne font ex-
primées d'une maniere agréable.

Les Mufes ont tousjours publié la gloire des Heros ;
delà leur eft venu le nom de filles de Memoire. Par
la mefme raifon fans doute les Peintres leur ont donné
avec des ornements de tefte & des Colliers d'or , des
couronnes de Laurier ou des branches de Palmier.

Du mont Helicon, elles prirent le nom d'*Heliconi-
des*, & de la fontaine d'Hippocrene , autrement ditte
Aganippe , celuy d'*Aganippides*.

Du culte
qu'on ren-
doit aux
Mufes.
In Bœot.

Des Divinités. fi utiles & dont les hommes recher-
choient la faveur avec tant d'empreffement, ne pouvoient
manquer ny d'honneurs ny de temples. Les premiers,
qui, au rapport de Paufanias, leur rendirent des honneurs
divins , & qui leur confacrerent dans la Bœotie, le mont
Helicon, dont on vient de parler, furent Otus & Ephi-
alte, ces deux enfants de Neptune & d'Iphimedie,
qui crurent de neuf doigts chaque mois , & qui entre-

V. Hom.
Odyff. l.xi

rent dans l'audacieux projet, que les Enfants de la terre
avoient formé de deshroner les Immortels.

Diodore de Sicile rapporte, qu'Alexandre le grand
avant fon depart pour l'expedition des Perfes, fit celebrer des Jeux Sceniques à l'honneur de Jupiter & des
Mufes, Jeux, qu'Archelaus avoit desja inftitués en neuf
jours differents , chaque Mufe ayant fon jour propre
& deftiné.

Enfin ces Divinités tenoient un rang trés diftingué

parmy les faux Dieux que l'Antiquité avoit reconnu :
On les invoquoit dans les Festins : les Poëtes croyoient
tenir d'elles ces fureurs divines, cet enthousiasme qui
touche, emeut, saisit & enleve ; & les Heros se flat-
toient que la faveur des Muses leur donneroit l'im-
mortalité, qu'ils regardoient comme la recompense de
leur travaux & l'objet de leurs esperances ; de maniere
qu'il ne faut pas estre surpris, conclud M. Trouiller,
si les Anciens leur rendoient tant d'honneurs, s'ils leur
avoient dressé tant d'Autels, & s'ils gardoient avec
tant de soin leurs tableaux & leurs statuës.

SUR LES BAINS DE LA MALOU.

A L'Occasion des Bains de la Malou, nous parlerons
de l'action de l'Eau dans l'usage du Bain, & de
celle de l'Air entant qu'il presse nostre Corps.

Nous joindrons ensemble toutes ces matieres, quoyqu'elles ayent esté traitées dans nostre Academie en differents temps & par differentes Personnes : nous com-
mencerons mesme par examiner les effects que produit
sur le Corps humain la pression de l'Air, tant parceque
nous esperons en tirer des lumieres pour l'action du Bain,
que parceque ce sujet a esté discuté le premier dans une
de nos Assemblées publiques.

Reg. 19.
Aoust 1726

La pression de l'Air sur nostre Corps resulte de son
poids & de son ressort, & cette pression va à plus
de 36000 Livres pesant, selon le calcul de M. Bouiller,
fondé sur la mesure exacte, donnée par M. Astier le Cadet, de la surface, que presente à l'Air le Corps d'un
Homme de moyenne grosseur & de 5 pieds 3 pouces
de hauteur, & sur le poids connu d'une colonne de
Mercure de 28 pouces de hauteur sur un pouce quarré
de base, lequel poids esgale, comme l'on sçait, celuy

d'une colonne d'Air de mefme bafe. Une preffion fi confiderable meritoit bien qu'on y fift attention, & qu'on en examinaft les effects après avoir recherché ce qui doit en nous la contrebalancer.

On fera peut-eftre moins furpris que noftre Corps plongé dés la naiffance dans l'Air, comme dans un Bain naturel, foit obligé toute la vie de fupporter un fi grand poids, fi l'on confidere que dés le premier moment de la generation le fœtus fe trouve environné d'Eau, qu'il eft preffé par le poids de ce fluide tant qu'il eft enfermé dans le fein de la mere, & qu'en entrant dans l'Air, il n'efprouve pas tant une nouvelle preffion, qu'une preffion caufée par un Element different; mais on n'aura pas moins de peine à trouver les moyens dont la nature fe fert pour nous faire refifter à l'action d'un fi grand poids, action d'autant plus intereffante qu'elle commence avec la vie & ne finit qu'avec elle.

D'abord il fe prefente une force propre à contrebalancer le poids de l'Eau, ou de l'Air, qui preffe exterieurement noftre Corps, c'eft le reffort de l'Air qui eft au dedans de nous; mais, fi l'on en croit M. Boüillet, cette force vient principalement des Organes qui nous font croiftre, & à la faveur defquels nos humeurs font pouffées du centre à la circonference : & cela s'infere affés naturellement de ce que toute l'habitude de noftre Corps fe gonfle & fe remplit d'humeurs, dés que rien ne refifte au dehors, ainfy qu'on le void dans les experiences dela Machine Pneumatique & après l'application des Ventoufes.

V. *Borell.* On comprend, qu'il veut parler du Cœur & des
Tract. de Arteres, dont le reffort vaut autant qu'un poids de
mot. anim. 135000 livres, & qu'il fuppofe une lutte, ou un com-
P. 2. prop. bat reciproque & perpetuel entre les puiffances qui
LXXVI. nous preffent au dehors & les Organes qui refiftent au dedans. On comprend auffy que cette lutte ne tend qu'à

procurer la circulation des humeurs dans tout le Corps, comme ce qui se passe dans les Poulmons ne tend qu'à faire circuler le sang dans cette partie, en sorte, continuë-t'il, qu'on peut fort bien regarder toute l'habitude de nostre corps comme un second Poulmon, ou comme un Poulmon exterieur.

Tout ce que l'on vient de dire, conduit à penser qu'à mesure que le Fœtus croist, il doit estre moins pressé par l'Eau qui l'environne, & que vers la fin de la grossesse il doit luy arriver la mesme chose à peuprés, que l'on sçait, qui arrive à un animal renfermé dans une Machine d'où l'on pompe l'Air, c'est-à-dire, qu'il doit s'agiter & faire effort pour sortir de sa prison, afin de trouver un nouveau poids qui puisse contrebalancer la force interieure des ses parties. Mais quelque naturelle que paroisse cette pensée, ce seroit s'escarter du sujet qu'on a en veuë, que de s'y arrester d'avantage.

On ne croit pas aussy qu'il soit besoin d'expliquer en detail les effects de la circulation du sang & des humeurs, il suffit de sçavoir que toutes les secretions, la nutrition, en un mot, la vie en dependent. Mais on ne peut se dispenser de faire remarquer que ces mesmes secretions, & sur tout la transpiration, qui en est une très-importante, doivent se deranger toutes les fois qu'il arrive quelque changement considerable au poids de l'Atmosphere.

Pour se former une idée des changements qui peuvent arriver au poids que l'Air exerce sur nostre Corps, on n'a qu'à se representer l'estenduë des variations du Barometre, qu'on sçait estre de 2 pouces ; & par un calcul très-simple & très-aisé, l'on trouvera que ce poids peut augmenter ou diminuer de 2576 livres. Il est vray que ces augmentations ou ces diminutions ne se font ordinairement que par degrés, & en des temps assés esloignés les uns des autres ; ce qui pourroit porter à

croire que leurs effects, ou le derangement qu'elles produifent, ne doivent pas eftre fort fenfibles ; mais, outre
qu'il arrive quelquefois qu'en 24 heures le Barometre
hauffe ou baiffe de 9 lignes, & qu'alors la preffion de
l'Air fur noftre Corps augmente ou diminuë de 966 livres, ce qui eft affés confiderable, on ne peut pas douter que noftre Corps ne fe reffente plus ou moins de
ces changements de preffion, felon la difpofition où il
fe trouve, & que la tranfpiration, auffy bien que toutes les autres fecretions ne fe faffent avec plus ou
moins de liberté ; ce qui ne peut manquer de produire
en nous de bons ou de mauvais effects. M. Bouillet adjoufte des obfervations qui mettent cette Theorie dans
tout fon jour ; & il finit en faifant remarquer, que
rien ne paroift plus naturel que de fuppléer en certains
cas à la preffion de l'Air par celle de l'Eau, ou, ce qui
revient au mefme, par l'action du Bain, remede dont les
anciens abufoient peut-eftre, & que nous n'eftimons pas
affés.

 M. Cros dans le dernier Memoire qu'il a leû fur les
Bains de la Malou, a faifi cette idée, & il n'a pas manqué d'y joindre d'autres confiderations. Auparavant il
avoit fait l'analyfe de ces Eaux Thermales. Tafchons
d'expofer le tout en peu de mots.

Reg. 1.
Sept. 1729.

 Les effects du Bain peuvent fe reduire à deux principaux, à la preffion de l'Eau & à l'introduction de
fes parties. La preffion de l'Eau fe mefure par le
poids des colonnes qui s'appuyent fur le corps qui fe
baigne. Plus ces colonnes font hautes & plus ce
poids eft grand. Il refulte delà qu'un homme plongé
dans l'Eau à 32 pieds de profondeur, fouffriroit une
preffion double de celle qu'il fouffroit auparavant
dans l'Air : car outre le poids de l'Air qui s'appuye fur
l'Eau, il fupporteroit le poids de l'Eau, qui à cette hauteur eft efgal à celuy de l'Atmofphere. Une experience

rapportée dans l'Hist. de l'Acad. R. des Sciences de l'année 1725 *, aidera à convaincre ceux qui n'ont au- * p. 6.
cune connoissance de l'Hydrostatique; qu'il nous suf-
fise icy de l'avoir indiquée. Il est donc certain que la
pression de l'Eau est très-considerable. Delà , & par
ce qui a esté dit de la pression de l'Air , on peut juger
des effects que doit produire la pression de l'Eau dans
le Bain , & du secours qu'on doit attendre de ce remede dans bien des maladies.

Reste à examiner les effects que doit produire l'Eau en
s'introduisant dans nostre Corps. Selon M. Cros, l'Eau
tiéde ou moderément chaude, telle qu'est celle , dont
on se sert aujourd'huy pour le Bain , car il n'est guere
question maintenant des Bains froids: l'Eau, dis-je, moderément chaude humecte, ramollit la peau trop séche &
trop aride, relasche les vaisseaux trop tendus, calme l'Ere-
thisme des fibres nerveuses , membraneuses & tendineu-
ses: elle ouvre, eslargit, lubrifie les pores fermés ou
trop retrecis : elle délaye, destrempe , divise, fond ,
adoucit les humeurs trop acres, trop visqueuses, trop
grossieres: elle donne de la fluidité au sang , à la lymphe, à l'urine, à la matiere de la transpiration : elle augmente le mouvement des humeurs lorsqu'il est trop lent,
& le rabbat lorsqu'il est trop fougueux: elle aide à leurs
secretions en entraînant des molecules qui s'estoient
engagées dans les extremités des tuyaux capillaires, &
qui bouchoient le chemin à celles qui devoient suivre :
elle chasse les matieres estrangeres qui s'amassent quelquefois dans certaines cavités: en un mot elle procure un
soulagement sensible dans une infinité de maux trés-
considerables.

Jusqu'icy on n'a consideré que le Bain le plus simple,
celuy qu'on peut employer en toute saison & dans tous
les Pays en faisant chauffer de l'Eau commune. Mais on
connoist depuis long temps d'autres Bains, dont les

Eaux naturellement chaudes font impregnées de certaines matieres qui les rendent plus efficaces, & il femble
que ce feroit icy le lieu d'en parler. Toutefois pour n'eftre
pas trop longs, nous ne confidererons maintenant que les
Bains de la Malou. C'eft à ceux-là que nous nous bornerons avec M. Cros, d'autant plus que ce qu'on en va
dire, fuffira pour faire juger que les autres Bains chauds,
que la nature bienfaifante a placés en d'autres Contrées,
ont plus ou moins de vertu, ou des vertus differentes, felon la quantité, ou la qualité des matieres, dont leurs
Eaux fon chargées.

Les Bains de la Malou ne font en vogue que depuis
environ quinze ans. C'eft aux foins de M. le Comte
du Pujol dans les Terres duquel ces Bains font fcitués,
que nous devons ce threfor de fanté. Auparavant ce
n'eftoit qu'une petite fontaine qui fourdoit de la croupe
d'une Colline, qu'une fource connuë de quelques Vigne-
rons, & connuë feulement depuis peu d'années. M. le
Comte du Pujol y a desja fait faire les reparations les
plus neceffaires, & par zele pour les Malades plus que
par tout autre motif, il continuë encore d'y en faire
chaque année.

L'Eau des Bains de la Malou fe rend par les conduits
foufterrains qu'elle s'eft tracée elle-mefme dans un Baffin
que l'on a creufé, & où l'on defcend par le moyen de
quelques degrés. Ce Baffin eft affés large pour contenir
dix à douze perfonnes, il eft voûté & ne reçoit du jour
que par la porte, qui comunique avec la premiere chambre où l'on entre & qui fert de fallon.

Cette Eau eft affés abondante, puifque le Baffin vuidé
à 9 heures du foir, fe trouve plein à 3 heures du matin,
& que revuidé par moitié à 9 heures du matin, il eft plein
de nouveau à 2 heures apres midy. Elle eft mediocrément
chaude, quoy qu'elle boüillonne affés fenfiblement: elle
eft claire, blanchaftre, onctueufe, d'un gouft piquant &
aigrelet.

aigrelet. Sur fa furface on void nager une pellicule rouf-
faftre, onctueufe & mefleé d'une efcume blanche. Au fond
on trouve une terre argilleufe de couleur de Bol & entre-
mefleé de quelques particules metalliques brunes & lui-
fantes. Hors du Baffin & le long des Canaux par où l'eau
s'efcoule, cette terre forme des Concretions pierreufes
qui boucheroient bientoft la cavité des Canaux, fi on
n'avoit foin de les en détacher.

Au deffus du Baftiment & affés prés du fommet de
la Montagne, il y a une petite fource dont l'eau boüillonne comme celle du Baffin, a la mefme couleur, le
mefme gouft & depofe le mefme fediment.

Les Eaux thermales de la Malou ont donné à la teinture de fleurs de Mauve une couleur d'un rouge clair,
elles ont legerément fermenté avec l'Efprit de Vitriol,
elles ont pris une couleur laiteufe avec l'Huile de Tartre par defaillance, & la Noix de galle en poudre après
les avoir fait un peu rougir, les a renduës de couleur
brune.

Tout ce que l'on vient de rapporter, fut verifié fur
les lieux le 16. Juillet 1729 par MM. Boüillet, Cros
& Jalabert : Et fur ces obfervations, à quoy on joignît
enfuite plufieurs autres experiences, principalement l'é-
vaporation, par le moyen de la quelle on tira de ces
Eaux un fel trés-picquant, de couleur de faffran de Mars,
qui fermenta avec l'Efprit de Vitriol, & teignit en verd
le teinture des fleurs de Mauve, M. Cros jugea que ces
Eaux contiennent un Efprit acide volatil, un Sel qui par-
ticipe autant de la nature des Acides, que des Alkali, un
Fer exactement diffous, une Terre rougeaftre trés deliée
ou une efpece de Bol, & un Soulphre fin unis intimé-
ment enfemble & avec l'eau. En mefme temps il con-
jectura que du meflange & du combat de toutes ces matieres dependent l'onctuofité, le boüillonnement & la
chaleur moderée de ces Eaux.

C

Sur quoy il fit remarquer que les Eaux de la Malou font plus onctueuses, plus balsamiques, ou, si l'on veut, plus *Savoneuses*, plus temperées & moins salées, que celles de Balaruc; & qu'ainsy les Bains dela Malou peuvent convenir dans bien des cas, où ceux de Balaruc seroient très nuisibles.

Delà M. Cros passa aux bons effects que ces Bains operent dans beaucoup de Maladies chroniques; & il fit voir qu'ils font des merveilles, non seulement dans celles qui sont causées par le vice de la transpiration, Maladies très frequentes dans ces Contrées, où les vents qui se succedent si brusquement les uns aux autres, rendent l'air tantost pesant, tantost leger, tantost froid, tantost chaud, aujourd'huy sec, demain humide, & par là très-capable de deranger la transpiration : mais encore dans bien d'autres maux tant internes qu'externes, où il s'agit de donner de la souplesse aux solides, de changer la consistence ou la nature des fluides, & de restablir entre eux une certaine harmonie, d'où depend le libre exercice de toutes nos fonctions.

On s'apperçoit assés que M. Cros a voulu parler d'un costé des Rheumatismes particuliers ou universels, des Sciatiques, des contractions des Membres, &c. & de l'autre, des Affections hysteriques, melancoliques, hypocondriaques, des Coliques nephretiques, intestinales, de la suppression des Regles, &c. aussy bien que des Gales, des Dartres, des Angelures, des Vieux Ulceres, &c. On comprend mesme qu'il a fait voir que l'experience s'accorde icy avec l'Analyse qu'on a faite des Eaux de la Malou, & avec la Theorie qu'on a donnée cy-dessus du Bain en general : Ce qui doit nous dispenser d'entrer sur ce point dans un plus grand detail.

Le Bain de la Malou doit se prendre dans le mois d'Aoust & au commencement de Septembre : les mois les plus chauds estant les plus propres pour ce remede.

12

L'ufage de ce Bain demande quelques precautions avant & après; mais on eft d'advis que chacun confulte là-deffus fon Medecin.

M. Cros fe referve d'examiner encore plus particulierement les effects de ces Eaux, tant par rapport à la Medecine, que par rapport à l'ufage qu'on en pourra faire un jour dans les Arts.

DESCRIPTION DES GROTTES

DE MEYRUEIS PRE'S DE MENDE EN GEVAUDAN.

Avec des Remarques fur la maniere dont fe forment les Congelations.

Out ce que nous nous fommes propofés de faire à l'efgard du Pays que nous habitons, & dont nous avons rendu compte dans nos Memoires precedents, M. Blanquet nommé depuis quelque temps pour remplir une place dans noftre Academie, fe l'eft propofé à l'efgard du Gevaudan, où il pratique la Medecine avec fuccés depuis plus de 18 ans. On a desja veû fon Traité des Eaux Minerales du Gevaudan, mais l'Ouvrage qu'il medite, l'Hiftoire naturelle de cette Contrée, dont il a donné le plan dans un Difcours qu'il leut à l'affemblée des Eftats du Diocefe de Mende le 13. Fevrier 1730 : cet Ouvrage, auquel appartient le Memoire dont on va donner icy une idée, fera quelque chofe de bien plus confiderable; & l'on feroit tenté d'en faire voir l'eftenduë & l'utilité, fi M. Blanquet ne l'avoit fait luy mefme dans le Difcours que l'on vient de citer, & auquel tout le monde peut avoir recours. Une Defcription abbregée des Grottes de Meyrueis, des reflexions fimples & naturelles fur l'accroiffement des Pierres, feront toute la matiere de cet Extraict.

On n'eut pas le tems de lire ce Memoire, mais on a trouvé à propos de l'adjoufter aux autres.

De trois Cavernes que M. Blanquet defcouvrit au
prés de Meyrueis fur le penchant d'une Colline, la premiere n'eft remarquable que par un grand Arceau, qui
femble fait felon les regles de l'Architecture.

Les deux autres font & plus grandes & plus dignes
d'admiration par la multiplicité, la varieté & la beauté
des objects qu'elle prefentent. On diroit que les Peintres & les Sculpteurs ont travaillé à l'envy pour orner
ces lieux foufterrains. Pour fi peu qu'on veüille laiffer
agir l'imagination, on y trouve des Animaux terreftres,
des Oyfeaux, des Arbres, des Fleurs, des Fruits, outre
les Statuës, les Pyramides, les Colonnes, les Baffins,
les Taffes, les demi-Globes, les Cylindres, &c.

M. Blanquet donne les dimenfions de ces Grottes,
il defcrit leurs Voûtes, tantoft en Arc fur-hauffé, tantoft en Arc fur-baiffé, leurs Dômes peints de differentes couleurs & differemment fculptés, il fait remarquer
des Rochers incruftés d'un Efmail plus blanc que l'Y-
voire, des Pierres auffy blanches que l'Albaftre, il parle
d'un Pavé de marbre, dont les rayes frappent agréablement la veûë par leurs contours & leurs entrelace-
ments, des Chemins qui fourchent en divers endroits
& qui forment une efpece de labyrinthe, d'une Chambre avec des murailles peintes de differentes couleurs &
ornées de diverfes Congelations ; mais nous pafferons
tout cet article du Memoire de M. Blanquet pour en venir à ce qui attira le plus fon attention.

Il vit couler des fentes des Voûtes & à travers les
pores des Rochers une Eau claire & infipide, qui fe
metamorphofe en Pierre. Cette Eau forme d'abord un
Tuyau qui reffemble à celuy d'une plume à efcrire, &
qui eft fi fragile, qu'il caffe, fi on le touche feulement
avec le bout des doigts. Ce Tuyau fe durcit peu à peu
& fe remplit d'une Eau qui fe petrifie en forte qu'une
partie de l'Eau qui vient après, eft obligée de couler le

long des coftés du Tuyau, tandis que l'autre partie en penetre la cavité, en diftend les parois & en augmente la maffe. De là naiffent des Congelations, qui prennent differentes formes, & qui deviennent enfin fi dures qu'elles ne cedent point au Marbre le plus compacte.

Voilà ce que M. Blanquet dit avoir veû de fes yeux. Delà il paffe à la caufe du changement de cette Eau en Pierre, & propofe trois hipotefes qui font depuis quelque temps en vogue parmy les Phyficiens. On convient, dit-il, que l'accroiffement des Pierres fe fait, ou par *Juxtapofition*, ou par *Intuffufception*, ou par le moyen d'un *Ferment*, qui transforme en Pierre la matiere qui luy eft foufmife ; & ces trois hypothefes font defveloppées dans fon Memoire avec beaucoup de précifion & de netteté. Mais quelle des ces trois voyes eft celle dont la nature fe fert, ou bien les employe-t-elle toutes trois pour cette metamorphofe ? Ceft ce que M. Blanquet ne decide point. On ne gardera pas icy la mefme neutralité, on fe bornera à une feule hypothefe . & on ne fera pas difficulté d'adopter la Juxtapofition, comme la plus fimple & la plus probable.

Pour entrer plus aifément dans l'explication que nous allons donner de cette hypothefe, on n'a qu'à fe reprefenter la maniere dont les molecules du Salpeftre, par exemple, ou du Sel de Tartre, viennent à s'accrocher enfemble, à fe cryftallifer & à ne former qu'un tout folide, une efpece de *Pierre*, à mefure que les particules d'Eau qui les tenoient en diffolution, s'évaporent, ou qu'elles perdent de leur mouvement : ou bien , on n'a qu'à fe reprefenter la maniere, dont fe forment les Pierres de compofition, le Verre, la Fayence, la Poterie, &c. Mais pour rendre noftre Theorie plus fimple, ne confiderons que le Sel de Tartre, & faifons remarquer que les Cryftaux depofés par l'Eau, dans laquelle ce Sel a

esté dissous, ne se forment avec les figures regulieres
qu'ils ont coustume de prendre, & n'acquierent le consistence qui leur est propre, que par la simple apposi-
tion d'une molecule contre l'autre, par l'addition suc-
cessive de parties, par leur repos respectif & par la pression de l'Air & de la matiere Etherée.

Appliquons maintenant ces idées aux Concretions
qui se forment dans les Grottes, dont on vient de parler. L'Eau qui exude des pores des Rochers, contient
des particules d'un Sable fin, ou d'une Terre très deliée.
Ces particules doivent se rapprocher, s'unir ensemble &
se petrifier, dés que l'Eau qui les entraisne, perd de son
mouvement & qu'elle s'évapore. Or cette Eau n'est pas
plustost exposée à l'Air, qu'elle doit luy communiquer
de son mouvement, se refroidir & s'évaporer; Il n'est
donc pas surprenant que les molecules qu'elles contient,
deviennent Pierre.

Mais quelle apparence, dira-t-on, qu'une Eau aussy
claire que celle, qu'on void transpirer des pores d'une
Roche, ou des fentes de la Voûte d'une Grotte, con-
tienne des particules de Sable, de Terre ou de Limon?
A cela il est aisé de respondre, que, pour se convaincre que l'Eau la plus limpide renferme beaucoup de molecules de Terre, quelquefois mesme de Sel & de
Soulphre, on n'a qu'à laisser reposer cette Eau : On
verra qu'elle dépose peu à peu un *Sediment*, qui prouve
qu'elle n'estoit pas exempte de tout meslange.

Il y a plus. Le Limon que toutes les Eaux voiturent,
est plus ou moins propre à se durcir & à devenir Pier-
V. Mem.
de l'Acad.
T. X. pag.
343.
re, selon les Terres par où coulent ces Eaux. La Ri-
viere qui passe par la Ville de Bakan au Royaume d'Ava
dans les Indes Orientales, a en cet endroit dans l'espace
de dix lieües la vertu de petrifier le Bois; & le P. *Du-*
chatz Missionaire Jesuite rapporte qu'il y vit de Arbres
petrifiés jusqu'à fleur d'Eau, dont le reste estoit encore

de Bois fec. Mais fans aller fi loin, n'avons-nous pas en France des Fontaines, qui incruftent de Pierre les Tu- yaux par où elles coulent ? Les Eaux d'Arcueil * font de ce nombre, auffy bien que celles * de la Malou. M. Blanquet attefte mefme avoir veû dans un fauxbourg de Clermont en Auvergne, une Fontaine, dont l'Eau pe- trifie les Corps à travers lefquels peut paffer le Sable dont elle eft impregnée, & incrufte de Pierre ceux que ce Sable ne peut pas penetrer, & il fe croit fondé à comparer cette Fontaine au Fleuve, dont parle *Ovide* dans ces deux Vers.

*Hift. de l'Acad.1718 pag. 17. & 1716. p. 13. *Cy-deffus pag. 17.*

> *Flumen habent Cicones, quod potum faxea reddit Vifcera, quod tactis inducit Marmora rebus.*

V. Metam: L. xv.

Il ne faut donc pour former des Pierres qu'un Sable, une bourbe, dont les parties foient propres à s'unir & à former en fe défféchant un tout folide. Ces conditions font néceffaires : car il ne faut pas croire que tout Li- mon foit propre à former des Pierres, comme toutes fortes de Terres ne font pas propres pour la Poterie, ou pour la Fayence.

Cela pofé, on s'apperçoit aifément que felon le plus ou le moins de fineffe du Sable que l'Eau charrie, felon le plus ou le moins de particules heterogenes qui fe trouvent meflées avec ce Sable, il en doit refulter des Concretions plus ou moins dures, plus ou moins opa- ques, plus ou moins colorées. Mais on ne voit pas bien d'abord la raifon, pourquoy ces Concretions affectent quelquefois des figures fi regulieres : pourquoy certaines Pierres ont des configurations reglées & conftantes : pourquoy les Cailloux font prefque tous ronds. Tout cela ne prouveroit-il point une *Organifation*; & par une fuite neceffaire que la formation des Pierres fe fait par *Intuffufception*, ou par un défveloppement d'organes à la maniere des Animaux & des Plantes ? Delà on feroit conduit à croire que les Pierres viennent de femence,

V. Greg.
Nazian.
Poëm de
Virgin.
& l'on ne feroit plus furpris qu'il y ait eû autrefois des
Autheurs, qui ont penfé que les Pierres faifoient l'amour.
Mais, fans s'engager icy dans une trop longue difcuffion,
on fera remarquer, que tout ce qu'on voudroit attribuer
à une Organifation, peut, ou s'expliquer d'une maniere
très-fimple, ou eftre rapporté à des caufes connuës.

Et 1°. On ne doute plus aujourd'huy que les Pierres
Figurées n'ayent efté moulées : les unes, comme l'a très-
V. Hift.
1721. p. 22,
& 1722. p. 1. bien remarqué M. de Mairan, dans la Coque de quelque Heriffon de Mer: les autres, ainfy que le pretend
M. de Juffieu, dans les Coquilles de quelque efpece de
Nautile : les autres enfin dans celles du Pecten, ou de
quelque autre Poiffon teftacée, &c. On va mefme plus
V. Hift.
1709. 1716.
& 1727. loin : on pretend que les Coquilles des Limaçons ne fe
forment que par Juxtapofition, & qu'il en eft de mefme
de la partie interieure du Corail, qu'on affure n'eftre que
Pierre. 2°. Comme les figures des Pierres qui n'ont pas
efté moulées, ne font pas tout-à-fait regulieres, rien n'empefche d'imaginer que leurs parties ont efté déterminées
par des circonftances generales ou particulieres à s'ar-
ranger d'une maniere pluftoft que d'une autre. Et c'eft
V. Hift.
1721. &
1723. que MM. de Mairan & de Reaumur ont verifié à l'efgard des Cailloux.

Enfin, s'il y a des Pierres, dont les figures regulieres & conftantes ne
puiffent eftre rapportées à aucune caufe eftrangere, on peut fuppofer que
leurs Elements ou leurs parties primitives ont des figures déterminées ; car
outre que cela eft defja reconnu à l'efgard des Sels, il eft fort apparent,
* Hift. 1719
pag. 13. dit M. de Fontenelle *, & c'eft la penfée de plufieurs Philofophes, qu'il
y a des Corps *primordiaux* immuables, dont les differents affemblages forment tous les Mixtes.

*Hift. 1718.
pag. 7. A quoy fi l'on adjoufte qu'au bas de quelque Cavernes * on trouve des
Concretions pierreufes, qui eftant *ondées*, n'ont peû fe former que par la
Cheûte des gouttes d'Eau, on ne s'obftinera plus à reconnoiftre icy d'autre Organifation, que celle que comporte noftre hypothefe: On ofe mef-
*Mem. 1702
2. Ed. pag.
336. me avancer que les Congelations, dont parle M. de Tournefort *, ne feront point de peine à quiconque fçaura marier les principes qu'on vient
d'eftablir avec les Loix de l'Hydroftatique.

A BEZIERS, Chez ESTIENNE BARBUT Imprimeur de l'Academie
des Sciences & Belles Lettres. 1732. *Avec Permiffion*.

OBSERVATION PHYSIQUE.†

NOUS avons dit ailleurs* que *le son des Cloches est un moyen insuf-*
fisant pour escarter les Orages, que ce moyen mesme peut quelquefois estre
prejudiciable, & attirer le malheur qu'on voudroit esloigner. Nous adjoute-
rons maintenant pour confirmer cette proposition, qu'en moins de 10 ans
le Tonnerre est tombé trois fois sur l'Eglise Cathedrale de cette Ville ou
sur son Clocher, dans le temps que pour dissiper l'Orage on sonnoit
toutes les Cloches à volée: Qu'au mois de Septembre 1718 un de ces
Tonnerres renversa roide mort un homme qui entendoit la Messe dans
cette Eglise; & que celuy dont nous allons parler, qui tomba le 7. de
Juin* vers les 11 heures du matin, fit dans cette mesme Eglise beaucoup de ravage. Quelques moments après je me transportay sur les lieux
avec M. Caillé, & nous apprimes que le Tonnerre s'estoit partagé en plusieurs tourbillons de flamme, dont l'un, qui passa sans doute par un petit
trou fait exprés à la voute du Clocher pour laisser passer le fil d'archal qui fait sonner l'Horloge, estoit entré dans l'endroit mesme où l'on
sonnoit les Cloches, après avoir fondu une partie de ce fil d'archal, &
brisé le tuyau de bois où il estoit enfermé, & auprés du quel estoit assis
le Sonneur qui fut bien esbloüi de la flamme, mais qui heureusement n'en
fut pas estouffé; & que delà estant descendu dans la chambre qui est immediatement au dessous du Clocher, il avoit coupé la corde qui soustient
le poids de l'Horloge & fendu une grosse pierre. Ce qui me rappella ces
vers de Lucrece,

> Transit enim validè fulmen per septa domorum
> Clamor uti ac voces: transit per saxa, per æra
> Et liquidum puncto facit æs in tempore, & aurum.

Les autres tourbillons de flamme entrerent l'un dans la Parroisse aprés
avoir fait sauter quelques carreaux des vitres, & l'autre dans le Chœur,
laissant par tout des marques sensibles de bruslure, & respandant par tout
une odeur de soulphre, ou de poudre à Canon bruslée.

Qu'une flamme vive & subtile fonde toute sorte de Metaux, cela n'a
rien de surprenant pour un Philosophe: mais que cette mesme flamme
fende de grosses pierres, cela paroist un peu plus extraordinaire. Cependant, si l'on fait reflexion avec M. Caillé, que l'air dont ces pierres sont
investies, peut soudainement estre rarefié par la flamme du Tonnerre à un
tel point, que l'air interieur, dont le ressort augmente d'ailleurs considerablement par la chaleur de cette flamme, n'estant plus contrebalancé par
l'air exterieur, se dilate prodigieusement, force les parois qui le retien-
nent, & fait esclater ces pierres, tout le merveilleux de ce Phenomene
disparoistra. A cette mechanique qui paroist trés naturelle, j'en adjoustay

Regist.
7. Juin.
1731.
* Lettre 2.
p. 52.

* 1731.

Lib. vi. de
rer. nat.

---

† *Cecy, avec ce qui suit, doit estre placé aprés la derniere Assemblée Publique*
de l'année 1731, & aux Observations Astronomiques & Meteorologiques prés,
renferme tout ce qui s'est passé dans l'Académie pendant cette année-là.

D

une autre fondée sur l'artifice dont on se sert pour petarder un Rocher. Je supposay une matiére salino-sulphureuse nichée dans quelqu'un des pores de ces pierres, laquelle venant à s'enflammer, concouroit à l'effet dout il s'agit, en operant de la mesme manière que la poudre à Canon, qu'on enferme dans un creux fait exprés au milieu d'un Rocher.

Sunt aliquot quoque res, quarum unam dicere caufam
Non fatis eft, verum plures, undè una tamen fit.

Lucret.
Lib. VI.

OBSERVATIONS ANATOMIQUES

I.

Reg. 8.
Mars 1731.

IL se forme des Calculs ou de petites pierres dans les Pores Biliaires & dans la Veficule du Fiel, auffy bien que dans les Reins & dans la Veffie Urinaire; & il n'eft pas rare d'en trouver dans des fujets morts de quelque maladie Chronique, principalement de la Jauniffe: Mais que ces pierres une fois formées dans les Pores Biliaires ou dans la Veficule du Fiel, defcendent par le Conduit Hepatique ou Cyftique dans le Canal Choledoque, & paffent delà dans les Boyaux pour fortir avec les excrements; c'eft ce qui n'arrive que rarement. Par cette raifon je creus devoir informer la Compagnie, qu'ayant efté appellé en confultation pour un Marchand de cette Ville atteint depuis plus d'un mois d'une Jauniffe univerfelle, & depuis quelques jours, d'une fiévre continuë avec des redoublements, j'avois veû deux pierres de la groffeur chacune d'un haricot, qui avoient efté renduës quelques moments auparavant par le malade avec les excrements, aprés des vives douleurs de colique, des defaillances, des fueurs froides, &c. Ces pierres preffées entre les doigts fe briferent aprés les avoir teints d'une couleur fort jaune: jettées au feu, elles s'enflammerent; ce qui me fit juger qu'elles n'eftoient que de la bile petrifiée. Ce malade, qui eftoit âgé environ de 55 ans, guerit en peu de jours de fa fiévre par les remedes qui luy furent prefcrits, & peu de temps aprés de fa Jauniffe par l'ufage des remedes appropriés à ce mal.

II.

Reg. 15.
Mars 1731.

On eft affés convaincu que les Antiveneriens interieurs ne font pas à beaucoup prés fi efficaces que l'Onguent mercuriel appliqué à propos exterieurement. Toutefois il eft des occafions où les Frictions faites avec cet Onguent ne peuvent guere avoir lieu. Qu'un homme infecté d'un Virus venerien reçoive une bleffure confiderable à quelqu'une de fes extremités fuperieures ou inferieutes, que la fiévre paroiffe en mefme temps, que la gangreine gagne ou menace la partie bleffée, qu'il faille en venir à l'Amputation, on fe contente alors d'affocier les l'Antiveneriens interieurs avec les autres remedes ufités en pareil cas; & on attend pour l'ordinaire que la fiévre & les autres grands fymptomes ayent difparu, pour en venir aux Frictions mercurielles. Cela n'ayant pas neantmoins reuffi à M. Maffon Medecin, il s'avisa aprés une seconde Amputation que son Malade fut obligé de subir, il s'avisa, dis-je, de faire panser la partie blessée avec le seul Onguent mercuriel, sans négliger neantmoins tous les autres remedes interieurs. Par ce moyen il vit bientost la playe changer de face, les chairs devenir belles, tous les autres accidents disparoistre & la cicatrice se former beaucoup plus promptement qu'on ne l'avoit esperé: C'est d'aprés M. Masson mesme, que je rapportay à l'Académie cette Observation.

III.

Vers la fin du mois de Septembre de l'année 1730, un Paysan du lieu de Cazouls, âgé de 24 à 25 ans, s'estant fait saigner pour une legere indisposition, le Chirurgien luy picqua non seulement l'Aponevrose sous laquelle est couchée la gaine qui renferme l'artere du bras & la veine Basilique, mais il luy ouvrit mesme le tronc de cette artere. D'abord le malade ressentit de la douleur à l'extremité des doigts, & un engourdissement dans tout son bras: Le sang jaillit en si grande quantité & avec tant d'impetuosité, qu'il ne fut pas possible au Chirurgien de l'arrester jusqu'à ce que le malade fut tombé en défaillance. Alors le Chirurgien appliqua un bandage convenable, mais le malade estant revenu de sa foiblesse, le sang recommença à couler, & ce ne fut que par le moyen de plusieurs bandages & de plusieurs compresses graduées que le Chirurgien vint enfin à bout de l'arrester. Malgré toutes ces précautions le Chirurgien & le malade furent dans des allarmes continuelles pendant plus de huit jours, à cause de l'hémorrâgie qui survenoit de temps en temps, & qui estoit tantost plus tantost moins grande. Enfin le repos que le malade garda, & un bandage extrémement serré qu'appliqua le Chirurgien, & qui fit enfler le bras extraordinairement, acheverent d'arrester le sang. Le bras fut continuellement arrosé avec de l'eau de vie, & au bout de dix ou douze jours, il revint dans son estat naturel à une petite tumeur prés qui en occupoit le pli. Le bandage ayant esté osté, la tumeur grossit bientost considerablement, prit une figure ovale & devint en peu de temps plus grosse que le poing. Cela détermina le malade à venir à Besiers au commencement du mois de Novembre de la mesme année pour consulter MM. Bailleron pere & fils Maîstres Chirurgiens, en présence de M. Cros Medécin. On comprend assés qu'il fut unanimement convenu que c'estoit un faux Anevrisme, & qu'il n'y avoit là d'autre remede à faire que l'Operation. Cependant pour donner au malade le temps de s'y preparer, on appliqua sur la tumeur des compresses graduées avec un bon bandage, & on luy conseilla de se faire saigner plusieurs fois, & de tenir tousjours le bras malade dans la situation où on le luy avoit mis.

Peu de jours après la peau qui recouvroit la tumeur, estant devenuë fort mince, elle creva & donna issuë au sang espanché; le Chirurgien de Cazouls eut beau appliquer un Tourniquet de sa façon, & faire differents bandages, le malade se noyoit dans son sang, & il fallut se resoudre à l'Operation. M. Bailleron le fils de qui l'Académie tient cette Observation, fut

Reg. 15.
Juin 1731.

appellé, son premier soin fut de faire un Tourniquet selon les regles de l'Art, & après avoir donné une noûriture convenable au malade, il luy fit l'Operation de l'Aneurisme de la mésme maniére que la pratique M. Ledran Chirurgien Major de la Charité à Paris, sous les yeux du quel M. Bailleron a eû l'honneur de travailler pendant quelques années. Le detail de cette Operation qu'il n'a pas manqué de nous communiquer, est trop long pour estre rapporté icy; il suffira de dire que dans six semaines la playe fut cicatrisée, & que le malade fût parfaitement restabli.

A cette occasion le mesme M. Bailleron creut devoir indiquer les inconveniens de la saignée, soit ceux qui ont esté desja observés, soit ceux qu'il a remarqués luy-mesme, avec les moyens les plus efficaces pour remedier à ces inconveniens. Nous allons donner un précis du tout en faveur des Chirurgiens de la Campagne.

Dans la saignée du bras, on ouvre ou la cephalique, ou la mediane, ou la basilique, ou la cubitale, ou quelqu'une des ramifications de ces veines. En ouvrant la cephalique, on picque quelquefois l'aponevrose formée par la réünion des fibres de trois muscles, qui sont le brachial anterieur, le long & le court: On risque aussi de picquer une branche d'artere parceque les divisions des arteres varient en differents sujets. Si on saigne de la mediane, on risque de picquer l'aponevrose ou le tendon du muscle biceps. Si c'est à la basilique on court risque de blesser l'aponevrose du muscle biceps, la gaine qui envelope l'artere brachiale & qui passe sous cette aponevrose, & l'artere elle-mesme qui forme ordinairement trois branches sçavoir la radiale, la cubitale & la ligamenteuse. Enfin si l'on ouvre la veine cubitale, on peut blesser quelqu'une des membranes qui couvrent les muscles de l'avant-bras.

Dans la saignée du pied, il n'y a nul danger d'ouvrir la saphene ou la poplitée au dessus des malleoles, mais à costé de la malleole interne on peut blesser le perioste, & picquer quelquefois jusqu'à l'os: On peut aussy rencontrer une artere, ou quelques filets du nerf sciatique qui rampent sur la malleole interne: Mais cela est rare. M. Bailleron a veu neantmoins ce dernier cas. On peut encore en ouvrant la saphene au dessus de la malleole interne blesser une aponevrose qu'on rencontre en certains sujets, & qui ressemble à une pate d'Oye. Cette aponevrose est formée par la réünion des fibres du muscle jambier posterieur, qui passe sous le ligament membraneux ou annulaire à travers la fente de la Malleole interne, & qui a quelquefois deux tendons, comme M. Bailleron a dit l'avoir observé.

A l'egard de la saignée du col, M. Bailleron n'y trouve guere d'autre inconvenient, que la difficulté de trouver quelque fois des veines assés apparentes.

Maintenant si on a le malheur de tomber dans quelqu'un des inconveniens que l'on vient de remarquer, voicy ce que conseille M. Bailleron. Et en premier lieu on connoist, dit-il, qu'on a picqué l'Aponevrose du muscle biceps par la resistence qu'a trouvé la lancette, par la douleur & le fourmillement que ressent d'abord le malade, & qui s'estend jusqu'à l'extremité des doigts, par l'inflammation qui survient bien-tost à cette

partie, & qui eft fuivie de fuppuration, par la fiévre, le delire, les mouvements convulfifs, &c. Alors & avant mefme que tous ces accidents arrivent,
il ne faut pas hefiter de defemplir les vaiffeaux par des faignées reïterées
du bras oppofé, il faut auffy relafcher & ramollir la partie bleffée par des
cataplafmes emollients & anodins, s'abftenant fur tout de l'efprit de vin
& de tous remedes fpiritueux; & fi nonobftant toutes ces précautions
la playe vient à fuppurer, il faut de toute neceffité ouvrir & debrider
l'aponevrofe, en procurer l'exfoliation & panfer le refte comme une playe
ordinaire.

2°. Si outre les accidents dont on vient de parler, on fent après la faignée un battement plus fort qu'à l'ordinaire, fi l'artere fe dilate, & s'engage dans l'ouverture de l'Aponevrofe, on connoiftra que la gaine a efté
auffy picquée: & pour y remedier on diminuera d'abord le volume du
fang, & on tafchera d'en ralentir le mouvement par des faignées copieu-
fes & fouvent reïterées. En mefme temps on appliquera du papier ma-
ché & un bandage convenable pour empefcher l'hernie de l'artere, ou la
formation de l'Anevrifme vray, & on mettra le bras du malade dans
une fituation qui l'empefche de faire aucun mouvement. Mais comme l'obferve fort bien M. Bailleron, il eft rare que cela reuffiffe, & qu'on puiffe
fe paffer de l'Operation.

3°. On connoît que l'artere eft ouverte par l'impetnofité avec laquelle fang coule, par fes jets non continus, & par la peine qu'on a de l'arrefter.
Alors il faut ou laiffer couler le fang jufqu'à ce que le malade tombe en
defaillance pour appliquer enfuite un bon bandage, ou avoir recours au
Tourniquet afin d'arrefter le fang, & d'avoir le temps de preparer tout
pour l'Operation. Si l'on eft affés heureux pour contenir le fang par un
bandage, on laiffera ce bandage pendant quatre jours ou plus fans y toucher, & l'on obfervera tout ce qui a efté dit cy-deffus à l'occafion de
l'Anevrifme vray.

4°. Si les mouvements convulfifs, le delire, la fievre, l'inflammation
& la perte du mouvement, annoncent la bleffure du tendon, il faut d'abord
après les faignées neceffaires faire couler dans l'ouverture quelques gouttes
d'efprit de Therébentine, ou d'huile d'œufs: Il faut faire des embroca-
tions avec l'huile rofat, avec l'huile de lis, avec l'onguent de guimauve:
Il faut ufer de fomentations emollientes & de cataplafmes anodins; & fi
malgré tout cela, les accidents continuent, il faut couper tranfverfalement
le tendon; n'importe que le malade foit eftropié, pourveu qu'on luy fau-
ve, s'il fe peut, la vie.

5°. Si après la faignée du pied il furvient un ulcere qui marque que
le periofte ou l'os a efté bleffé, on tafchera de procurer l'exfoliation de
ces parties par quelque teinture fpiritueufe, on panfera l'ulcere avec le
beaume d'Arceus, ou le digeftif & une emplaftre; & l'on n'oubliera pas
de prevenir l'inflammation par les remedes, dont on a parlé ci-deffus à l'occafion de la faignée du bras.

6°. On remedie aifément à la picqueure de l'artere qu'on trouve quelquefois placée fous quelqu'une des veines du pied; la compreffion &

le bandage eftant icy des moyens fuffifants par les points d'appuy que fourniffent les malleoles.

A l'égard de l'aponevrofe formée par la réunion des fibres du mufcle jambier pofterieur, comme fa picqueure eft fuivie d'inflammation & de vives douleurs, on tafchera d'abord d'y remedier par les remédes generaux & par les topiques indiqués cy-deffus pour la picqueure de l'aponevrofe du mufcle biceps, fi l'on veut éviter la fuppuration de cette partie & la grangrene qui s'enfuit quelquefois.

Enfin on remediera, felon M. Bailleron, à la picqueure du Nerf de la mefme maniere qu'on remedie à celle du Tendon.

On nous pardonnera fans doute la longueur de ces details en faveur de leur utilité.

IV.

Reg 15. & 22 Nov. & 13 Dec. 1731.

* Le 12. Nov. 1731.

Un Boulanger de cette Ville qui a trois petites caves contiguës & bien voutées, deux fous le devant de fa maifon & une fous le derriere, qui communique avec la feconde & en reçoit du jour, mit feu* par megarde à des fagots de bruyeres qui eftoient enfermés dans cette derniere cave : en forte que vers les onfe heures du foir, il fortoit par les foupiraux des deux premieres caves une fumée fi efpaiffe, que perfonne ne pouvant defcendre dans ces caves, on fut obligé d'en baftir la porte & les foupiraux, aprés avoir jetté par là une certaine quantité d'eau, & aprés avoir inondé le deffus de la voute de la derniere cave, où eftoit le feu. Tout refta dans cet eftat jufqu'au lendemain vers les 11 heures du matin, qu'ayant ouvert un des foupiraux, & ne voyant point fortir de fumée, on crut pouvoir ouvrir la porte & defcendre dans la premiere cave la plus efloignée du feu. De cinq perfonnes qui defcendirent, trois allerent jufqu'au bas de l'efcalier, où elles tomberent en defaillance, & deux s'évanoüirent le long de l'efcalier. On attacha d'abord ces deux derniers avec des cordes, & aprés les avoir retirés de là on les porta dans leurs maifons où il furent bien malades. On retira auffy tout de fuite les autres trois, mais il y eut deux de morts, & le troifiéme qui eftoit fans connoiffance & avec des mouvements convulfifs aux yeux & aux levres, fut porté à l'Hotel-Dieu.

Une fi funefte cataftrophe fit juger que le feu n'eftoit pas encore entierement efteint, & obligea les Magiftrats de la Police à faire rebaftir la porte de la cave, & à ordonner qu'on la laifferoit fermée jufqu'à nouvel ordre afin que perfonne n'y defcendit. Enfuite on ouvrit les foupiraux pour laiffer renouveller l'air, & un mois aprés on entra dans les trois caves fans aucun danger.

Le malade, qui fut porté à l'Hoftel-Dieu, ne reprit jamais connoiffance malgré tout le fecours qu'on peut luy donner : il eut tousjours une fiévre des plus ardentes, avec une grande difficulté de refpirer & d'avaler. Il mourut trois jours aprés. J'affiftay à l'ouverture du cadavre conjointement avec Mrs. Charles & Cros, en prefence de Mrs. les Confuls &

de Mrs. les Gens du Roy : & nous trouvames toutes les veines & les finus du Cervau fort gonflés & pleins d'un fang noiraftre & grumelé. Les ventricules eftoient vuides de ferofité. Les Lobes anterieurs du Poulmon eftoint tachetés de quelques marques violettes, & les Lobes pofterieurs eftoient extrémement enflés, livides & imbibés dans toute leur fubftance d'un fang noiraftre. La langue eftoit extraordinairement efpaiffe & chargée d'un limon blanchaftre : Et l'Eftomach eftoit rempli de vent & d'une matiére verdaftre, qui en teignoit les parois d'un jaune tirant fur le verd.

A l'égard des autres malades, ils eurent pendant quelques jours une fiévre continuë accompagnée d'une pefanteur de poitrine, d'un eftourdiffement à la tefte & d'une chaleur d'entrailles. Nous fumes priés M. Cros & moy, de les vifiter avec les autres Medécins, & nous remarquames qu'aprés les faignées, les ptifanes delayantes, les lavements émolliens & les purgatifs doux leur avoient efté d'un grand fecours.

De tout ce qui vient d'eftre rapporté, j'inferay que la mort de ceux qui defcendirent les premiers dans la cave là plus efloignée du feu, mais qui avoit refté fermée toute la nuit, avoit efté caufée par un air extrémement chaud, impregné de fels volatils nitreux, & trop rarefié pour entretenir la refpiration ; & que fi ceux qui s'evanoüirent le long de l'efcalier, auffy bien que ceux qui defcendirent enfuite pour retirer les uns & les autres, n'en furent pas eftouffés, c'eft que l'efcalier eftant encore plus efloigné du feu, l'air y eftoit un peu moins chaud, & que peu de temps aprés l'ouverture de la porte, l'air exterieur qui entroit par cette porte, & par le foupirail qu'on avoit ouvert auparavant, avoit rafraifchi l'air interieur de cette cave, & avoit fait précipiter la plus grande partie des exhalaifons nitreufes ; ce qui, par la nature des corps fluides & élaftiques, deut arriver d'autant plus promptement, qu'il n'y avoit pas de feu dans cette premiere cave, ny par confequent de caufe capable d'y entretenir une fi extrefme rarefaction de l'air.

A cette Obfervation fi l'on joint celle qui eft rapportée dans l'Hift. de l'Acad. Royale des fciences *, on fe confultera un peu mieux avant que de defcendre dans des lieux foufterrains où il y aura eu du feu.

* Hift. 1719. p. 21.

TABLE GNOMONIQUE.

Reg. 18.
oct. 1731.

POur tracer des Cadrans verticaux declinants, qui soient exacts, à quelque hauteur de Pole que ce soit, il faut non-seulement connoistre la declinaison du Plan, sur lequel on les veut descrire, mais encore il faut avoir pour chaque élévation de Pole, une Table des Angles faits au centre du Cadran horisontal par la ligne de midy & les lignes horaires, ensemble de la somme des sinus de ces mesmes Angles, & de la tangente du complement de l'élévation du Pole en nombres logarithmiques, afin de pouvoir calculer aisément les Angles des Cadrans verticaux declinants fait par la meridienne & les lignes horaires à la mesme élévation de Pole. Par cette raison, & pour aider ceux qui voudront à l'advenir tracer dans Bésiers des Cadrans verticaux declinants, M. de Clapiés dressa la Table suivante, qui pourra servir aussy pour tous les lieux, qui seront à la mesme élévation de Pole ou à 43° 20' 20" de latitude. En mesme temps il donna l'usage de cette Table avec un exemple pour un Cadran vertical declinant du Midy au couchant de 54 degrés, à la mesme élévation de Pole.

HEURES XII		ANGLES du Cadran Horis.			SOMMES des Logarithmes, &c.	
1:4	3:4	2	34	32	18.	6777979
1:2	1:2	5	9	46	18.	9793689
3:4	1:4	7	46	26	19.	1563784
I	X I	10	25	12	19.	2825445
1:4	3:4	13	6	32	19.	3810244
1:2	1:2	15	52	10	19.	4620681
3:4	1:4	18	41	54	19.	5311399
I I	X	21	36	56	19.	5914884
1:4	3:4	24	38	7	19.	6451660
1:2	1:2	27	46	21	19.	6935466
3:4	1:4	31	2	34	19.	7375745

III	IX	34	27	44	19.	7779071
1:4	3:4	38	2	47	19.	8149877
1:2	1:2	41	48	35	19.	8490997
3:4	1:4	45	46	1	19.	8804172
IV	VIII	49	55	42	19.	9089936
1:4	3:4	54	18	4	19.	9348030
1:2	1:2	58	53	15	19.	9577592
3:4	1:4	63	40	58	19.	9776748
V	VII	68	40	24	19.	9943892
1:4	3:4	73	50	13	20.	0076814
1:2	1:2	79	8	28	20.	0173491
3:4	1:4	84	32	41	20.	0232245
VI	VI	90	0	0	20.	0251961
1:4	3:4	95	27	19	20.	0232245
1:2	1:2	100	51	32	20.	0173491
3:4	1:4	106	9	47	20.	0076814
VII	V	111	19	36	19.	9943892
1:4	3:4	116	19	2	19.	9776748
1:2	1:2	121	6	45	19.	9577592

Pour calculer cette Table, M. de Clapiés s'est servi de l'Analogie suivante, dont il a donné ailleurs * la demonstration.

Comme le Sinus total,
au Sinus de l'élevation du Pole du lieu;
Ainsi la Tangente de la distance du Soleil au Meridien pour l'heure cherchée,
à la Tangente de l'Angle requis.
Et adjoustant le Logarithme du Sinus de chaque Angle trouvé par cette Analogie, avec le Logarithme de la Tangente du complement de l'élevation du Pole de Béfiers, ou ce qui est le mesme, avec le Log. de la Tang. du complement de 43° 20' 20", il a eu la somme de ces Logarithmes qu'il a placée à costé de chaque Angle.

*Mem. de l'Ac. 1707, p. 570.

E

Maintenant dans le calcul des Angles faits par la
Meridienne & les Lignes horaires au centre des Cadrans verticaux declinants, fous 43° 20' 20" de Latitude, il faut, felon M. de Clapiés, diftinguer deux
fortes de Lignes horaires, 1°. Celles qu'on doit tracer
depuis la Meridienne, (qui dans les Verticaux declinants, eft tousjours une Ligne à plomb,) du cofté
où eft la Souftilaire: 2°. Celles qu'on doit tracer de
l'autre cofté de la Meridienne.

Dans le premier cas, on adjouftera le complement
de la declinaifon du Plan avec l'Angle de la Table du
Cadran horifontal pour l'heure cherchée, & l'on cher-
chera dans les *Tables des Sinus* le Sinus Logarithmique de la fomme de ces deux Angles, ou de leur complement à 180. Ce Sinus ofté du nombre Logarithmique de la Table, correfpondant à l'heure cherchée, le
refte fera la Tangente Logarithmique de l'Angle fait au
centre du Cadran declinant par la Meridienne & la
Ligne horaire.

Dans le fecond cas, on oftera l'Angle de l'Horifontal pour l'heure cherchée, du complement de la declinaifon du Plan, le Sinus Logarithmique de la difference
eftant ofté du nombre Logarithmique de la Table, le
refte fera la Tangente Logarithmique de l'Angle fait au
centre du Declinant.

On obfervera dans le premier cas, 1°. que fi la fomme des Angles du complement de la declinaifon du Plan
& de l'Angle de l'Horifontal ne furpaffe pas 90 degrés,
la Ligne horaire cherchée fera entre la Meridienne & la
Souftylaire. 2°. Si ces deux Angles font precifement 90
degrés, la Ligne horaire paffera par le pied du ftyle. 3°.
Si ces deux Angles furpaffent 90 degrés, la Ligne horaire fera en delà de la Souftylaire. 4°. Enfin fi ces deux
Angles furpaffent 180 degrés, la Ligne horaire ne pourra
pas eftre marquée fur le Plan; & cela aura lieu auffy

dans le fecond cas, lorfqu'on ne pourra pas ofter l'Angle de l'Horifontal de celuy du complement de la declinaifon du Plan.

M. de Clapiés adjoufta le Calcul pour toutes les Heures tant du foir que du matin, dans un Cadran declinant du midy au couchant de 54 degrés à l'elevation
du Pole de Béfiers; mais il fuffira de donner, pour exemple, le Calcul pour X I Heures du matin & pour I Heure
aprés midy.

Pour I Heure				Pour X I Heures			
36°	0'	0"	Compl. de la Declin.	36°	0'	0"	Compl. de la Declin.
10	25	12.	Angle de l'Horif.	10	25	12.	Angl. de l'Horif.
46	25	12	Somme	25	34	48.	Difference
19.	2825445.		Nombre de la Table	19.	2825445.		Nombre de la Table
9.	8599863.		Log. de la fomm.	9.	6352133.		L. du Sin. de la Dift. à ofter
9.	4225582.		Log. de la Tang. de 14° 49' Angl. requis.	9.	6473312.		L. du S. de 23°. 56'. Angl. requis.

Cette Methode de calculer les Angles de la Ligne
meridienne & des Lignes horairés au centre des Cadrans
verticaux declinants, eft la mefme, ou du moins équivalente à celle qui fut envoyée à l'Académie Royale
des Sciences de Paris, & donnée au Public par cette
Académie dans les Memoires de l'année 1707, comme
un Ouvrage de la Societé Royale des Sciences de Montpellier.

Elle eft fondée, continuë M. de Clapiés, fur la maniere de tracer les Cadrans verticaux declinants fous une
élevation de Pole donnée, en cherchant les points des
Lignes horaires fur la Ligne horifontale, par lefquels &
par le centre du Cadran qu'on détermine, on a la pofition de ces Lignes. La demonftration que M. de Clapiés
adjoufte en faveur de ceux qui n'ont pas veû les Memoires desja cités, fuppofe des figures, & par cette raifon

elle ne fçauroit avoir lieu icy. On ne donnera pas non-
plus les Ánalogies pour trouver tous les autres Angles,
on les trouvera dans ces Memoires * avec leur demonftration par l'Analyfe des Triangles rectilignes. Enfin on
ne dira point que pour toute autre élevation de Pole,
que pour celle de Béfiers, il faut fur le modelle de la
Table que M. de Clapiés a donnée, en conftruire une
autre qui convienne à l'elevation de Pole propofée : ny
que pour toute autre declinaifon, il faut un nouveau
calcul, &c. Tout cela s'entend affés de luy-mefme.

pag. 571.
& fuiv.

CORRECTIONS ET ADDITIONS

AUX MEMOIRES PRECEDENTS,

Sur la Carte du Diocefe de Béfiers.

PAg. 23. l. 26. pour tefmoin & compagnon, lifés, pour tefmoin
& pour juge.

Sur les Eaux de Vendrés.

Pag. 31. l. 30. de tout ce qu'on a, lifés, de tout ce dont on a;
Pag. 34. Rhapontic, lifés, Rhapontique. Ibid. l. penult. tous les cas
qu'on a, lifés, tous les cas où l'on a

Sur les Proverbes.

Pag. 8. l. 6. effacés, qui font:

Sur les Topiques.

Pag. 11. l. 9. p. 13. l. 22. & p. 14. l. 26. de Topiques, lifés, desTopiques;
Pag. 14. l. 24. lifés, une Erefypele, qu'on avoit traitée au commencement avec de l'Oxicrat. Aprés quoy adjouftés, M. Deidier Profeffeur Royal en Medécine dans l'Univerfité de Montpellier avoit obfervé la mefme chofe long-temps auparavant. Duodecim fermè ab hinc annis, dit-il,
hac in urbe Chirurgus, alioquin peritiffimus, ut calorem deurentem Eryfipelatis
fibi in pede oborientis fedaret, ei vulgare Acetum vini per aliquot dies impo-
fuit. Hinc gangrena & fphacelus, pes abfciffus, Æger fato functus.
Ce qu'on vient de dire du Vinaigre, Fabricius Hildanus l'a obfervé de
l'Huile Rofat. Rufticus quidam, dit-il, Eryfipelate Phlegmonode in finiftra manu

Diff.
Med. Chir.
de Tumor.
p. 39.
Cent. 1.
Obf. 81.

laborans, ex Tonsoris consilio sibi inunxit per aliquot dies manum & brachium Oleo Rosaceo: undè dolores, inflamatio, aliaque symptomata magis magisque ingravescebant, ita ut tandem gangrenâ correpta sit tota manus.

Ibid. *à la marge après* Vesicant. *adjoustés*, & Freind *de febrib. comm.* **I-x.** *de Vesicant. p. 156. & seq.*

Ibid. l. 11 à la marge, *lisés.* Mem. de l'Acad. 1703. p. 18 & suiv.

Sur les Taches du Soleil.

Pag. 4. l. 19. dregré, *lisés,* degré.

Pag. 5. à la marge; *au lieu de* 1714, *lisés,* 1719.

A l'occasion de ce Memoire, M. de Mairan me fit l'honneur de m'escrire en ces termes. " Je suis de vostre advis sur les Taches du Soleil, " & je ne crois pas qu'aujourd'huy il y ait deux opinions là-dessus, On " trouve un petit in 4°. mis au jour en 1620 par M. *Jean Tarde* Chanoine " de Sarlat, & intitulé *Borbonia sydera, id est, Planetæ qui Solis lumina* " *circumvolitant motu proprio & regulari, falsò hactenus ab Helioscopis Maculæ* " *solis nuncupati.* Il met ces Astres sous la protection de LOUIS XIII, com- " me les satellites de Jupiter furent mis sous celle des MEDICIS. Mais " cette Analogie n'en impose aujourd'huy à personne, tant par les raisons " que vous avés dites, que par quelques autres. J'eus occasion l'année " derniere dans un Memoire, que je lûs à l'Académie, de toucher un " mot de cette idée; & une de mes principales preuves, est que si c'es- " toit des Planettes, elles devroient tant par les loix des forces centrales " Newvtonienes, que par celles des Tourbillons Carthesiens, se mouvoir " toutes dans de grands cercles, dont les plans passeroient par le centre " du Globe du Soleil; ce qui n'arrive qu'à très-peu de Taches Solaires, &c. "

Le 15. Mars 1731.

Dans le Traité de l'Aurore Boreale, après avoir mis en question, si l'Atmosphere solaire ne seroit point sujette à de frequentes fermentations, & à quelques précipitations de ses parties les plus grossiéres vers le Globe du Soleil, M. de Mairan adjouste: *Ne seroit-ce point à quelque semblable précipitation de parties de l'Atmosphere du Soleil, que seroient deüës les Taches qu'on voit si souvent sur la surface de son Globe?* Ce que M. de Mairan ne propose icy que comme un doute, paroistra à bien des gens beaucoup plus vray-semblable, que tout ce qui a esté imaginé jusqu'à present sur cette matiere, & qui a esté rapporté cy-dessus *.

pag. 249.

pag. 24.

Sur les Bains.

Pag. 13. l. 17. d'avantage; *lisés,* davantage.

Pag. 14. l. 25. les effets du Bain, &c. *effacés ces deux lignes & lisés.* Les effects du Bain se peuvent reduire à deux principaux: Car ou il eschauffe, ou il rafraischit; Et cela par le contact immediat de l'Eau ou par son application exterieure, par sa pression & par l'introduction de ses parties. Icy on n'envisage dans le Bain que l'Eau, qui en est la matiere la plus ordinaire & la plus essentielle, le Vin, l'Esprit de vin, le suc des Herbes, l'Huile, le Laict, le fang des Animaux n'eftant employés que rarement, & les Bains de Sable, de Marc de Raifins, de Marc d'Olives, &c. n'eftant guere, à proprement parler, de veritables Bains.

Si l'Eau du Bain eft plus chaude que le corps qu'elle touche, ou, ce qui eft le mefme, fi le mouvement inteftin & de vibration de fes parties integrantes eft plus grand que celuy des parties folides & fluides de ce Corps, il eft clair qu'elle doit efchauffer, ou communiquer de fon mouvement felon les Regles eftablies par l'Autheur de la Nature pour le choc des corps; & par conféquent elle doit augmenter le mouvement inteftin & de vibration des parties folides & fluides du Corps auquel elle eft immediatement appliquée; ce qui peut eftre utile dans certains cas & nuifible dans d'autres, qu'il feroit trop long de detailler icy. Si l'Eau eft moins chaude que le Corps fur lequel elle agit, elle doit par les mefmes Regles en recevoir du mouvement, & diminuer d'autant celuy des parties folides & fluides de ce Corps, ou, ce qui revient au mefme, elle doit rafraifchir, & rafraifchir d'autant plus qu'elle fera moins chaude, ce qui a, comme on fe l'imagine bien, fes avantages & fes inconveniens. Enfin fi la chaleur de l'Eau eft précifément égale à celle du Corps qui y eft plongé, l'action du Bain à cet égard doit eftre comptée pour peu de chofe, à moins qu'on ne veüille mettre en ligne de compte la fortie de la tranfpiration qu'elle facilite en nettoyant & decraffant l'habitude du Corps.

La preffion de l'Eau fe mefure &c.

Defcription des Grottes de Meyrueis.

Pag. 20. l. 7. qu'elle *lifés*, qu'elles.
Pag. 22. l. 2. *lifés*, la confiftence & l. penul. *lifés*, des Arbres.
Pag. 24. l. 21. & c'eft, *lifés*, & c'eft-ce. Ibid. l. 30. *lifés*, quelques Cavernes.

Obfervations Anatomiques.

Pag. 26. l. 36. inferieutes, *lifés*, inferieures & l. 38. les l'Antiveneriens, *lifés*, les Antiveneriens.
Pag. 31. l. 2. cervau, *lifés*, cerveau.
Ibid. l. pen. *à la marge au lieu* de 1719 p. 21, *lifés*, 1710. p. 17.

Table Gnomonique.

Pag. 32. l. 12. fait, *lifés*, faits.

Lettre II.

Pag. 74. l. 16. *tön boletön*, lifés, *tön bolitön*.

SUR LA MANIERE DE TRAITER

la Petite-Verole.

POur traiter methodiquement la Petite-Verole, il ne suffit pas qu'un Medécin sçache luy-mesme, ce qui convient à ce mal, il faut encore que ceux qui sont auprés des Malades, & qui s'interessent à leur guerison, soient convaincus que certains remedes sont absolument nécessaires dans les cas où il les applique. C'est ce que je fis d'abord remarquer dans le Memoire, dont on va donner icy l'Extrait.

Reg. 10. Sept. 1733.

Dans les autres Maladies, dis-je, on donne une entiére liberté à un Medécin, en qui on a quelque confiance: On execute fidellement & sans delay tout ce qu'il juge à propos d'ordonner. Dans la Petite-Verole, on n'en use pas de mesme: Les uns ne veulent pas d'autre secours que celuy de la Nature: Les autres n'approuvent des remedes que d'une certaine espéce; & il n'est pas jusqu'aux moindres *Gardes*, qui ne croyent à cet égard sçavoir plus que les Medécins.

Il arrive de là, ou qu'on n'execute pas ce qu'un Medécin ordonne dans des circonstances delicates de cette maladie, ou qu'un Medécin plus jaloux de sa reputation que de la conservation de ses Malades, n'ordonne pas, mesme dans un pressant besoin, ce qu'il prevoit qu'on ne manqueroit pas de blasmer, s'il n'estoit pas suivi d'un heureux succés. Triste, mais necessaire alternative pour les personnes d'un certain rang, & pour tous ceux qui suivent plustost les avis des *Assistants* que ceux de leur Medécin.

On conviendra sans doute des mauvaises suites que peut avoir la prévention dans une maladie aussy commune que la Petite-Verole, & dont la fin est quelquefois si funeste. Mais le moyen, dira-t-on, de desabuser le Peuple des fauſſes opinions, dont il peut eſtre imbû ſur cet article? C'eſt, je penſe, de s'abbaiſſer en quelque ſorte juſqu'à luy, de luy monſtrer ce que la Nature demande que l'on faſſe dans le traitement de la Petite-Verole, de luy apprendre les remedes, dont ſe ſervent avec ſuccés les habiles Praticiens: C'eſt en un mot de faire à peu-prés à l'égard de cette maladie, ce que je fis au commencement de l'année 1721 à l'égard *de la Peſte,* dont on eſtoit alors menacé. Car enfin, adjouſtay-je, le Peuple ne dedaigne pas touſjours les leçons qu'on luy offre, ſur tout en matiére de ſanté: Quelquefois il entre dans les ſentiments qu'on luy inſpire; & abandonnant peu à peu le préjugé & l'erreur, il ſe rend enfin à la raiſon & à la verité.

V. Avis & Remedes contre la Peſte.

Rendre le Peuple plus docile aux Loix de la Medécine, eſt donc le principal avantage que l'on ſe propoſe icy: Mais ce n'eſt pas le ſeul. On eſpere encore que les Chirurgiens de la Campagne convaincus que dans la Petite-Verole il y a des cas où il faut de grands remedes, ſe détermineront plus aiſément à appeller du ſecours, ou ſe mettront en eſtat d'agir eux-meſmes dans le beſoin, & qu'ils ſauveront par là la vie à bien des Malades.

Car il ne faut pas s'imaginer que les ravages que fait de temps en temps la Petite-Verole, ſoient de peu de conſéquence. Veritablement elle n'emporte pour l'ordinaire que de jeunes ſujets: Mais c'eſt autant de moins pour l'Eſtat; & cela va plus loin qu'on ne le penſe. Des obſervations exactes ont appris qu'en cent ans il meurt à Londres plus de monde de cette maladie, qu'il n'y en meurt de la Peſte, quand ce dernier fléau n'y regne pas plus d'une fois dans l'eſpace d'un Siécle.

Journ. des Sç. 1666 p. 360 & Act. erud. 1729. p. 173.

Mais quelle eſt la methode que la Nature indique pour traiter la Petite-Verole? Quels ſont les remedes dont ſe ſervent les habiles Praticiens? C'eſt ce que je taſcheray de deſvelopper icy le plus briévement qu'il me ſera poſ-

possible & aussi clairement que le pourra permettre
un pareil sujet.

Dans toutes les maladies, la Nature fait sans cesse
effort pour se delivrer de je ne sçay quoy qui l'incom-
mode, & qui derange ses fonctions. On convient mesme que cet effort n'est qu'un certain mouvement des
parties solides & fluides du Corps humain, une Oscil-
lation dans les Vaisseaux, un trouble dans les humeurs,
qui ameine tantost une hémorrhagie, tantost un vo-
missement ou quelqu'autre évacuation sensible ou insensible, tantost un depost interieur, quelquefois une
Eruption exterieure; & l'on reconnoist que la Médecine, qui, à proprement parler, n'est que l'Art de secon-
der à propos les efforts de la Nature, ne doit avoir
en veüe que de regler les Oscillations, ou les allées &
venües des Vaisseaux, d'entretenir les humeurs dans un
certain degré d'agitation, de vuider ce qu'il peut y avoir
de superflu; d'ouvrir les issües par où la matiere *Mor-*
bifique tend à s'escouler, de prévénir les engorge-
ments des parties interieures, de favoriser les Eruptions
critiques, &c.

Mais cet effort dont on vient de parler, & qui dans
les autres maladies est la plus seûre Boussole des Médecins, ne se manifeste nulle part si visiblement que dans
la Petite-Verole. Là tout est en branle, Arteres, Nerfs,
Visceres, tout entre en des contractions violentes, en
des mouvements vifs & déréglés: marques certaines d'une
Nature qui se soufleve & qui lutte de toutes ses forces;
ce qui paroist encore par les nausées, les vomissements,
les hemorrhagies, les devoyements, les sueurs, les in-
flammations gangreneuses du cerveau, des poulmons,
les tumeurs phlegmoneuses qui couvrent toute l'habitude du Corps, &c.

Il est donc du devoir d'un Médecin de tenir dans
cette occasion la mesme conduite à peu-près que dans

F

les autres maladies avec lesquelles la Petite-Verole se
trouve avoir quelque rapport : Il est, dis-je, de son
devoir de suivre par rapport à la nature de cette maladie, & aux divers Symptomes dont elle est accompagnée, les regles que l'Art prescrit dans de pareilles
circonstances.

Il y a plus. La Petite-Verole n'est pas tousjours une
maladie *simple*, une maladie où l'on n'ait qu'à combattre une seule cause, ou, si l'on veut, une humeur
particuliere qui doit se separer du Sang ou de la Lymphe, se porter vers l'habitude du Corps & y causer des
Pustules ou de petits Phlegmons : Souvent la Petite-
Verole est *compliquée*, ou, ce qui est le mesme, souvent à l'humeur propre de cette maladie se joignent
d'autres humeurs qui se desveloppent dans les premieres voyes ou dans le Sang, & qui par l'impression
qu'elles font sur les parties solides & fluides, troublent
le cours de cette maladie. Ainsi, quand mesme à raison de l'humeur propre de la Petite-Verole, il ne conviendroit pas d'en venir à de grands remedes dans cette
maladie, ce que la raison ne permet pas de penser, on
ne sçauroit souvent éviter d'y avoir recours, par rapport
aux desordres causés par des matières estrangeres.

J'appelle *de grands remedes*, les Saignées, les Vomitifs, les Purgatifs, les Calmants, les Vesicatoires ; &
je dis que *la raison ne permet pas de penser* que ces remedes soient contraires à l'humeur qui cause la Petite-
Verole, & qu'on doive les bannir de la cure de cette
maladie. Car enfin, quel que soit le caractere de cette
humeur, il faut necessairement en procurer la séparation
& la coction, il en faut encore empescher qu'elle n'en-
gorge les principaux Visceres, & qu'elle ne jette par là
les malades dans un danger éminent de mort : en un mot il
faut aider à la Nature, & luy prester des armes pour ré-
pousser l'ennemy qui la presse & qui la menace d'une pro-

chaine défaite. Rester icy dans l'inaction, & attendre
tranquillement que le mal se dissipe de luy-mesme, ou
simplement implorer le secours du Ciel sans se mettre en
peine de faire ce que le Ciel ordonne en pareil cas, c'est
vouloir que le mal s'augmente & se fortifie à un tel point
qu'on ne puisse plus ensuite y remedier, c'est faire des
vœux inutiles, c'est imiter en quelque sorte la conduite de ces Bergers pieux, mais ignorants & oisifs,
qui refusent le secours de leurs mains à leurs Brebis malades, & qui les laissent impunement consumer par le
feu caché qui s'est glissé dans leurs Veines.

> Alitur vitium vivitque tegendo,
> Dum medicas adhibere manus ad vlnera pastor
> Abnegat, & meliora Deos sedet omina poscens

Virg.
Georg. Lib.
3.

Or, pour remplir des veües aussi importantes que
celles de procurer la separation & la coction de l'humeur qui cause la Petite-Verole, & de prévenir l'en-
gorgement des principaux Visceres, est-il rien, je vous
prie, de plus naturel que d'employer les Saignées & les
autres moyens que le Ciel a establis pour le soulagement des malades, & dont une longue experience nous
a fait connoistre les bons effets? Est-il rien de plus
simple & de plus raisonnable que de suivre dans cette
occasion l'exemple de ces Bergers soigneux & esclai-
rés, qui dans les maladies internes de Brebis, & surtout dans celles qui sont accompagnées de fiévre, ne
manquent pas d'avoir recours à la Saignée?

Creavit
Deus de
Cælo Medi-
cinam. Ec-
cles. C. 38.

V. colu:
mell. de re
rust.

> Quin etiam ima dolor Balantum lapsus ad ossa
> Cum fuerit, atque artus depascitur arida febris
> Profuit incensos æstus avertere, & inter
> Ima ferire pedis salientem sanguine venam

Virg.
Georg. Lib.
3.

Il est vray que la matiére qui cause la Petite-Verole
est quelquefois en si petite quantité & si peu acre,
qu'elle se sépare aisément du Sang & de la Lymphe,
& qu'elle se porte comme d'elle-mesme vers l'habitude

du Corps fans aucun fafcheux accident: Il est vray encore qu'on n'a guere alors befoin d'autre remede, que
du regime, du repos & d'une chaleur moderée; mais il
n'est pas moins vray auffi que le plus fouvent cette matiére eft fi cororfive & fi abondante, qu'elle ne peut fe
féparer des humeurs avec lefquelles elle eft confonduë,
qu'aprés de violents efforts, & aprés un combat non
moins dangereux que celuy qu'on obferve dans les Fiévres les plus aiguës & les plus malignes. On ne dit rien
icy dont on n'ait des tefmoins oculaires & mefme des
preuves vivantes dans prefque toutes les familles. En
effet qui n'a pas veû de ces Petites-Veroles, où le gonflement énorme de la tefte & des autres parties exterieures du corps fait juger aux perfonnes mefme les moins
intelligentes, que les parties interieures doivent eftre pa-
reillement gonflées & engorgées ? Qui ne s'eft pas apperceû que ces Petites-Veroles font ordinairement pré-
cedées d'affreux vomiffements, de maux de tefte effro-
yables, ou d'un profond affoupiffement, d'une fiévre des
plus violentes & de plufieurs autres Symptômes qu'il
feroit trop long de rapporter ? Enfin qui ne fçait pas
que fans un prompt fecours tous ces Symptômes font
prefque tousjours fuivis d'une funefte cataftrophe ? Cela
pofé, fi l'on veut bien fe defpoüiller de toute prévention, on conviendra fans peine, que tout ce qui eft propre à appaifer le trop grand mouvement du Sang, à en
rabattre le volume, à relafcher les Vaiffeaux qui tiennent comme en prifon la matiere *Morbifique*, à emporter une partie de cette matiere qui les furcharge, à diminuer la preffion des tuyaux fecretoires & excretoires
qui doivent donner paffage à cette matiere: En un mot
on conviendra fans peine que tout ce qui eft propre à
calmer la fiévre & à rendre plus libre le cours du Sang &
de la Lymphe, doit neceffairement favorifer la féparation
& la coction de l'humeur qui caufe la Petite-Verole,

d'autant plus qu'on fçait desja par experience, que lorfque dans d'autres maladies la Nature fe trouve déchargée d'une partie de la matiere *Morbifique*, elle en chaffe le refte avec beaucoup plus de facilité, & ne fait pas long-temps attendre une crife parfaite.

Il faut donc quelque fois dans la Petite-Verole avoir recours aux remedes propres à remplir les veuës dont on vient de parler, ou, ce qui eft le mefme, il faut quelque fois avoir recours aux Saignées, aux Vomitifs, aux Purgatifs, aux Délayants, aux Cordiaux, aux Abforbants, aux Diaphoretiques, aux Calmants : En un mot il faut quelquefois dans cette maladie fuivre à peu près la mefme route qu'on a couftume de fuivre dans les fiévres aiguës, ou dans les fiévres malignes inflammatoires, obfervant de proportionner les remedes à l'âge, au fexe, au temperament & aux forces des malades, & de les adapter aux accidents qui troublent le cours de cette maladie, & qui en retardent ou en empefchent la crife qu'on defire.

On me difpenfera fans doute de marquer icy dans quelles circonftances & avec quelles précautions chacun de ces remedes doit eftre ordonné : On voit affés que c'eft l'affaire d'un Médecin prudent & efclairé. Il me fuffit d'avoir mis le commun du monde à portée de comprendre que les plus grands remedes ne doivent pas eftre profcrits de la curation de la Petite-Verole, mefme à raifon de l'humeur qui caufe cette maladie. Il ne me refteroit maintenant qu'à faire voir que depuis le temps que la Petite-Verole regne en Europe il y a eu toufjours d'habiles Médecins, au nombre defquels on peut fort bien mettre les *Barbeyracs* & les *Chiracs*, qui s'élevant au deffus des prejugés vulgaires, ont penfé la mefme chofe, & fuivi cette idée dans leur pratique. Mais à quoy bon produire icy une foule d'Autheurs ? Il fuffira fans doute d'attefter que ç'a efté toufjours la penfée

» M. de Chicoyneau, premier Médecin du Roy.

de l'Illustre * Chancellier de nostre Faculté, aujourd'huy le digne Chef des Médecins de France; ainsi qu'il seroit aisé de le prouver par une Thèse imprimée en 1717, & qui fût soustenuë sous ses auspices dans les Escoles de Médecine de Montpellier, où l'on conclud que *La Petite-Verole est une maladie analogue aux Fiévres aiguës & malignes inflammatoires, & qu'elle doit estre traitée comme ces Fiévres.*

Mais l'on aura encore moins de peine à convenir que dans le traitement de la Petite-Verole, il faut quelquefois employer de grands remedes, principalement les Saignées & les Evacuants, si l'on est une fois convaincu que cette maladie est souvent *Compliquée*, & que des humeurs estrangeres concourent souvent avec l'humeur propre à la Petite-Verole à rendre le mal plus dangereux & de plus difficile guerison : ou, ce qui est le mesme, si l'on est une fois persuadé qu'à la Petite-Verole se joignent souvent d'autres maladies très-dangereuses, telles que des Fiévres putrides, des Fiévres vermineuses, des Fiévres malignes, &c. Car le commun du monde mesme reconnoist la necessité des Saignées & des Evacuants dans ces sortes de maux pris en particulier, & pourquoy ne reconnoistroit-on pas la necessité de ces mesmes remedes, lorsque ces maux se trouvent entés sur la Petite-Verole? Il n'y a donc qu'à faire voir que de pareilles maladies se joignent souvent à la Petite-Verole, & il ne sera pas difficile de le faire comprendre à quiconque voudra faire reflexion qu'il n'est pas rare que des Enfants & des Adultes mesmes ayent fait des excés de bouche avant que d'estre saisis de cette maladie, qu'ils se soient exposés à un air trop chaud ou trop froid, & qu'ils ayent fait d'autres fautes dans l'usage des choses non naturelles: qu'ils ayent mesme des vers desja formez dans leurs entrailles; & qu'ils portent en eux-mesmes les semences de quelques autres maladies, ou

certaines humeurs qui en se desvéloppant peuvent non
seulement deranger le mouvement de l'humeur propre à
la Petite-Verole, mais causer mesme des accidents particuliers & souvent funestes.

Ce n'est pas tout, il n'est pas extraordinaire que dans
le cours d'une Petite-Verole réguliere, & benigne mesme, si l'on veut, un malade commette quelque faute
dans le régime de vivre, ou dans l'usage des autres choses non naturelles, & alors s'il arrive quelque accident
impreveû, pourra-t-on s'empescher de reconnoistre des
humeurs estrangeres, qui meritent qu'on y ait égard?
Et si ce mesme accident arrive sans aucune cause évi-
dente, n'est-il pas naturel de supposer que quelque humeur qui croupissoit peut-estre dépuis long-temps s'est
enfin desveloppée, & qu'il faut s'opposer efficacement aux
ravages qu'elle pourroit causer?

De tout ce qu'on vient de dire, il resulte que les
Saignées & les Evacuants, qui sont les remedes que le
Public redoute le plus dans la Petite-Verole, conviennent non-seulement à raison de la cause particuliere de
ce mal; mais encore à raison des causes qui peuvent en
mesme temps fomenter d'autres maladies, & rendre la
guerison de la maladie principale plus difficile: De plus
il seroit aisé de faire voir, tant par les Symptomes qui
accompagnent les differentes especes de Petite-Verole,
que par les causes de mort qu'on découvre dans les sujets que cette maladie enleve, que la Nature indique
ces mesmes remedes; mais outre qu'on peut appliquer
icy ce qu'on a dit cy-dessus au sujet de la Petite-Verole *simple*, ce detail nous meneroit trop loin & ne conviendroit pas à un Extrait. Seulement on adjoustera
que la Methode qu'on a exposée, est celle que suivent
aujourd'huy les habiles Praticiens en France, en An-
gleterre, en Hollande, en Allemagne, comme il sera
aisé de s'en convaincre, si l'on veut bien lire la These

desja citée, & les Escrits des Helvetius *, des Freind *, des Boërhave *, des Helvvichius *.

* v. obs. sur la Peti-te-Verole.
* De Febr. com. 7.
* Act. Erud. 1723. p. 221.
* Miscell. nat. cur.

On demandera peut-estre, faut-il donc en quelque temps que ce soit de cette maladie saigner & purger? Oüy sans doute, respondray-je, si l'estat du malade requiert ces sortes de secours. Il est vray que l'on doit autant qu'on le peut, employer, s'il est besoin, les Saignées, les Vomitifs, les Purgatifs dans le premier periode de la Petite-Verole, dans l'*Ebullition*: qu'il ne faut pas mesme tousjours attendre un pressant besoin pour avoir recours à ces remedes; & que c'est ordinairement ce qui influë le plus sur l'evenément de cette maladie. Mais si on a laissé passer ces premiers moments sans donner aucun secours au malade, ou si l'eruption des Pustules est prématurée, si elle est plus symptomatique que critique, il faut necessairement faire alors ce qu'on auroit fait dans l'*Ebullition*, il faut ouvrir les Veines du bras & du pied, il faut vuider par en haut ou par en bas, si l'on veut prévenir certains accidents qui ne manquent pas de paroistre dans la suite, & ausquels il n'est pas seûr qu'on peust remedier en leur temps.

Il faut advoüer aussy que le troisiéme periode demande encore plus particulierement que le dernier les égards dont on vient de parler: Que la Fiévre qui se renouvelle lors de la *Suppuration*, & bien des cas qui arrivent en mesme temps, exigent necessairement les Saignées & les Evacuants; ce qui n'empesche pas neanmoins que dans la *cheûte des Croustes* ou dans leur *desséchement* ces remedes ne conviennent quelque fois tant à rison de l'humeur propre à la Petite-Verole, qui ne s'est pas entierement escoulée, & qui menace d'exciter de nouveaux troubles, qu'à raison de quelques autres humeurs que le mauvais regime, ou d'autres causes mettent alors en jeu.

On n'en dira pas davantage. Ceux qui voudront connoistre les differentes especes de Petite-Verole, & s'instruire

truire à fond des accidents qui leur font particuliers ;
critiques ou pernicieux, & de la maniere de les traiter,
pourront confulter les Autheurs qu'on a cités cy-deſſus,
& quelques autres plus anciens.

OBSERVATIONS ANATOMIQUES.

I.

Reg. 17.
Nov. 1735.

LEs *Cheûtes* des lieux fort élevés font ordinairement funeſtes, ſur tout
lors qu'on donne de la teſte; & il n'y a que des circonſtances extremement favorables qui puiſſent faire exception à cette regle. Ce qui
fauva un enfant de famille du lieu de Servian, agé de 9 à 10 ans,
qui au mois de Septembre dernier tomba ſur le pavé de près de 5 toiſes
de hauteur, ce fût 1°. parcequ'il ne tomba qu'en roulant, le corps eſtendu horiſontalement & non la teſte en embas. 2°. parcequ'en arrivant à
terre, il s'appuya de ſes deux mains autant qu'il peut. 3°. parcequ'il ne
ſe heurta qu'au deſſus du fourcil droit, preciſément ſur le Sinus frontal
du meſme coſté. Cet enfant fût bien demi-heure ſans connoiſſance,
mais ſans aucune hemorrhagie ny envie de vomir. Il ſurvint au front
une tumeur plus groſſe qu'une noix qui diſparût bientoſt au moyen des
compreſſes qu'on y appliqua; & la fiévre qui ſe deſveloppa preſque ſur
le champ, fût guerie, & le malade entierement reſtabli en 5 ou 6 jours
par les ſaignées du bras & du pied, & par les remedes interieurs que
j'ordonnay, ſans qu'il fuſt beſoin d'autre operation de Chirurgie.

A cette occaſion je parlay de quelques *Coups* à la teſte, dont les uns
avoient enlevé les malades avant le 40. ou 50. jour, quoyqu'ils n'euſſent
eſté d'abord ſuivis d'aucun faſcheux accident, & dont les autres n'avoient
pas eû de mauvaiſes ſuites, quoyqu'ils euſſent eſté d'abord acompagnés
de Symptomes trés-effrayants en apparence; mais le détail de ces faits
ſeroit trop long icy, je le reſerve pour un autre Ouvrage, que j'eſpere
donner un jour.

II.

Reg. 17.
Nov. 1735.

Il n'arrive que trop ſouvent ſur tout à la Campagne que bien des
gens periſſent faute d'un prompt ſecours. Cela ſeroit ſans doute arrivé
dernierement à un Jardinier du lieu de Villeneuve, ſi M. Bourguet
qui fût appellé en toute diligence, & qui n'eſtant pas inſtruit de l'eſtat
du Malade ne prit que ſon Eſtuy portatif & ſes Ciſeaux, n'euſt mis
promptement la main à l'œuvre, & n'euſt ſuppléé par ſon induſtrie
aux Inſtruments qui luy manquoient. Ce Malade, qui dépuis 8 jours
eſtoit attaqué d'une inflammation & d'un gonflement extraordinaire aux
Amygdales, eſtoit prés de ſuffoquer: ſes yeux eſtoient dans un mouvement tonique & convulſif, ſes levres livides & eſcumantes, & ſes
forces entiérement eſpuiſées. Il falût avec un pinceau de linge oſter

l'efcume dont fa bouche eftoit pleine, & enfoncer dans le gofier un
ftylet mouffe ou une efpece d'algalie pour feparer les Amygdales, &
pour ouvrir un paffage à l'air. Les efforts que fit auffy-toft le Malade, obligerent à retirer promptement ce ftilet, & firent avancer en
deça des Amygdales la Luette qui eftoit fort allongée & prefque entiérement fphacelée. M. Bourguet n'avoit point de *Speculum oris*, il en
fit un avec un moureeau de bois qu'il fendit longitudinalement & au
milieu duquel il mit un petit coin. Par ce moyen ayant dilaté fuf-
fifament la bouche du Malade, il retrancha tout ce que la Luette avoit
de gangrené, & il perça les Amygdales qui eftoient abfcedées, & d'où
il fortit beaucoup de fang & de pus, ce qui rendit au Malade la
liberté de refpirer & d'avaler, & luy procura en peu de temps une
parfaite guerifon. C'eft M. Bourguet luy-mefme qui a fait ce rapport
à l'Académie peu de temps aprés fa reception. Il a communiqué auffy
quelques autres Obfervations dont on pourra faire ufage un jour, &
dans l'une defquelles, à l'exemple des grands Maiftres en l'Art qu'il
profeffe, il ne fait nulle difficulté de reconnoiftre, que la Nature aidée
à propos de la Médecine, acheve quelque fois ce, dont la Chirurgie
n'avoit peû venir à bout.

OBSERVATION BOTANIQUE.

Reg. 15.
Dec. 1735.
V. Hift. de
l'Ac. 1711.
pag. 43 &
fuiv. &
1709. p. 50.

C'Eft un fait averé dans quelques lieux circonvoifins, que les Chef-
nes verts meurent bien-toft aprés qu'on les a efcorcés: C'eft un
fait encore connû que le Platane & le Liége fe defpouillent de leur
efcorce, & en reprennent une nouvelle, à la maniere des Serpents:
Enfin on fçait par l'exemple des Ormes des Tuilleries & du Luxem-
bourg, que ces Arbres vegetent encore, quoyque avec moins de vigueur, aprés avoir perdu leur efcorce, & qu'en pouffant infenfiblement un
nouvel Aubier, ils fe font, pour ainfi dire, des reffources pour vivre; mais
on n'à pas, que je fçache, d'exemple qu'un Orme aprés avoir efté entierement efcorcé le long de fa tige, ait confervé fa premiere vigueur & fe
foit reveftu en moins de quatre ou cinq mois d'une nouvelle efcorce prefqu'auffi efpaiffe que la premiere. C'eft ce qui a determiné M. d'Andoque à
rapporter à l'Académie le fait fuivant. Vers la fin du mois d'Aouft de
1733 de jeunes gens pendant la nuit efcorcerent entierement le tronc d'un
Orme, qu'un Payfan de cette Ville avoit planté 5 ans auparavant devant fa
porte. Le lendemain ce Payfan fit une efpece de chemife à fon arbre avec
de la terre glaife ou de l'argile détrempée, qu'il recouvrit avec quelques
morceaux de vieux linge, & lorfque cette pafte fe détachoit il avoit foin
d'y en remettre de nouvelle. Par ce moyen l'Arbre reprit une nouvelle
efcorce vers la fin du mois de Décembre de la mefme année. Depuis ce
temps-là, il a fort groffi, ayant pouffé chaque année de nouvelles branches, & ne s'eftant pas reffenti de cet accident.

M. d'Andoque adjousta que ce Payfan avoit entretenu la couche d'argile au tour de l'Orme pendant plus de trois mois ; & qu'il avoit remarqué au commencement que dans les endroits d'où cette couche fe detachoit, une nouvelle efcorce paroiffoit en forme de groffes fibres ligneufes perpendiculaires à la tige, & qui laiffoient entre elles un efpace vuide en forme des lignes canelées depuis le haut jufques au bas de l'Arbre. Peu de temps après ce vuides fe trouvoient remplis & unis avec le refte.

MEMOIRES

DE L'ACADEMIE DE BE'SIERS.

EXTRAITS de l'Hiſtoire de l'Academie Royale des Sciences de Paris & du Journal des Sçavants.

SUR LA LATITUDE ET LA LONGITUDE
DE BE'SIERS ET D'AGDE.

M. de Mairan, par zele pour les Sciences & par amour pour ſa Patrie, ayant formé à Béſiers, où il eſt né, une petite Academie, qui euſt les meſmes objets que celle où il eſt entré à Paris, M. de Clapiés de Montpellier, Mathematicien très-connu, a voulu fixer la Latitude & la Longitude de Béſiers, afin qu'on y puſt rapporter ſeûrement les obſervations Aſtronomiques. Pour cela, n'ayant point dans ce lieu-là d'Inſtruments aſſés bons, ny aſſés de temps pour obſerver immediatement, il s'eſt ſervi de toutes les déterminations qu'il a trouvées dans le Livre de la *Meſure de la Terre*, qui ſe rapportoient à Béſiers, ou aux environs, & meſmes de celles que M. Picard a faites autrefois à Sette. Il fixe la Latitude de la Tour de la Cathedrale de Béſiers à 43° 20', & ſa difference de Longitude à l'Obſervatoire de Paris à 52' à l'Orient.

Il a trouvé auſſi par la meſme voye que la Latitude de la Tour de la Cathedrale d'Agde eſt de 43° 18' 34", la difference de Longitude à l'Obſervatoire de 1°. 7' 37" à l'Orient.

Hiſt. 1724. p. 88. & 89.

LETTRE A M. &c.

Au sujet de la Rhubarbe. Chez Barbut, &c.

J. des Savants 1717. p. 743. 745. CEtte lettre n'eſt autre choſe que l'Extrait d'une diſſertation que M. Boüillet a luë à l'Académie de Béſiers, & dans laquelle il prétend faire voir qu'on peut fort bien ſe paſſer de la Rhubarbe dans la pratique de la Médecine. Il paroît que l'exceſſive cherté de la Rhubarbe, eſt le motif qui a déterminé l'Auteur à traiter cette matiére, & à décider, comme il fait, contre l'uſage d'un remede ſi familier. La rareté des choſes n'en fait pas réellement le mérite, mais elle en fixe ordinairement le prix. On fait cas de ce qu'on n'a pas à proportion de ce qu'il en doit coûter pour l'avoir, & fort ſouvent on ſe figure en avoir d'autant plus beſoin, qu'il eſt plus difficile de l'acquérir. Si c'eſt un goût naturel, ou la biſarrerie d'une imagination dépravée, nous n'oſons porter là-deſſus notre jugement. Quoiqu'il en ſoit, un certain nombre d'Académiciens comme M. Boüillet, ſeroit d'un très-grand ſecours à tout le monde. Il ſe trouveroit toujours quelque homme ſenſé tout prêt à demontrer l'inutilité de ce qui ſeroit devenu rare; les beſoins de la vie moins multipliés & plus faciles à remplir, ſe réduiroient à ce qu'il y auroit de plus commun. Les difficultés, qui ne ſervent pour l'ordinaire qu'à rendre nos déſirs plus ardens, ſuffiroient pour les éteindre, & par l'habitude que les hommes prendroient de ne ſouhaiter que des choſes faciles à obtenir, ils parviendroient au bonheur de ne ſouhaiter jamais en vain. L'embarras ſeroit de faire voir clairement le peu de mérite des choſes, dont on voudroit proſcrire l'uſage; on ne ſeroit pas ſur de payer toujours d'auſſi bonnes raiſons, que celles dont M. Boüillet ſe ſert à l'occaſion de la Rhubarbe.

Il obſerve premierement, qu'Hippocrate & Galien parmi les Grecs, Serapion & Avicenne entre les Arabes, n'ont point connu la Rhubarbe ; qu'à la vérité Paul d'Egine enploïoit le *Rhéon* dans pluſieurs compoſitions purgatives, mais que ce *Rhéon* n'étoit peut - être autre choſe que le Rhapontique dont il ſe ſervoit comme d'un remede propre à aider l'action des autres purgatifs. Ce qui fait conjecturer à l'Académicien, que le *Rhéon* d'Eginete pouvoit n'être que le Rhapontique, c'eſt que cet Auteur dans ſon Traité des ſimples ne parle point de la Rhubarbe, mais ſeulement du Rhapontique.

Du reſte il importe fort peu à M. Boüillet, comme il le dit lui même, que la connoiſſance de la Rhubarbe ſoit fixée au 7. ſiécle, qui étoit celui de Paul d'Egine ; ou au 12. pendant lequel vivoient Meſué & Averrhoës, les premiers qui aïent reconnu clairement la vertu purgative de cette racine. On s'en eſt paſſé pendant les quarante cinq prémiers ſiécles du monde ; on n'en ſauroit diſconvenir, il n'en veut pas davantage pour être en droit de conclure qu'on peut ſans inconvénient s'en paſſer auſſi de nos jours. *Car enfin*, dit - il, *pourquoi ne le pourroit-on pas ? Nos maladies ſeroient - elles differentes de celles de nos peres ? Ou aurions - nous maintenant beaucoup moins de purgatifs qu'ils n'en avoient de leur temps ?*

Or il mande à M*. qu'il a prévénu ces deux objections, en faiſant voir dans ſa diſſertation, 1°. que les maladies d'aujourd'hui ſont à peu - près les mêmes que celles du temps d'Hippocrate, de Galien & de Celſe, & que ſi la diférence des climats, des alimens, des inclinations, des exercices, &c. a occaſionné quelque nouveauté, ce ne peut être que par rapport à quelques ſymptômes, ce qui ne met point dans la néceſſité de multiplier les purgatifs, puiſque la diverſité des ſymptômes exige plûtôt quelque diférence dans la méthode de pratiquer ;

que dans la qualité des remedes. C'est une réflexion que M. Boüillet infere dans les notes qui accompagnent sa lettre, & qui son beaucoup plus étenduës que le texte.

2°. Il a fait le dénombrement des purgatifs les plus ordinaires parmi les Anciens, & de ceux que nous emploïons aujourd'hui, & la liste de ces derniers est si longue, qu'il prétend ce semble avec raison, qu'on ne sauroit supposer autant de nouvelles maladies, ni même autant de nouveaux symptômes, que les Médecins modernes ont adopté de nouveaux remédes pour purger.

L'Académicien indique après cela les médicamens qu'on peut substituer à la Rhubarbe, soit que l'on ait seulement égard à la qualité purgative, soit que l'on considére les autres vertus qu'on attribuë communément à cette racine, comme de fortifier, de resserrer, de déboucher, de tuer les vers. Il va plus loin, car il donne plusieurs moïens pour supléer aux purgations de precaution, par exemple, le régime, les lavemens, & la saignée.

Enfin il a prié M. Cros, Docteur en Médecine de la Faculté de Montpellier, & de l'Académie de Béfiers, de vouloir bien examiner soigneusement la Rhubarbe qui croît dans le païs, afin que toutes les qualités en étant parfaitement connuës, l'usage en pût devenir aussi sur qu'il est facile.

SUR UNE COLONNE DE NUE.

Hist. 1717. p. 4. & 6.

LE 21 Aoust 1727 à 5 heures $\frac{1}{4}$ du soir on vit à Béfiers une colonne assés noire, qui descendoit d'une Nuë jusqu'à terre, & diminuoit tousjours de largeur en approchant de la terre, où elle se terminoit en pointe. Elle paroissoit estre à deux lievës de la Ville entre Puisserguier & Capestan. L'Air estoit alors calme à Béfiers. On y avoit entendu auparavant quelques coups de Tonnerre du costé de l'Occident.

Comme ce Météore, qui n'eft pas fort rare fur Mer, où il s'appelle *Tombe de Mer*, l'eft beaucoup fur terre, Mrs. Boüillet & Cros, de l'Académie nouvellement eftablie à Béfiers, eurent la curiofité d'aller à Capeftan, où il avoit efté beaucoup mieux veû, pour en apprendre feûrement toute les particularités. A Capeftan le Ciel s'obfcurfit d'une maniere extraordinaire : le vent y fut violent, la Colonne, tousjours en forme de Cone renverfé, eftoit de couleur cendrée tirant fur le Violet, elle obeiffoit au Vent qui fouffloit de l'Oüeft au Sud-Oüeft, accompagnée d'une efpece de fumée fort efpaiffe, & d'un bruit pareil à celuy d'une Mer fort agitée, arrachant quantité de rejettons d'Oliviers, déracinant des Arbres, & jufqu'à un gros Noyer qu'elle tranfporta à 40 ou 50 pas, & marquant fon chemin par une large trace bien battuë, où trois Carroffes de front auroient paffé. Il parut une autre Colonne de la mefme figure, mais qui fe joignit bien - toft à la premiere, & après que le tour eut difparu, il tomba une grande quantité de Grefle. On a parlé en 1725 * d'un Meteore qui a quelque rapport avec celuy-cy.   * V. Hift. P. 5.

M. Andoque, de la mefme Académie de Béfiers, envoya à M. de Mairan, avec la relation de ces faits, un Syftême qu'il en avoit imaginé. Il n'eft point fatiffait de l'efpece d'Eolipile qu'on pourroit concevoir dans les Nuës, ainfy que l'on a fait pour expliquer quelques Phénoménes pareils en quelque forte, & en effet la matiére de la Colonne, qui fortiroit de la Nuë par une ouverture femblable au trou de l'Eolipile, ne prendroit pas la figure d'un Cone renverfé, mais la figure contraire. Il a recours à des Tourbillons qui fe doivent former dans l'Air, comme il s'en forme dans les Eaux.

Que l'on imagine dans la Mer deux Courants paralleles pour plus de facilité, de mefme direction, & affés peu efloignés, l'eau qui eft entre eux eft par elle-mefme

fans mouvement, mais les parties les plus proches de
part & d'autre des deux Courants ne peuvent s'empefcher d'en prendre par la rencontre & la collifion
des Courants, & le mouvement qu'elles prennent eft
déterminé à fe faire en rond, comme celuy d'une Roüe
horifontale en repos frappée felon une Tangente. On
conçoit fans peine que ce mouvement eft d'autant plus
fort que l'eft celuy des Courants, & qu'il fe communique de proche en proche à toute l'eau auparavant
tranquille. Elle fe meut donc en tourbillon.

Et il ne faut pas feulement imaginer ce tourbillon
à fa Surface fupérieure, mais dans toute la profondeur
renfermée entre les deux Courants. Seulement l'eau de
la Surface fuperieure, qui n'eft chargée de rien, a plus
de facilité à tourbillonner, que l'eau inférieure chargée
de la fuperieure, & delà le tourbillon total doit prendre la figure d'un Cone dont la bafe foit en haut.

Si l'on ne fuppofe qu'un Courant, il ne laiffera pas
de faire tourbillonner dans toute fa profondeur une
partie de l'eau tranquille qu'il rencontrera, mais une
moindre partie que s'il y avoit eu deux Courants. Le
refte fera le mefme.

Cela s'applique aifément au Phénoméne que M. Andoque veut expliquer. Il y avoit un calme à Béfiers,
& un grand vent à Capeftan; un Courant impétueux
dans l'Athmofphére en alloit choquer violemment une
autre partie tranquille, & faifoit tourbillonner ce qu'il
en détachoit. La grande obfcurité du Ciel à Capeftan
marque une grande condenfation de nuages caufée par
ce vent, & à caufe de cette condenfation il en tom-
boit des vapeurs aqueufes, qui fe meflant à l'air tour-
billonnant faifoient par leur quantité la fumée efpaiffe,
& le bruit par leur extrême agitation. La figure du
Tourbillon d'air & de vapeurs deut eftre la mefme, &
pofée de mefme que celle d'un Tourbillon d'eau formé

dans la Mer, elle fut l'effet des mesmes principes. Ces idées suffiront à qui voudroit suivre encore tout cela plus loin.

OBSERVATION PHYSIQUE.

MEssieurs de l'Academie de Béfiers ont escrit à l'Academie en 1729 que le 7 Juin 1728 ils avoient observé depuis 10 heures du matin jusqu'à midy un Cercle de lumiére, qui avoit le Soleil pour centre. C'estoit une espece d'Arc-en-Ciel, dont les couleurs, à compter de la circonference exterieure du Cercle, estoient suivant cet ordre, un rouge très-foible, un jaune lavé, un vert terminé par un cercle blanc. A midy le dedans du Cercle passa un peu au delà du Zenith, & comme le Soleil estoit alors élevé sur l'Horison de 69° 29', le rayon du Cercle qui l'environnoit, estoit un peu plus de 20° 31'. Le Soleil estoit ce jour-là couvert de Vapeurs.

Hist. 1729. p. 2, & 3.

OBSERVATIONS ANATOMIQUES.

I. LA Superfœtation est fort douteuse, ou plustost elle est généralement niée. Cependant M. Masson Docteur de la faculté de Montpellier & Médecin à Béfiers, a dit à M. Boüillet Médecin aussy à Béfiers, & Secretaire de l'Académie de cette Ville, qu'il avoit veû une femme qui s'estant délivrée d'un Embrion enveloppé de ses Membranes, bien conformé dans toutes ses parties, & âgé environ de 40 jours, estoit accouchée le lendemain à terme d'une fille se portant parfaitement bien. On ne peut guere demander une Superfœtation plus seûre. C'est de M. Boüillet, Correspon-

Hist. 1729. p. 12.

dant de l'Académie, qu'on tient cette Relation de M.
Masson.

II. Le mesme M. Masson a attesté aussy à M. Boüillet, qu'il avoit traité trois personnes d'une Gonorrhée singuliere. Il sortoit par les Glandes de la Couronne du Gland une matiére parfaitement semblable à celle de la Gonorrhée virulente ordinaire, & qui ne demandoit que les mesmes remedes. Il a adjousté qu'on luy avoit dit que feu M. Barbeyrac & quelques autres Médecins de Montpellier avoient desja observé cette maladie & l'avoient appellée *Gonorrhée bastarde.* Voilà une preuve assés sensible des Glandes, qui selon le sentiment de feu M. Litre*, sont à la Couronne du Gland, & en mesme temps voilà une Gonorrhée qu'il faut adjouster à celles dont il a fait le dénombrement*.

*V. Hist.
1700. p. 30.
*V. Hist.
1711. p. 24.

SUR LA LUMIERE SEPTENTRIONALE,
& sur un autre Lumiére.

Hist. 1730.
p. 69.

LE spectacle de la Lumiére septentrionale a continué en 1730, rarement à la vérité, mais en recompense avec des circonstances toutes nouvelles, comme s'il les affectoit de peur d'ennuyer.

M. Boüillet, Correspondant de l'Académie, la vit à Béfiers le 6 Mars, à 7 heures du soir, d'un fort beau rouge, élevée de plus de 20 degrés sur l'Horison, mais la Lune qui se leva à 7 heures 30' la fit disparoistre, & il ne sceût que sur le rapport de quelques Pescheurs de Vendres, qu'elle avoit esté veüe encore à 11 heures.

Une Lumiére & plus visible & tout-à-fait singuliére fut observée le soir du 9 Octobre d'un costé par M. Cassini en Picardie & de l'autre par M. de Mairan à Breüilpont. &c.

Jusqu'icy nous n'avons rapporté que des Aurores ou Lumieres

9

Lumieres feptentrionales, différentes feulement entre elles par des circonftances plus ou moins particuliéres. Mais voicy enfin une Lumiére différente par l'endroit qui paroift leur eftre le plus effentiel, une Lumiére entiérement Méridionale. Elle fut veüë à Béfiers le 15 Fevrier de cette année, par Mrs. Boüillet & Aftier l'aifné, trois quarts d'heure après le Coucher du Soleil. Elle commençoit à l'endroit où il s'eftoit couché, paffoit du cofté de l'Occident par les dernieres Eftoiles des Poiffons, s'élevoit vers le Zenith jufqu'à l'Oeil du Taureau, & fe terminoit dans la conftellation du Lion, en fuivant, mais non pas tousjours exactement, la pofition & le cours de l'Ecliptique.

Cette Lumiére formoit une Zone ou bande d'environ 10 degrés de largeur, & qui dans fa plus grande hauteur eftoit élevée de 62 degrés fur l'Horifon. Elle eftoit fort rouge, & felon l'ordinaire de ces Phénomenes n'effaçoit pas les Eftoiles qu'elle couvroit. Au delà de cette Zone rouge, il y avoit vers le Midy une autre Zone de Lumiére Blancheaftre, prefque contiguë à la première du cofté de l'Orient, & qui s'en efloignoit en allant vers le Méridien, & au deffous de cette Lumiére blanche eftoit un nuage obfcur, qui s'eftendoit jufqu'à l'Horifon, tandis que le refte du Ciel eftoit fort Serein.

Par la pofition qu'avoit la Lumiére rouge rapportée aux Eftoiles fixes, M. Aftier s'apperceût que cette pofition changeoit, & que la Lumiére avoit un mouvement, mais affes petit, du Nord au fud. La Lumiére blanche qui fe tenoit toujours à la mefme diftance de l'autre, en avoit un pareil.

Les deux Obfervateurs eurent dès affaires, qui ne leur permirent pas de pouffer l'Obfervation au delà de 8 heures Ils ne virent point d'Aurore Boréale, feulement M. Aftier, qui fe retira le dernier, en foupçonna une en fe retirant, mais elle a efté veüë feûrement dans

le mefme Pays. Par les obfervations de M. de Guibal,
qui eftoit à S. Chignan, M. Aftier conjecture qu'il y
avoit quelque correfpondance entre la Lumière Meridionale & la Septentrionale, parceque la première baif-
foit, tandis que l'autre s'élevoit, mais on n'à rien d'affés
pofitif fur ce point. Quelque différentes que foient ces
deux Lumières par leur pofition, elle font d'ailleurs fi
femblables, que la préfomption eft grande pour la correfpondance.

    Comme depuis 15 ans, que nous parlons tousjours
de cette matière, il femble qu'elle ne fait que s'embar-
raffer de plus en plus par la multitude & la variété des
circonftances & des accidents du Phénomene, peut-
eftre ferons nous plaifir au Public d'annoncer que M.
de Mairan a entrepris de réduire le tout à un fyftême
reglé, qui paroiftra dans peu.

OBSERVATION ANATHOMIQUE.

Hift. 1730.
p. 42. 43.

MR. Boüillet, dont nous avons desja parlé plufieurs
fois, Sécrétaire de l'Académie de Béfiers, &
Correfpondant de celle de Paris, a efcrit à M. de Mairan que les Vers ronds & longs, qui font tousjours affés
communs dans le pays où il eft, l'ont efté beaucoup
davantage en 1730. Des perfonnes de tout âge, de
tout fexe, de tout temperament, en ont efté attaquées
& en ont rendu mefme quelquefois par la bouche. A
cette maladie fe joignoit pour l'ordinaire une fievre Pu-
tride tantoft avec des convulfions, tantoft avec une
fluxion fur la poitrine, quelquefois avec un tranfport
au cerveau, &c. Quelques uns en font morts malgré
tous les fecours de la Médecine.

    De toutes les perfonnes qui ont eû le bonheur d'en
refchapper, la femme d'un Artifan de Béfiers a efté

celle qui a eu la maladie la plus confiderable & la plus
opiniaftre. Elle a jetté dans l'efpace de 30 jours 23 Vers,
dont 6 font venus par la bouche, 5 vivants & un mort,
& les autres par les felles. Ce n'eftoit qu'à force de remedes les plus puiffants redoublés qu'on les arrachoit
fucceffivement de fon corps, & le plus grand nombre
n'en avoit pas efté tué.

Cette femme avoit à la verité ufé de quelques mauvais aliments, mais ordinaires dans le pays & aux gens
de fon eftat, & d'autres perfonnes qui n'en avoient pas
ufé, & qui faifoient mefme des exces de vin, ne laiffoient
pas de tomber dans cette maladie. Cela a fait penfer à M.
Boüillet que la principale caufe de cette abondante gé-
nération de Vers avoit efté la grande douceur de l'Hyver
de 1730, qui avoit fait efclore leurs Oeufs en plus grande
quantité & plus facilement, fi cependant ces vers font
Ovipares.

Car M. Boüillet luy - mefme rapporte un fait qui
pourroit en faire douter, fi l'on ne vouloit pas convenir
que ces Vers font eux mefmes fujets à d'autres vers, ou
qu'ils fe mangent les uns les autres à la maniere des
Poiffons. Dans un Ver de cette efpece, plus gros que
les autres, on a veû clairément de petits Vers vivants
monter & defcendre; ce fait qui n'a efté veû que de la
mere du malade, dont le Ver eftoit forti, & qui fut dit
auffi - toft à un maiftre Apothicaire de Béfiers, ne pa-
roiftroit pas affés attefté, s'il n'y en avoit un autre à
peu prés femblable dans une Lettre inferée dans les *Actes*
de Th. Bartholin tom. 3. c. 58, & citée dans la nouvelle Edition du Traité de la *Generation des Vers*, p. 39.

FAUTES A CORRIGER.

Lettre *sur l'Origine & les occupations*, &c. p. 3. l. 14. & 33. *lisés* M. de Mairan.

Pag. 4. l. 16. *lisés*, on a même trouvé.

pag. 7. l. 29. obligé, *lisés* obligée:

pag. 11. l. 11. nouvellés, *lisés* nouvelles.

Ibid. l. 18. après Académies. *adjoustés*, le P. Dusesc proposa de nouvelles conjectures sur la nature de l'Air.

Pag. 13. l. 33. & p. 15. l. 23. *effacés*, feu.

Sur la Carte du Diocése de Bésiers p. 23. l. 26. pour tésmoin & compagnon, *lisés* pour Juge.

Sur les Eaux de Vendrés, p. 31. l. 30. de tout ce qu'on a, *lisés*, de tout ce dont on a.

Pag. 34. *lisés*, Rhapontique, *ibid.* l. penult. tous les cas qu'on a, *lisés*, tous les cas où l'on a.

Sur les Proverbes, p. 8. l. 6. *effacés*, qui sont.

Sur les Topiques, p. 11. l. 9. p. 13 l. 22. & p. 14. l. 26. de Topiques, *lisés*, des Topiques p. 14. l. 24. *lisés*, une Eresypele.

Sur les Taches du Soleil, p. 5. à la marge 1714: *lisés* 1719.

Description des Grottes, &c. p. 20. l. 7. qu'elle, *lisés*, qu'elles.

Ibid, p. 22. l. 2. *lisés*, la consistance. l. penult. *lisés*, des Arbres.

Pag. 24. l. 21. *lisés*, & c'est ce que. l. 30. *lisés*, quelques Cavernes.

Memoires de l'Académie de Bésiers. pag. 4. l. 3. sont, & p. 5. l. 7. *lisés*, s'obscurcit.

www.ingramcontent.com/pod-product-compliance
Lightning Source LLC
Chambersburg PA
CBHW071939090426
42740CB00011B/1744